河南省哲学社会科学规划项目 2017BTY005 研究成果

U0691404

体育社会组织建设 与群众体育实践探索

田宝山　著

中国原子能出版社

图书在版编目（CIP）数据

体育社会组织建设与群众体育实践探索 / 田宝山著
. -- 北京：中国原子能出版社，2017.7（2024.8重印）
ISBN 978-7-5022-8390-2

Ⅰ．①体… Ⅱ．①田… Ⅲ．①体育组织－组织建设－
研究－中国②群众体育－研究－中国 Ⅳ．① G812.1
② G812.4

中国版本图书馆 CIP 数据核字 (2017) 第 196233 号

体育社会组织建设与群众体育实践探索

出版发行	中国原子能出版社（北京市海淀区阜成路 43 号 100048）	
责任编辑	王　朋	
责任印刷	潘玉铃	
印　　刷	三河市天润建兴印务有限公司	
经　　销	全国新华书店	
开　　本	787 毫米 *1092 毫米　1/16	
印　　张	13.5	
字　　数	233 千字	
版　　次	2017 年 11 月第 1 版	
印　　次	2024 年 8 月第 3 次印刷	
标准书号	ISBN 978-7-5022-8390-2	
定　　价	52.00 元	

网址: http//www.aep.com.cn　　　　E-mail:atomep123@126.com
发行电话：010-68452845　　　　　　版权所有　翻印必究

作者简介

田宝山，男，1968年9月生。河南洛阳，汉族，上海体育学院高访学者，河南科技大学体育学院副教授，主要从事体育教育训练学的教学和研究。近年来在各种学术期刊发表论文20余篇，出版专著1部，主持参与省级课题2项，现在河南科技大学体育学院任教。

前言

随着经济技术的发展，中国全面社会也在转型，一个特别引人注目的现象是各种类型体育社会组织的开始兴起。它们不仅包括在民政部门登记注册的体育社会组织、具有独立法人身份的体育社团、体育类民办非企业单位和体育基金会，更有公民自发成立、在基层社区以备案形式存在、数量巨大的草根体育组织。这些组织构成了一个数量极为庞大、类型异常复杂、性质特点各异的体育社会组织网络体系。作为中国体育组织架构的重要支撑和人们参与体育的重要组织形式，体育社会组织在体育活动的开展、运动技能的传授、健身知识的宣传、体育兴趣的培养与健身习惯的养成等诸多方面将发挥越来越重要的作用。

但也应当看到，转型中的中国正处于社会关系深刻变化、社会矛盾复杂交织、利益关系深刻调整、社会伦理和价值观备受洗练的时期。中国体育社会组织成长于社会转型期，必然带有深刻的时代与历史的双重烙印，形成区别于西方发达国家体育社会组织的中国特色体育社会组织。从管理的角度来看，我国关于社会组织的法律法规还不健全完善，专门的社会组织法还未建立，导致对其地位、功能缺乏基本定位，对社会组织的权利和义务规范及保护不够；政府的管制意识往往大于服务意识，登记注册的门槛过高，政府培育扶持的各项措施没有形成制度化。从体育社会组织自身情况来看，目前我国的体育社会组织还存在着发育不足、结构不合理、地区发展不平衡以及社会公信力和服务能力不强等一系列问题；作为社会组织应有的自主性、志愿性、非政府性等特征还不明显，其形成和发展过程还存在较强的人为性和依赖性。可见，尽管计划经济体制下的原有体育组织架构已经打破，新的组织架构初见雏形，但无论是政府层面的培育与管理，还是体育社会组织自身能力建设及其良性运行机制的形成，都将是今后相当长的时间内需要关注的一项重要任务，党的十六大以来，党和政府对社会组织的性质、作用和功能发挥提出了新的要求。党的十七大报告从

我国社会多样化的客观实际出发，把社会建设作为一项重要内容提出来，提出要加快推进以改变民生为重点的社会建设，重视社会组织建设和管理，发挥社会组织在扩大群众参与、反映群众诉求方面的积极作用，增强社会自治功能。党的十八大提出，要围绕构建中国特色社会主义社会管理体系，加快形成党委领导、政府负责、社会协同、公众参与、法治保障的社会管理体制，加快形成政社分开、权责明确、依法自治的现代社会组织体制，引导社会组织健康有序发展，充分发挥群众参与社会管理的基础作用。

从党的十六大到党的十八大关于社会管理改革、社会组织建设的指导方向可以看出，目前我国的国家与社会关系在未来将会有较大的变化，特别是在十八大之后，政社分开的趋势逐渐显性化。这一趋势提示我们，加强体育社会组织建设与管理，创造体育社会组织发展的社会环境和制度环境，加强体育社会组织公共体育服务的能力建设，促进体育社会组织健康、规范和有序发展，充分发挥其在体育事业发展中的积极作用是社会发展的迫切需求。

作 者

2017 年 6 月

目录

第一章

体育社会组织概况

改革开放 30 多年来，中国体育发展创造了令世人瞩目的成就。作为从事各种体育运动、健身活动的重要主体和组织平台，体育社会组织为促进我国体育事业发展发挥了积极作用。党的十八大提出的"加快形成政社分开、权责明确、依法自治的现代社会组织体制"，是对社会组织改革发展的总要求、总基调和总目标。其深刻思想表明，推进国家治理体系和治理能力现代化改革总目标的确立，使培育发展社会组织的强烈现实需求日益突显。体育社会组织是体育事业多元治理结构中的重要一元，培育发展体育社会组织，促进体育产业发展、加快转变体育部门职能、完善公共体育服务体系和建设体育强国具有迫切的现实意义；体育事业从单一主体的政府管理到多元化公共治理的转变，是体育社会组织管理理念和发展模式面临重大调整和改变的契机。

第一节　体育社会组织的内涵

一、社会组织的内涵阐述

(一) 社会组织的定义

广义的社会组织，是指人们从事共同活动的所有群体形式，包括氏族、家庭、政府、企业、军队、学校和社会团体等。以人们从事共同活动，按群体的功能界定义或分类社会组织，不同的社会组织有其特定的功能作用。组织社会学对社会组织的定义是：指由 2 人或 2 人以上组成的具有共同目标，内部成员形成一定的关系结构和共同规范的集体或团体。这一定义明确社会组织属于功能性实体，作为实体，人及人数是社会组织基本的核心的构成要素。实际上，现代社会组织种类多样，类似民办非企业单位这样的服务性机构对从业人员的数量并没有特别的要求。社会结构理论把现代社会组织分为政府组织、企业组织、非营利组织等三大类，分别是政治领域、经济领域和社会领域的主要组织形式，相应生产与提供集体公共服务、私人服务和公共服务三大类型的服务。现代政治学认为，一个成熟的社会，是政府、企业和社会组织三种力量基本均衡的社会，它们共同构成了现代社会的三大组织支柱和稳定社会的"铁三角"。

狭义的社会组织，是指人们为特定的社会服务目的或实现共同的愿望自愿组成的独立于政府和企业之外，按照章程开展活动的非营利组织，其资金来源于政府资助、社会捐赠、赞助和服务收费，或者指那些有服务公众的宗旨，不以营利为目的，组织所得不为任何个人牟取私利，组织自身具有合法的免税资格和提供捐赠人减免税的合法地位的组织。王名等研究者将社会组织定义为：不以营利为目的、主要开展公益性或互益性活动、独立于党政体系之外的正式的社会组织。这些组织具有不同程度的自治性与志愿公益性，不是政党、宗教和宗族组织。狭义的民间组织特指那些满足非政府性、非营利性、自治性、志愿性、组织性、公益性等排除特性特征的中国的民间组织。①

"社会组织"的称谓具有中国特色。国际学术界和各国政府文献中常常使用非政府组织、非营利组织、第三部门、公民社会组织、志愿组织、慈善组织、免税组织等词语。这些不同称谓之间并无根本性的区别，它们只是从不同的角度强调了某一方面的特征，内涵有交叉，但并不完全重合，主要反映了历史、文化、法律和习惯上的差别。虽然称谓不同，但所指内容基本一致，即不以营利为目的，主要开展公益性或互益性活动，独立于政府体系之外的具有合法免税地位的组织，其本质属性是非政府性和非营利性。我国对社会组织的称谓经历了较长时间的认识过程。新中国成立之前称之为"民众团体"。1942年我党领导的边区政府为形成广泛的抗日统一战线，颁布的《陕甘宁边区民众团体组织纲要》和《陕甘宁边区民众团体登记办法》中将民间发起成立的非营利组织称为"民众团体"。新中国成立之初的1950年9月政务院公布的《社会团体登记暂行办法》把社会组织的主体统称为"社会团体"。自那时以来在相当长的时期内，我国将社会组织统称为"社会团体"，并成为相关法规、规章和行政命令的主要用语。受此影响，长期以来人们用"体育社团"的称谓代替或代表体育社会组织。1986年4月12日全国第六届人大四次会议通过的《民法通则》虽经2009年的修订，但在第三章法人规定的四种法人中仍然以"社会团体"统称社会组织，《民法通则》仍未明确"民办非企业单位"和"基金会"的法人地位。1988年，民政部设立"社会团体管理司"统管社会组织事宜；1996年，在中共中央办公厅、国务院办公厅印发的《关于加强社会团体和民办非企业单位管理工作的通知》中首次出现"民办非企业单位"称谓，社会组织包括社会团体和民办非企业单位两种法人形式。1998年10月，国务院公布施行《社会

① 王名，刘培峰.民间组织通论[M].北京：时事出版社，2004，第43页.

团体登记管理条例》《民办非企业单位登记管理暂行条例》和《基金会管理办法》三部行政法规，明确社会组织包括社会团体、民办非企业单位、基金会三种法人形式。根据这一变化，在1998年机构改革中民政部"社会团体管理司"亦改为"民间组织管理局"。2000年国家体育总局、民政部颁布《体育类民办非企业单位登记审查与管理暂行办法》，这也是我国目前唯一的法定体育类社会组织。"社会组织"一词首次出现在官方文件中是在2006年党的十六届六中全会《中共中央关于构建社会主义和谐社会若干重大问题的决定》中，并在2007年党的十七大报告中进一步确认，替代之前广泛使用的"民间组织"的称谓。

目前，我国有社会团体、民办非企业单位和基金会三种法人类社会组织，其共性是非政府性、非营利性，但其法人治理结构、服务方式和服务对象等也存在明显差异，如相关法规规定社会团体是会员制组织，会员是社会团体存在的基础，而有一些相关政策却规定基金会和民办非企业单位是非会员制组织，财产是其存在的基础；而且同为财产聚合组织的基金会和民办非企业单位在服务形式等方面也存在不同，如基金会为资助型服务机构，其更注重资金的使用方式，而民办非企业单位为服务型机构，服务手段和方式对其服务水平和质量有重要意义。在法人治理结构中，社会团体与民办非企业单位和基金会明显不同，社会团体的最高权力机构是会员大会或会员代表大会，而基金会和民办非企业单位的最高决策机构是理事会。社会团体在我国具有广泛的影响力，这主要是其发展历史源远流长，会员来源于各个领域，社会生活的参与程度和社会影响力要比民办非企业单位和基金会大。

(二) 几种常见的社会组织

1. 体育社会组织

"体育社会组织，是指从事各种体育运动、健身活动的组织。"这一定义是民政部2007年8月28日发布的《民间组织分类标准及指标解释》根据体育社会组织特有的功能属性做出的解释。采用组织功能定义可能有意在区别其他社会组织。2003年国家统计局发布的《国民经济行业分类与代码》对体育组织的定义也是根据其组织功能而做出的，即"体育组织，是指专业从事体育比赛、训练、辅导和管理的组织的活动"。上述定义具有法定属性。具体到实践中，其意义体现在如下方面：一是管理实践区别于其他社会组织；二是政府认定是社会组织获得民事法律主体资格和合法地位的前提，获得法人登记、减免税收和承接政府购买服务资质的条件；三是政府制定社会组织的分类标准和评估检查的内容；四是政策层面明确体育社会组织的性质。社会组织的本质属性是非政府性和非营利性。结合本质属性和特有属性对体育社会组织做出如下定义：体育社会组织是指人们自愿组成，为实现特定的体育服务目的或共同的体育意愿，按照其章程从事各种体育运动和健身活动的非营利性、民间性社会组织。我国体育社会组织包括：体育社会团体、体育类民办非企业单位、体育基金会以及未登记的体育社会组织（亦称草根体育组织）。现行的《民间组织分类标准及指标解释》将我国社会组织分为经济类、科技类、社会事业类、慈善类和综合类五大类，14 个门类。体育社会组织属于社会事业大类，体育门类。

2. 社会团体

社会团体是人类社会非常普遍的社会组织之一，属于会员制社会组织。在本质上，社会团体是指基于一定关系组成的人际共同体；或指由共同意愿、追求、兴趣的人聚集在一起，内部成员形成一定的关系结构和共同规范的群体或集体。1998 年 10 月 25 日国务院颁布实施的《社会团体登记管理条例》对社会团体的定义是："社会团体是指中国公民自愿组成，为实现会员共同意愿，按照其章程开展活动的非营利性社会组织。"社会团体是会员制社会组织，其最为突出的特点，也是社会团体与民办非企业单位和基金会显著的区分。《德国民法典》将社团分为人合组织和财合组织，所谓"人合组织"就是以人的聚合为设立条件和基础的组织。一般应包括以下几个要素：组织主体是自然人、法人或其他组织；有会员认同的组织宗旨使命和目的；成员按照自愿、平等原则参加社会团体，行使共同的权利和履行相应的义务；有适合自身特点的治理结构，包括章程，会员大会或会员代表大会理事会、监事会、秘书处等组织机构。

3. 体育社会团体

按照组织功能和性质界定，体育社会团体是指人们自愿组成，为实现共同的体育愿望，按照其章程开展活动的非营利性社会组织。体育社会团体在实现人们的共同体育愿望、维护争取体育权益、组织开展竞赛活动、普及推广体育运动、提高运动技术水平和提供专业化体育服务等方面具有独特功能和作用。作为体育社会组织的主要构成，体育社会团体数量最多，我国目前法人登记的体育社会组织中体育社会团体占比达到 60% 左右，未登记的体育社会组织（草根体育社会组织）中体育社会团体占比约 90% 以上。按照服务对象和范围区分，体育社会团体包括体育总会、体育单项协会、人群体育协会、行业体育协会、体育科学学会和未登记体育社会组织等；按照组织性质和任务区分，体育社会团体涵盖专业性、学术性、行业性和联合性社团，其中以学会、研究会命名的为学术性体育社团，如中国体育科学学会等；行业协会是以同行业的企业或企业家为会员，服务于全

行业共同事务和共同利益的非政府的"共益性"会员组织，具备这一条件的为行业性体育社会团体，如中国体育产业协会、体育场馆协会等；以从事某种运动项目普及推广、提高，服务于项目发展的是专业性体育社会团体，如篮球运动协会、足球运动协会、游泳运动协会等；以具有沟通交流、维护权益、人群协会为主的是联合性体育社团，如体育总会、老年人体育协会、农民体育协会等。这里需要说明的是部分代表行业人群的协会，如火车头体育协会、银鹰体育协会虽然是由行业发起成立的，但不具有行业协会的属性，即不具有行业企业的代表性，仍然属于人群体育协会。

4. 民办非企业单位

"民办非企业单位，是指企业、事业单位、社会团体和其他社会力量及公民个人，利用非国有资产举办的，从事非营利性社会服务活动的社会组织。"民办非企业单位是由社会力量举办的实体型、公益性的社会服务机构，主要是提供专业化的社会服务。举办主体不同（即资产属性不同）是民办非企业单位与事业单位最主要的区别，其他如组织宗旨目的、服务对向、服务标准、基本条件要求等应该是一样的。民办非企业单位的治理结构与企业一样，即法人治理，但组织宗旨目的和运作目标不一样，民办非企业单位不以营利为目的，而企业则是以营利为目的。1999年民政部公布的《民办非企业单位登记暂行办法》把民办非企业单位分为教育、科学、文化、卫生、体育、劳动、民政、社会中介服务、法律、其他等十类，其中体育单列为一类。民政部2006年对《民政事业统计台账》分类方法进行修订，并于2007年公布了新修订的《民间组织分类标准及指标解释》，新标准中民办非企业单位分为五大类，14小类（表1-1）。

表1-1　修订前后民办非企业单位分类对照

大类	序号	修订后民办非企业单位分类	序号	修订前民办非企业单位分类
经济	1	工商服务业	八	社会中介服务业
	2	农业及农村发展		
科学研究	3	科学研究	四	科技

续 表

大类	序号	修订后民办非企业单位分类	序号	修订前民办非企业单位分类
社会事业	4	教育	一	教育
	5	卫生	二	卫生
	6	文化	三	文化
	7	体育	五	体育
	8	生态环境		
慈善	9	社会服务	六、七	劳动民政
综合	10	法律	九	法律服务业
	11	宗教		
	12	职业及从业者组织		
	13	国际及涉外组织		
	14	其他	十	其他

5.体育类民办非企业单位

"体育类民办非企业单位是指企业、事业单位、社会团体、其他社会力量和公民个人利用非国有资产举办的，不以营利为目的的，以开展体育活动为主要内容的民办的中心、院、社、俱乐部、场馆等社会组织。"①体育类民办非企业单位是目前我国唯一法定的体育类社会组织，是由社会力量举办的公益性服务机构，其主要作用是向社会提供专业化体育服务。《体育类民办非企业单位登记审查与管理暂行办法》规定：体育类民办非企业单位可以从事以下五类业务：一是体育健身的技术指导与服务，二是体育娱乐与休闲的技术指导、组织、服务，三是体育竞赛的表演、组织、服务，四是体育人才的培养与技术培训，五是其他体育活动。

体育类民办非企业单位是不以营利为目的民办的体育社会组织，其获取发展资金的来源主要有以下四个方面：一是接受捐赠、资助，二是接受政府、企事业单位、社会团体以及其他社会组织和个人的委托项目资金，三是为社会提供与业务相关的有偿服务所获得的报酬，四是其他合法收入。目前我国体育类民办非企业单位的主要组织形式是青少年体育俱乐部，占比约80%以上。民办武校由于其具有学校性质，按教育类民办非企业单位登记。

6. 基金会

"基金会，即指利用自然人、法人或者其他组织捐赠的财产，以从事公益事业为目的，按本条例的规定成立的非营利性法人。"与其他基金会相比，体育基金会作为体育公益慈善组织的主要运营机构更有指向性地支持和发展体育慈善事业。我国体育基金会大致可以划分为三种类型：一是官办民助型基金会，主要是指官方背景、面向公众募捐的公募体育基金会。二是公募基金会，按照募集资金的地域性可分为全国性公募基金会和地方性公募基金会。全国性公募体育基金会，其募捐地域范围在国内不受限制，地方性公募体育基金会只能在其注册的省级行政区域内进行募捐。三是民办官助型基金会，主要是指不得面向公众募捐的非公募体育基金会（亦可理解独立基金型基金会）以及境外体育基金会。截至2013年，我国有公募基金会1 368家，其中公募体育基金会26家，占1.9%。在26家公募体育基金会中，全国性体育基金会有3家，分别是中国关心下一代健康体育基金会、中国教师发展基金会和中华全国体育基金会，其余23家为地方性公募体育基金会。2013年我国非公募基金会2 031家，非公募体育基金会共有20家，占0.98%。在20家非公募体育基金会中，全国性体育基金会有2家，即萨马兰奇体育发展基金会和桃源居公益事业发展基金会，另外18家为地方性非公募体育基金会。

社会性是基金会的本质属性，其设立的唯一目的是公益，最大特点是以公益为目的且是一个财产的集合。基金会的主要功能包括：通过发挥其在募集资金吸纳资源方面的独有优势，减轻财政负担，完善公共服务，传播公益理念，弘扬公益文化。从2002年开始，我国体育基金会的发展逐渐加速（但是比起其他慈善类别的基金会显得发展迟缓），尤其是非公募基金会数量不断增多，名人基金会、企业基金会逐步增多，各专项体育基金会也逐渐增多，体育基金会在我国体育事业发展中的作用越来越明显。

7. 未登记体育社会组织

未登记体育社会组织（草根体育社会组织），是指那些不具备法人条件，未在民政部门进行登记，为满足共同体育需求自愿发起成立的体育组织，组织成员形成一定的关系结构和共同规范的自治集体或群体。这类体育社会组织的人员组成及形式类别十分复杂，但目的很明确，就是为了满足体育健身、兴趣、爱好和需求，包括全民健身站点、健身团队、基层体育协会、健身俱乐部和体育兴趣人群等。只要未在民政部门登记的以体育为目的的无论是实体性的还是非实体性的都属于未登记体育社会组织。也有人将这类组织称为"自发性群众体育组织"，但这种称呼需要商榷，因为社会组织无论是法人登记的还是未登记的都是自愿发起成立的，自发性是所有社会组织的特有属性之一，无论是否登记。我国城乡基层社区未登记体育社会组织是社区社会组织的组成部分。培育发展社区社会组织是当前我国社会建设总体布局中重要的基础建设。党的十八大报告提出：要更加注重社会建设，推动社区社会组织健康、有序发展，充分发挥社区社会组织在社区建设和构建和谐社会中的积极作用。有学者根据自己的调查和数据推测："全国未登记的社会组织数量10倍于在册的社会组织数量，这与事实应该不会有太大的出入。"[1]民政部2015年6月10日公布的《2014年社会服务发展统计公报》的数字显示，截至2014年底，我国社会组织总数为60.6万个，据此推算，我国未登记社会组织数量至少在600万个以上。民政部公布的数字显示。2014年底我国法人类体育社会组织总数为32 799个，以此推算，我国城乡基层社区未登记体育社会组织（草根体育社会组织）数量至少在30万个以上，实际情况，可能高于这一数字。

　　我国对社会组织实行属地注册登记与备案管理制度，具备法人条件的须在当地登记管理机关进行注册登记。不具备法人条件的社会组织则按相关法规规定需要进行备案登记。备案是为了解决不具备法人条件社会组织的合法性问题，也就是对那些不具备法人条件，且活动范围限于居住社区的社会组织，需要进行备案登记。由于这类社会组织数量规模庞大，目前备案登记还处于探索阶段，各地进展情况不同。尽管未登记的体育社会组织在城乡基层社区属于数量最多的一类，但亦未发现有专门的备案登记制度。2012年，在广东省民政厅印发的《关于培育发展城乡基层群众生活类社会组织的指导意见》中对申请备案登记的社会组织应具备的条件做出了明确规定："有规范的组织名称、活动章程，社会团体有5个以上会员，主要负责人未受过剥夺政治权利的刑事处罚并具备独立承担民事责任的能力。"同时对活动范围不同的社会组织的备案部门也有明确规定：在乡（镇、街道）范围内活动的群众生活类社会组织申请人可直接向乡（镇）人民政府及街道办事处申请备案。在社区、自然村范围内活动的群众生活类社会组织申请人可向村（居）委会提出申请，村（居）委会收到申请后，应在10个工作日内给予书面答复。经过村（居）委会同意后，报乡镇政府（街道办事处）备案。

① 黄晓勇，高翔，潘晨光.中国民间组织报告[M].北京：社会科学文献出版社，2008，第6页.

二、体育社会组织的特性

关于社会组织的特性学界一般认为，非政府性、非营利性是现代社会组织的核心特征和本质属性。此外，学者也从不同角度对其有不同的概括，主要是根据其宗旨与任务以及形成自身的组织属性或特性而言的。有两方面特性说，即官民二重性；三方面特性说，即非营利性、非政府性、志愿的公益性或互益性；四方面特性说，即非营利性、自主性、志愿性、公益性；五方面特性说，即组织性、私有性、非营利属性、自治性、志愿性，或非营利性、民间性、社会性、志愿性、组织性；六方面特性说，即正规性（有章程）、私立性（非政府）、非利润分配性（非营利）、自我治理性、志愿性、专业性；等等。甚至有十方面甚至十一方面特性说。上述特性中非政府性和非营利性是社会组织的本质属性，而志愿性、民间性、组织性等属于社会组织的特有属性，这些特有属性把社会组织与自由人群的聚集、国家机关、企业、血缘组织区分开来，形成明显界限。体育社会组织具有社会组织特性，体育功能则是其特有的属性。

（一）非政府性

所谓非政府性（民间性）就是体育社会组织的非官方性和纯粹民间性，体现了其不属于政府组织系统，不受政府支配的特质，强调的是其自主性。按照我国《民法通则》规定，在民事活动中社会组织与政府在法律地位上都具有独立的人格，地位平等，互不存在隶属关系，亦不存在替代关系。非政府性是社会组织的本质属性。在目前还存在政社不分的情况下，有必要从法律角度明确社会组织的非政府性。理性地看，政府与社会组织之间应该是一种合作互补的关系，尽管两者的使命都是围绕争取维护权益和慈善公益的主线展开，但各有所长。政府提供一般公共产品（也称基本公共服务）可称为"一刀切"的服务，如公共体育场地设施，其使用具有非排他性和外部经济效益特征，即公民普遍受益；而社会组织提供的是"差异性"公共服务，如在公共体育场地设施活动的人们健身手段和组织形式具有多样化特征，政府难以满足这种多样化公共需求。健身也是一种持续性、不间断的活动，不是来几次规模大、有声势的活动就能够解决得了的事情，而持续地提供"多样化"的公共体育服务恰恰是体育社会组织的优势所在。社会组织要适应社会需求而生，通过提供对政府的公共产品或服务起补充作用的公共物品的方式来满足人们的需求，以实现组织宗旨和使命。从这个意义上说，社会组织的一个重要功能就是克服政府失灵。所以在欧美国家非营利组织与政府是一种多样化的合作关系或伙伴关系。例如，美国作为世界上非营利组织最发达的国家，相当数量的政府公共服务都由非营利组织提供的，非营利组织代替了部分政府职能，政府通过购买服务或财政补助来支持非营利组织发展，政府补助是美国非营利组织重要的收入来源。可见，社会组织在功能上具有一定社会公共属性、承担一定社会公共职能、代表一定社会群体共同利益或者公共利益，但社会组织与政府还是在设立基础、治理结构、经费来源、功能作用、运作方式等多个方面存在差异。

具体从三个方面看两者间的差异。一是从职能作用的角度来看，体育社会组织有自身独特功能作用，主要服务健身理念的传播、项目普及推广和竞赛活动开展的共性事物，可以满足社会多样化需求的服务，但因受掌握资源及能力的有限性，所以其服务对象和范围是有限的，而政府主要服务覆盖面广，具有基础性、公共性的事物，即"一刀切"公共服务，如公共体育场地设施建设。二是从利用的资源来看，体育社会组织经费来源主要是服务收费、会员交纳的会费、社会捐赠赞助或政府资助等，资源渠道多元，但获取方式是建立在自愿基础之上的，所以资源获取的多少往往与组织筹措资金的能力、社会动员的能力及提供服务的能力有较大关系，而政府所利用的资源则来自公共财政，主要靠强制性征税机制获得。三是从实现宗旨使命、履行职责的方式和政策工具来看，社会组织与政府的目标一致，但治理结构不同。社会组织作为扁平化组织，与其他组织之间不存在隶属关系和上下级关系，它主要依靠自律自治实现组织管理，而当前体育社会组织存在的问题就是与行政部门是一种隶属关系、上下级关系，致使其没有能力实现自律自治，这种治理结构具有典型的行政化特征。此外，作为民事主体，社会组织的行为主要受民法的制约，当事人在民事活动中地位平等，并且遵循自愿、公平、等价有偿、诚实信用的原则，所以提供服务不是靠行政指令，没有强制性的手段和方法，而是在志愿精神主导下提供高水准服务。相比之下，政府履行职能的方式手段就比较多，既可以采用民事方式的协商、购买等，亦可采用行政手段的表彰、奖励、规制、强制和处罚，特别是法律授权的强制措施是政府组织区别于其他社会组织的本质属性之一。

(二) 非营利性

所谓社会组织的非营利性强调的是其运作不以营利为目的，运营所得不向任何个人和组织分配。不以营利为目的并不意味着限制或禁止社会组织开展经营活动，社会组织可以通过提供收费性服务或开展营利性活动赚取利润，但不得以营利为组织存在的目的，所得利润更不能向利益相关者进行分配，而是要用于实现组织宗旨或开展章程规定的业务活动。这就是

国际上对非营利组织普遍适用的"非分配约束原则"的核心内涵，这一原则既是对社会组织本质属性——非营利性完整的诠释，也是社会组织区别于企业的根本特征。社会组织与企业最本质的不同就是企业以营利为目的，实现经济利益最大化，而社会组织不以营利为目的，实现社会效益最大化，两者的相同之处体现在治理结构方面，同为自治性组织，社会组织的权力机构是会员大会或会员代表大会，企业的权力机构是董事会；社会组织的执行机构是理事会，企业的执行机构是运营团队，社会组织和企业的监督机构均为监事或监事会。此外，在运作方式、经营模式、专业化、服务推广及诚信自律等方面社会组织与企业都有着相似、相近或相同之处。强调体育社会组织实体化或市场化运作，主要就是在治理结构和治理规则方面向企业学习、借鉴，完善内部治理结构首先就是要健全组织机构，包括会员或会员代表大会、理事会、监事会制度，其次要学习、掌握和运用企业经营运作方式，既要会赚钱，更要用好钱，用"非分配约束原则"规范资金使用行为。

现阶段，人们对社会组织非营利性的认识存在误区，许多人把非营利性理解为免费，这也成为部分体育社会组织不愿意与行政机关脱钩的原因。从国际上来看，对非营利组织的非营利性的认识也历经了"禁止营利"到"不以营利为目的"再到"非分配约束"的过程。当今，在国际上对非营利组织实行全面营利禁止的国家非常有限，大多数国家对非营利组织的经营活动采取有限禁止的态度，并主要通过税收政策来调节和监控非营利组织的经济活动，以确保其非营利性的合理性。商业化运作是非营利组织维持机构运作和完成公益使命的方式，由此也带来了一个世界性难题：如何界定营利与非营利，即使在法制较为健全的欧美国家，非营利组织打着非营利旗号谋取经济利益的情况也屡见不鲜。为此，各个国家都会设定一些认定标准，认可社会组织的一些经济行为，而禁止其另一些经济行为，从而形成对社会组织的营利禁止。这里的"营利禁止"亦称"非分配约束原则"，并非是禁止有任何营利行为，其核心内涵就是经营产生的利润不能向任何人分配。"营利禁止"或"非分配约束原则"构成当今世界各国特别是欧美国家对非营利组织经营活动的重要约束。

我国对社会组织"非营利"的认识经历了从"禁止营利"到"不以营利为目的"的过程。2007年11月28日国务院常务会议通过的《中华人民共和国企业所得税法实施条例》明确了公益性社会团体是"以发展公益事业为宗旨，且不以营利为目的""收益和营运结余主要用于符合该法人设立目的的事业"的组织。

(三) 组织性

所谓体育社会组织的组织性，是指作为自治性组织，社会组织是一个有着自身宗旨目的的、依靠自治自律的自我运作的组织。这里所讲的组织性与政府组织的"科层制"有着本质的区别。社会组织作为一个扁平化的组织没有所谓的上级领导，有他治，但主要不是依靠他治来实现组织宗旨和完成组织使命的，依法自治是社会组织组织性的显著特征。为此，任何一个社会组织都要有明确的组织目标和使命，其活动都要围绕组织目标和使命展开；要有明确规定组织宗旨与使命的章程、治理机构、职位设置和工作机制，有组织成立、管理运行和终止程序等方面的规定，确保其运行的规范性与合法性，促进组织行政效率。组织性对体育社会组织十分重要，因为体育运动是以项目为载体的群体性活动，即使是个人项目也需要通过群体对抗分出胜负。每个项目都有自身规律、技术技能、规则和方式方法，对组织性严明的规范要求。体育社会组织按照项目或活动竞赛的组织原则发起成立。

(四) 志愿性

社会组织作为公益性组织，对于参与者尤其是发起者和组织者倡导的是一种志愿精神，忘我的奉献精神，不谋私利，只谋取公共利益。所谓体育社会组织的志愿性是指人们自愿发起成立或加入体育社会组织，利用业余时间志愿参与从事维护体育权益、普及传播体育知识、传授体育技术技能和组织开展运动等公益活动。志愿性是体育社会组织的显著特性。体育志愿者是欧美国家大众体育的基石，没有体育志愿服务，就不可能有其大众体育的蓬勃发展。体育志愿者自愿地利用自己的业余时间参与社区体育活动的组织指导、俱乐部的管理和体育设施维护等志愿服务。例如，在英国 15 万个社区体育俱乐部里有近 70 万名志愿者义务担任体育指导员，美国有近 4 000 万人参加社区志愿服务活动，其中至少有 2 000 多万人参加了社区的体育志愿服务活动。

(五) 专业性

体育运动实践性强，技巧性要求高。掌握合理的必要的运动技术技能，是完成动作、获得运动乐趣、取得活动效果和减少运动损伤的基础，同时每个运动项目亦有统一的活动规则和技术标准要求，其专业化程度很高，需要通过专门化的培训和练习掌握。体育社会组织是专门从事各种体育运动、健身活动的组织，专业性是体育社会组织区别于其他社会组织的特有属性。国内外大部分体育社会组织都是按运动项目或者是为了满足人们对某个项目的需求而发起成立的，通过这样一种组织形式，把从事共同运动项目的专业人群或对某个项目有共同兴趣爱好的人聚合在一起，以促进项目专业水平提高，或以普及推广为组织使命，并为实现这一使命共同努力。人群体育协会通常也是以开展运动项目活动为组织宗旨或主要业务。

(六) 自发性

自发性是体育社会组织的主要特性之一，即体育社会组织既不因行政指令而设立，也不因企业的营利目的而成立而是由那些有着共同体育兴趣、爱好和需求的人们聚合在一起，平等协商后自愿发起成立。自发性的显著特点就是发起者的行为决定不是在外在压力下做出的，而是共同意愿的人们聚合，或以共同的体育兴趣、爱好为组织宗旨，或以促进某项运动的发展为组织使命，并以此联系形成一个共同利益的群体，组织成员地位平等，可以自由加入或退出。一般来说，由人们自愿发起的组织都具有较强的活力，比较通俗的解释是，发起成立自己的组织，功利色彩较淡薄，共担责任、共享成果，不需要动员或指令，一切都是"我愿意"。目前城乡基层社区未登记体育社会组织 (草根体育社会组织) 的自发性特征较为明显，这类组织具有较强的凝聚力，参与积极性较高。

(七) 共益性 / 公益性

公共利益包括"共益"与"公益"两个层次。"公益"指的是不特定多数人的利益，具有普遍性、非排斥性等。"共益"指的是具有一定的群体特性与空间属性，在特定范围内某些人的共同利益。"共益"是公共利益的最低层次，"公益"是公共利益的最高层次。不管是"共益"还是"公益"，都具有"利他"的性质，只是受益对象的范围不同。社会组织提供的是竞争性的公共物品或服务。竞争性公共物品或服务包括两个方面的内容：一是面向社会不特定成员提供公益性公共服务，其受益对象是所有社会成员，不明确界定受益人。例如，体育类民办非企业单位是具有代表性的公益性体育社会组织，作为实体性、专业性服务机构，主要是向社会不特定成员提供体育专业服务；二是面向社会特定成员提供共益性公共服务，其受益对象是在特定条件下的特定成员，对于社会团体的会员不具有排他性，只要是会员都可以参加，获得服务。大多数体育社会团体谋取会员这一特定群体的利益，是共益性组织。不论是体育总会、体育单项协会、人群体育协会、行业体育协会等，都有一个共同的特性，那就是满足社会特定成员，即会员的利益，这些利益包括会员优先参加协会组织的活动、优先获得协会的相关服务、优先使用协会的相关资源等。也有少数体育社会团体不谋求会员自身的特殊利益，而是面向社会不特定多数提供服务。例如，社会体育指导员协会、体育志愿者协会等，这类体育社会团体属于公益性社团。

三、体育社会组织的研究意义

随着计划经济向市场经济转型，改革开放政策的实行以及与之相伴的政治社会结构的变迁，国家与社会关系的状态也发生了巨大的变化，改变了过去国家统筹一切的"强国家—弱社会"的状态。总体而言，可以用两个向度的发展来归纳：其一为国家向社会赠权；其二为社会力量增强，逐步向"强国家—强社会"的方向发展。政治体制改革主要是实现从"全能型国家"向"公共服务型政府"的战略转变，改革的各项措施都促进了社会力量的增强。

就我国国家与社会关系本身而言，首先，从中国社会发展的客观需要来看，社会主义市场经济条件下，政府不应对具体的经济活动进行太多的干预，市场可以做到，政府不应该干预。客观情况下，只有在市场无能为力的情况下，政府才能发挥全面的作用。这不仅能促进经济社会发展，而且能够加速社会主义民主政治建设。但是，从我们国家的实际出发，由于市场力量依然很弱，市场运作的必要规则尚未完全建立，存在各种无序的现象，市场经济的发展和良好的经济秩序受到了阻碍。这种情况下就要求政府全面而充分的发挥作用。这是另一个客观需要。两种客观需求将对人们的理解产生影响，导致人们对国家与社会的关系产生不同看法，即政府权力与不同观点的社会实力之间的关系有了一些看法。例如，"小政府，大社会"，"弱国，强社会"，"强国，强社会"等提出的要求。为了解决国家与社会关系的问题，我们必须将未来与目前的两个客观需要区分开来，从目前的工作人员到任务，同时又心系未来，真正的需要和长期的需要都要考虑，尽可能为未来的发展创造一切必要条件。从真实的角度来看，国家与社会的关系是分析政府和社会两个权力的具体情况，分析的现实情况各种因素的条件，并根据情况的要求，通过各种因素的转变创造条件，平衡这两个力量的对比和互动。

随着我国民主政治建设的日趋完善，为我国体育社会组织的孕育和发展提供了十分有利的社会环境。作为一种重要的组织类型，体育社会组织具有非政府性、非营利性、自治性和志愿性，是致力于解决不同社会层面，不同社会群体公共体育服务问题和满足个性化体育需求的社会组织，在体育领域可以发挥社会性、公益性和服务性等社会职能，填充市场和政府力所不及或不适于进入的层面；在促进我国体育事业发展、促进人的全面发展和社会的和谐进步方面具有其他组织不可替代的作用；社会转型使各种利益关系分化、调整，社会结构的不断变化对体育社会组织发展提出了现实而又迫切的要求；从我国体育事业发展战略的整体和局部的关系看，由于体育社会组织是介于政府和企业的中介组织，只有民间的力量得到正常发挥，行政部门的宏观调控职能才能真正到位；在国际社会的公共服务中，政府不再是公共服务的唯一提供者，政府与民间的合作日益增多，民间的力量在国家治理中正发挥着越来越重要的作用，其中各种社会中介组织在西方各国已成为成熟的市场经济机制的重要组成部分。

创新社会管理体制既是作为一个管理目标，也是社会改革方向。坚持多方参与、共同治理，统筹兼顾、动态协调则是社会改革的出发点和原则，构建完善社会管理格局，需要政府和社会共同努力发挥各自的优势和形成合力。我国社会管理体制处在一个总体趋势有利于改革的关口，被学者们普遍认同的社会体制改革方向是，在政府的主导作用下，强化社会管理和公共服务职能，建设服务型政府，健全社会细胞、激发社会活力是共同的任务。

改革开放，给中国的总体化社会带来巨大的变化，使国家与社会的逐渐分离，在体育领域这一变化体现在由过去完全国家办体育和单位办体育演变成除国家对主流体育资源控制之外，逐渐让渡出一定的资源份额，使不同的经济实体、利益群体、阶层都可以在一定程度上表达自己对体育的利益诉求，政府体育部门以及相关部门在党的基本路线及"科学发展"的理念指导下，制定了各种引导、规制社会组织的法规与政策。不同形式的体育组织在不同的管理策略下会以自身的方式生存发展，解析政策控制下的体育社会组织发展趋向以及政策法规走向的理论意义和现实意义便不断凸显出来。

我国体育事业在由计划体制转向市场经济的过程中，由于长期的竞技体育投入，使得竞技体育与群众体育的发展"一腿长、一腿短"严重不平衡。公共体育事业体系不健全，公共体育设施建设不普及，各类人群特别是青少年的体育健身意识和健康水平与经济水平发展没有等量齐升，已经成为当前我国体育改革与发展中不可回避的问题，而且事关体育事业稳步、健康、协调的发展。加强对各类体育社会组织的研究，促进其健康稳定的发展，也成为学界的共识。因此，深入认识体育社会组织的性质、理顺社会组织内外联系、强化社会组织的培育功能，显得很有重要，同时对于合理有效处理体育社会组织与政府、社会、市场之间错综复杂的关系、提高体育社会组织的整体质量，推动社会组织工作走向法制化、制度化、规范化、使之健康发展，提供具有实际应用价值和可操作性的理论观点和对策建议。

第二节　体育社会组织的类型分析

如果说社会组织的定义和特性主要展示的是其共性，而分类则区别了多种多样社会组织间的不同。分类既是统计和评估工作的重要工具，也是从事实际管理工作及研究分析的主要依据，同时也是发挥社会组织作用，培育引导其规范发展的重要的基础性工作。但是，目前对社会组织的分类并没有明确的类型学标准，实践中大都根据需要选用分类方法。有按法律地位分类的、有按组织功能分类的、有按活动地域范围分类的、有按规模大小分类的、有按公益程度分类的、有按活动领域分类的、有按资金来源分类的。所有这些分类方法都各有特点和侧重点。国内外主要的经济社会分类指标体系都将体育社会组织作为单独一类，如联合国的"国际标准产生分类体系"按照"主要经济活动"情况，把所有组织归入17大类，62小类，各小类又划分为几个分项，其中非营利组织包括三大类、11小类，体育社会组织被归入"其他社区、社会和个人服务"大类，"休闲、运动和文化活动组织"小类。国家统计局2003年7月30日发布的《国民经济行业分类与代码》将体育组织划入第三产业的文化、体育和娱乐业中的体育大类，体育组织小类。

一、按组织功能分类

国际上普遍采用按组织功能分类，如联合国"国际标准产业分类体系"基本上遵守的是对所有经济活动分类按产业划分，而不是按照职业、产品、所有制形式、工作方法、原材料特性或产品用途划分。体育组织分在艺术、娱乐和休闲类中。美国国家税务局使用的美国慈善统计中心免税团体分类体系把非营利组织分成26大类，其中休闲和运动单列为一大类。我国民政部2006年为了规范社会组织的统计管理，在借鉴和参考联合国推荐的国际分类体系的基础上，针对我国社会组织的不同发展阶段特点，按照社会组织功能，把社会组织（主要法人类包括社会团体、民办非企业单位、基金会）分为经济、科学研究、社会事业、慈善和综合五大类，再细分为工商服务业、农业及农村发展、科学研究、教育、卫生、文化、体育、生态环境、社会服务、法律、宗教、职业及从业者组织、国际及涉外组织和其他14个小类（表1-2）；把社会团体分为学术性、行业性、专业性和联合性4类；把民办非企业单位分为五大类，14个小类（表1-3）；按照性质和功能将基金会分为公募和私募两类。上述国内外分类都将体育单独列为一类，说明体育社会组织是具有自身特殊功能及形式的社会组织。

表1-2 社会组织分类标准及指标解释

大类	门类	代码	类别名称	指标解释
经济	S	1	工商服务业	从事工业、商业、服务业
		2	农业及农村发展	直接为农业及农村发展服务的组织
科学研究	M	3	科学研究	自然科学、社会科学
社会事业		4	教育	各种教育活动
		5	卫生	医疗、卫生、保健服务
		6	文化	文学、艺术、娱乐、收藏、新闻等
		7	体育	各种体育、健身活动
		8	生态环境	动物、植物保护、环境保护
慈善		9	社会服务	社会福利、救灾救助、社会保障
综合		10	法律	法律研究、咨询、援助、代理
		11	宗教	宗教及宗教交流组织
		12	职业及从业者组织	职业协会、专门行业
		13	国际及涉外组织	国际性非营利组织、外商商会
		14	其他	校友会、友好协会、

表1-3 2008版民办非企业单位分类

大类	序号	单位分类	大类	序号	单位分类
经济	1	工商服务业	慈善	8	社会服务
	2	农业及农村发展	科学研究	9	科学研究
社会事业	3	教育	综合	10	法律
	4	卫生		11	宗教
	5	文化		12	职业及从业者组织
	6	体育		13	国际及涉外组织
	7	生态环境		14	其他

二、按法律地位分类

法律认定是社会组织重要的分类标准，是社会组织获得民事法律主体资格和合法地位的重要前提，具有较强的操作性和实用性，主要用于社会组织的登记注册和税收减免。我国按法律地位可将社会组织分为免于登记、法人登记和备案登记三类（见图1-1）。

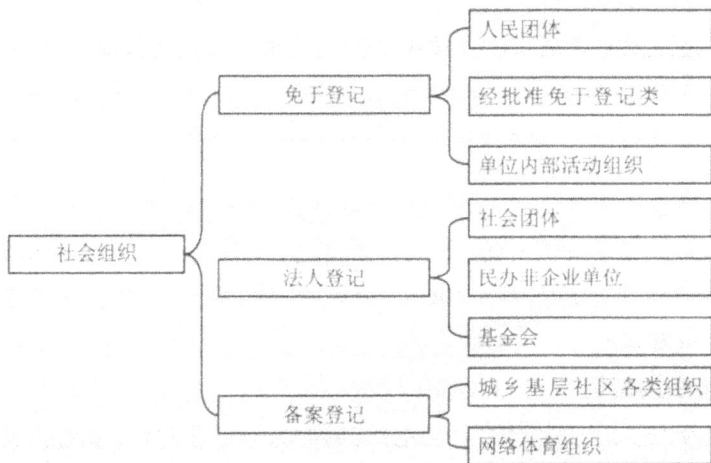

图 1-1　社会组织按法律地位分类

(一) 免于登记

免于登记社会组织在《民法通则》和《社会团体登记管理条例》中有明确界定。《民法通则》对免于登记社会团体的条件做出规定，即"具备法人条件的事业单位、社会团体，依法不需要办理法人登记的，从成立之日起具有法人资格"。1998年由国务院公布的《社会团体登记管理条例》第三条第三款对免于登记的社会组织范围给予明确："下列团体不属于本条例规定登记的范围：参加中国人民政治协商会议的人民团体；由国务院机构编制管理机关核定，经国务院批准免于登记的团体；机关、团体、企业事业单位内部经本单位批准成立，在本单位内部活动的团体"。根据民政部《关于对部分团体免予社团登记有关问题的通知》(2000) 和《关于对部分社团免于社团登记的通知》(2000)，至目前，我国免于登记的社会团体共有33个，数量有限，但具有很强的政治和行政色彩，有相应的行政级别和行政编制，其领导机关与各级政府机构同设，由国家给予正式的编制，承担一定的行政职能。国务院于1983年和1985年两次确认了全国总工会等7个人民团体为部一级单位，确立和巩固了人民团体在国家体系中的地位。参加政协的各人民团体，《宪法》赋予其在政治协商、民主监督和参政议政的权利和义务。可见，免于登记社团的地位是由法律确定的。体育社会团体不属于免于登记社团。目前，省级及以上由体育行政部门发起成立的体育社团大都享受参公管理单位的政策，有人员编制，有行政级别，但不能将其等同于免登记，法律没有赋予体育社会团体免于登记的地位。

（二）法人登记

法人登记是社会组织成为具有独立承担民事责任能力的民事主体的必备条件。我国法人登记的社会组织包括社会团体、民办非企业单位和基金会等三种，相对应的法规包括《社会团体登记管理条例》《民办非企业单位登记管理暂行条例》《基金会管理条例》。体育社会组织不属于免于登记的社会组织，为此具备法人条件的体育社会组织应当依法登记注册，以获得合法地位和取得享受优惠政策的资格。截至2013年底，我国法人类体育社会组织有28 263个，其中体育社团17 869个，体育类民办非企业单位10 353个，体育基金会41个。

（三）备案登记

未达到法人条件的体育社会组织亦称为未登记体育社会组织或草根体育社会组织，应根据其活动范围在经属地民政部门授权备案管理的乡（镇、街道）或村（居）委会做备案登记；没有授权的应到属地管理机关进行备案登记（图1-2）。

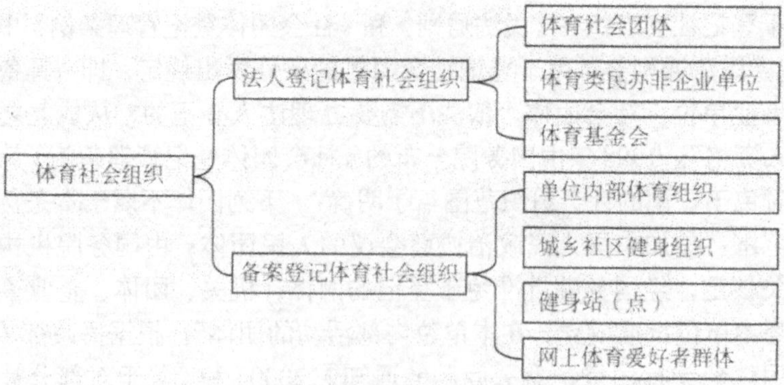

图1-2　体育社会组织按法律地位分类

三、按业务范围和会员组成特点分类

按业务范围和会员组成特点，可将社会团体分为学术类、行业类、专业类和联合类等4种类型，这几类社团中都有体育社团。

（1）体育学术性社团是开展体育相关科学研究的社会组织或体育学术性社团。一般以学会、研究会命名，如中国体育科学学会、中国体育战略研究会等，它主要是满足会员提高学术水平、业务能力，开展学术交流，提供政策咨询和社会服务。

（2）体育行业性社团是以体育相关的同行企业或企业家作为会员，服务于行业的共同事务和共同利益的非政府的"共益性"会员组织。体育行业性社会团体可发挥行业规范、行政服务、行业自律、行业沟通等职能。体育行业性社团主要是经济性团体，如体育产业协会。

（3）体育专业性社团主要是由体育专业人员组成或以提高专业技术，推广和普及运动项目，提高运动成绩而成立的体育社会团体。它不是同一行业的自律性组织，而是同专业的自律性组织，一般以体育单项协会命名，如篮球协会、网球协会等。体育专业性社团作为专业性组织其所追求的是运动技术的提高及其技术价值的社会实现。体育专业性社团是我国体育社会团体的主体，在运动项目的推广、普及及运动成绩的提高中发挥了不可替代的重要作用。

（4）体育联合性社团是人群的联合体或体育学术性、体育行业性、体育专业性团体的联合体。一般以总会、联合会命名，如体育总会、老年人体育协会、农民体育协会、学生体育联合会等。

民政部按照活动领域对社会团体分类，有利于加强对社会团体组织的分类指导，更好地同国民经济行业分类标准及联合国推荐的非营利组织分类标准衔接。从 2007 年以来，社会团体已经按照此分类标准进行统计。

四、按组织基础分类

社团法人和财团法人设立的基础、内部治理关系、组织结构、运作模式、适用法规均有所不同，甚至在一些发达国家税收优惠政策亦有所不同。社团法人以自然人为基础，亦称"人合组织"，如我国社会团体属于社团法人。财团法人以特定的财产为基础，亦称"财合组织"，我国民办非企业单位和基金会属于财团法人。财团法人还可进一步为两种类型：一种是资助型财团法人，即以一定的财产资助特定的公益行为，如以扶贫、救灾、预防疾病等实现组织使命的各种公益的基金会，体育类基金会属于资助型财团法人；另一种是服务型财团法人，即面向社会不特定人群，以提供特定的公共服务为实现组织使命的社会服务机构，如社区体育俱乐部、青少年体育俱乐部等。

五、按受益面及程度分类

受益面是判断公益性还是互益性的一个重要标准。面向社会不特定体育类人群提供服务的属于公益性社会组织，即不是向某一类人或一部分人提供服务，如民办非企业单位属于公益性社会组织；面向社会特定人群提供服务的称为互益性社会组织，亦称部分公益或有限公益，这类组织有边界、有条件，只有成为组织成员方可获得相应的服务，费用免费或者低价，内部存在公益性，当然也对外开展公益性活动。大部分会员制社会组织都属于互益性社会组织。

按受益面及程度分为互益性体育社会组织和公益性体育社会组织。大部分体育社团属于互益性体育社会组织，主要为会员提供相关服务。例如，属于联合性社团的中华全国体育总会，作为联结政府与社会组织之间的桥梁，具有枢纽作用，为会员提供与体育部门的沟通、联系服务，相对其他类别的体育社会组织，中华全国体育总会具有更多的公益属性。体育专业性社团、体育行业性社团和体育学术性社团具有典型的互益性社会组织特征。体育专业性体育社团主要是以普及、推广、开展、提高某个体育项目作为组织宗旨或使命，由专业人员和爱好者自愿组成的社会团体，如单项运动协会、社会体育指导协会等；体育行业性社团主要是以某个特定行业内特定人群作为服务对象，为了普及和推广体育运动，维护行业人员及特定人群参加体育活动的权益和实现共同兴趣而自愿发起成立的体育社会团体，如火车头体协、银鹰体协、石油体协、老年人体育协会等；体育学术性社团是以开展体育科学研究为组织宗旨和使命的社团，如体育科学学会及相关专业委员会。公益性体育社会组织包括体育类民办非企业单位和体育基金会。体育类民办非企业单位包括青少年体育俱乐部、社区体育俱乐部和体育健身服务机构（图1-3）。

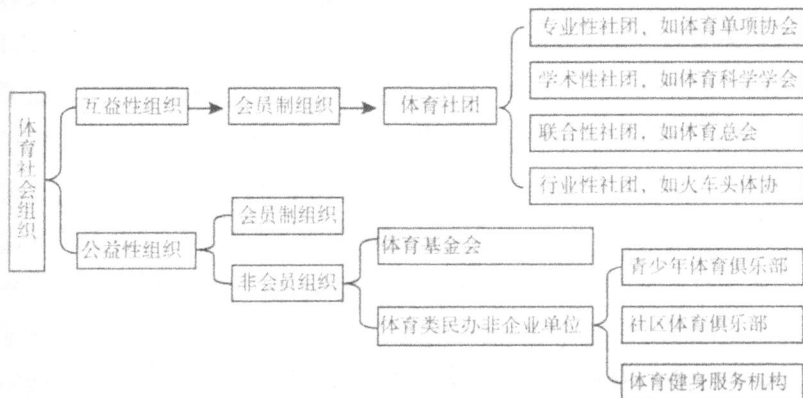

图1-3　体育社会组织按受益面及程度分类

六、其他分类形式

(一) 政府选择型

政府选择型是指组织的成立、活动和注销过程完全由政府主管部门决定。这一类型主要包括官办体育社团，通常是各级体育总会、下属各单项协会。

从其发起方式观察，这类组织是由政府发起成立的，改革前与政府体育管理部门合署办公，与政府机构"同构"，在民政部门登记注册，登记为社团法人。

从管理结构来看，这类组织有健全的理事会，但只是作为形式上的最高决机构。主要负责人的产生由业务主管部门直接派遣，业务主管部门对组织的重大决策直接干预，组织往往很难自主决定重大决策，必须要上报有关政府部门或者经政府部门审批。

从资源结构来看，组织的资金、物质等资源主要来源于政府，常常有政治直接拨款和项目经费，也有一些以政府购买等方式获得政府的资助。组织人员主要政府部门安置的人员，包括政府退休人员、教练员、运动员转业人员等。由于其强大的官方背景，这类组织的深受媒体资源"青睐"，甚至手中就握有媒体资源，可以直接"代言"政府媒体宣传的价值理念。由于组织的名誉主席往往是政府退职的位高权重人士，领导人一般是由前任主管部门领导。在争取资源方面即"得天独厚"又"近水楼台"，包括所提供公益体育产品具有垄断性。

从活动控制来看，这类组织为社会提供准公共物品，并且大都是在政府和社会共同关注的领域活动，如竞技体育的普及与提高，全民健身的项目推广，通过竞赛、竞技人才培训、教练员、裁判员培训、设立体育场地建设和体育器材标准等。在开展体育活动方面，此类体育组织也会主动回应社会需求，但是主要的任务还是对政府主管部门负责，去完成"举国体制"的竞技任务。服务对象主要是国际国内比赛，更加关心的是取得的"金牌"成绩。这类组织也强调志愿精神，可以最大程度地调动志愿者。组织的服务对象数量上相对比较少，等级严格，沿袭了计划经济体制，组织化程度高。

从功能特征来看，这类组织主要是通过提供竞技体育服务，协助政府解决竞技体育发展面临的各类问题，如推进体育职业化、提高竞技水平，各个竞技项目的均衡发展，保证"体育强国"等，因此在促进体育提高与普及方面发挥了重要作用。

（二）准合作提供型

准合作提供型指该体育机构组织的成立、活动由政府主管部门决定的，但是接受社会力量的辅助而发展。这一类型主要包括我国各级政府体育部门为发展公益体育事业而成立的体育发展基金会，如"中华全国体育基金会""北京市体育基金会"等。

从这类组织的发起方式观察，主要是改革开放后，政府体育部门出于自身工作需要，又苦于资金紧张，为解决资金来源向民间募款。这类组织由政府发起成立，有相当程度的政府行为。政府体育部门设有专门的管理机构——体育基金管理中心，有针对性的法规管理《中华全国体育基金会专项基金管理办法》等。在民政部登记注册，登记为基金会法人。

从管理上看，有健全的理事会，而且无论在形式上还是在实质上都是最高决策机构，荣誉主席一般由已退位前任高官担任，秘书长往往由现任官员兼任，可以直接干预重大决策。与体育总会、单项协会不同的是理事的产生不完全受上级部门控制，理事的资格符合"本基金会的重要捐赠人；认同本基金会章程，并志愿服务于本基金会"等条件。"重要捐赠"吸收了民间企业家和慈善人士，组织可以在一定范围内有自主决定重大决策，但必须报上级主管部门审批。

从资源结构上看，这类组织的主要收入是靠捐赠收入，此外还有增值收入和政府财政性补贴，但是所占比例较小。组织人员主要由：政府指派、体育界有影响的人士、捐赠人和志愿者组成。这类组织由于其独特的官方背景和社会背景比较受媒体的关注，所做出的"善举"是与整个社会宣传

的普适价值理念相融合。在争取资源方面既得到政府的认可，又有民间的支持。

从活动方式来看，体育基金会提供了准公共物品，主要任务是资助体育公益活动，扶植体育人才，接受政府委托，组织体育奖励活动以及办理政府委托的其他事宜。服务对象是全国或者地区体育公益事业，以及政府资金投入不足的地方，如个别需要特别发展的运动项目或运动员伤残、助学等项目。较为成熟的体育基金会十分关注志愿者的培养，如中华全国体育基金会出台了《中华全国体育基金会志愿者暂行管理办法》，此类法规出台具有半官方的背景和效应。

从功能特征来看，体育基金会的出现部分弥补了政府社会服务相对缺失的空位，分担了政府部分社会体育服务职能，在政府主导下，形成了政府和社会力量的有机结合。

（三）实体运作型

实体运作型指组织的在运作方式近似于企业化，使组织提供的服务"品牌"实体化。这一类型主要指实体化运作有经营性收入的组织，包括体育类民办非企业单位和在工商部门注册的公益性体育俱乐部。

从发起方式来看，这些组织主要发自民间，也有部分原来的体育事业单位转型为民办事业单位，是主要靠民间力量提供社会体育公共服务的组织，在民政部门登记注册的，属于民办非企业法人其形式包括：法人型、合伙型、个体型，在工商部门登记注册的属于企业法人另有一部分小规模的体育组织登记为个体。体育类民办非企业单位组织是社会改革之后新建立的组织形式。

从管理控制来看，体育类民办非企业单位的自治性较强，主要负责人的产生和组织的重大决策大都由组织自主决定。一般来讲，法人型体育类民办非企业单位组织的内部决策通常由组织负责人或组织的主要负责人共同进行，个体型和微型体育类民办非企业单位组织的主要负责人会实行权威式管理。合伙型的体育类民办非企业单位大都建立了理事会作为形式上的最高决策机构，少量与企业合伙成立的体育类民办非企业单位管理方式为成立董事会。采用理事会进行决策的，普通工作人员和服务对象几乎没有参与决策的权力。

从资源结构来看，体育类民办非企业单位通常都有固定的办公场所，拥有一定规模的资产，但这些资产大都是以民间投入为主。经费来源主要依靠经营性收入，一些体育类民办非企业单位可以得到政府的项目资金支持。人员的招募主要是亲戚、朋友或通过市场招聘进行。与原国有的转型体育事业单位相比，这些组织在人、财、物等方面的规模通常要小得多。个别经营较好、影响较大的组织，也能得到政府的拨款支持。部分体育类民办非企业单位还得到了国内其他民间组织以及境外、海外组织的赞助。

这些组织比较善于使用多种媒体对其产品和服务进行宣传和自我宣传，主要目的是获取更大营销量，增加营业额。总的来看，体育类民办非企业单位一般会瞄准政府体育部门无暇顾及、有民众基础或新兴的体育项目来争取各类资源，更多地依靠组织的实力，包括所提供项目类型或者服务的质量等。

从活动控制来看，体育类民办非企业单位提供体育健身的技术指导与服务；体育娱乐与休闲的技术指导、组织、服务；体育竞赛的表演、组织、服务；体育人才的培养与技术培训等活动。采用了近似企业的方式提供服务。

从组织功能特征来说，这类组织主要是为社会提供公共体育服务，通过对市场特有的敏感洞察力扶持了大量的新兴体育项目，将触角伸向社会各个层面，弥补了政府和企业的不足。

(四) 行政干预型

行政干预型指以上级部门行政权力为基础，强调垂直领导关系，下级服从上级的权威性的管理方式，管理方式在事前即由政策法规预防性干预、事中即工作进行中的指导性干预和事后干预三种。这一类型主要包括挂靠在行业和地方工会的体育组织，在单位或社区内部活动的各种公益性体育组织，以及各种合法社会组织下公益性的二级机构如各级大学生体育协会。

从发起方式来看，这些组织应行政力量和民间需求发起成立，按照国家法规，不需要在民政部门登记注册，部分组织在政府体育部门注册，组织大都依托于有法律身份的企事业单位而存在。这类组织在改革之前成立一部分如各行业基层体育协会，大部分是改革之后才有的组织形式。

从管理控制来看，这类体育组织不同程度地建立了理事会制度。组织的重大决策和负责人产生基本由组织提名，由所挂靠或者所隶属的单位会根据组织的能力、影响力有不同程度的干预。从内部决策的方式依组织规模而定，大型组织决策由上级和组织领导共同进行，或者是上级参加理事会共同决策，小型组织的成员和服务对象可以参与决策机会。

从资源结构来看，这类组织所挂靠或者隶属的上级行政组织，可以为组织不同程度地提供各种资源，包括在资金、场地器材、人员等方面的支持，即使无法满足各种资源提供，至少所依附的组织保证了组织的"法律合法化"，组织开展大型活动的经费，需要跟上级部门另行申请。财务由上级政府机关代管，本身没有独立财权。

从行为特征来看，这些组织没有法人身份，因此在提供服务时，更多的依托所挂靠或者隶属的机构。所提供的公共体育服务是互益性的，在提供服务时，有时候需要所挂靠单位的批准或者配合。

从功能特征来看，体制内的体育组织虽然没有法人身份，但是由于依托于这些有法人身份的组织，它们的活动大都能正常开展。

（五）民办官助型

民办官助型主要是指政府与民间组织之间的非同质非正式合作，基于目标基本一致、认识大致统一、相互信任的条件下，靠默契形成的合作方式。这一类型主要包括大陆民间发起成立和海外体育民间组织的分支机构等各种公益性体育社团、体育类民办非企业单位和体育非公募基金会。

从发起方式来看，这些组织由民间发起成立。法律身份是社团法人、基金会法人，在体育行政部门归口管理，在民政部登记注册，是改革后的"后发"组织形式。

从管理控制来看，这类组织大都根据相关的法规设置了理事会制度，重大决策和负责人产生一般是由组织自己决定，受到政府的干预相对较少。从内部决策的方式来看，有的由理事会决策，有的由组织的高层进行决策，主动接受监督，即使是组织成员和服务对象也具有一定的参与决策机会。

从资源结构来看，资金和物质资源主要三部分：来源于社会的捐赠；通过政府购买项目的形式得到政府的资助；企业家通过自有资金支持特色体育项目和传统体育项目。这类组织主要依靠自身的优势体育项目或地方优势项目获取资源，资源的提供方可能是企业、家族、海外资助机构等。与政府选择型体育组织相比，这类组织的政府资源相对较少。组织的人员规模通常较小，专职人员大都某个领域的知名人物，退役名运动员、教练员或家族技能传承者。此类组织比较善于利用志愿者，比较注重与媒体关系。组织争取资源一方面依靠组织的实力，包括所提供的公共体育物品或者服务的质量，另一方面也依托组织发起人、负责人以及理事的各种关系网络。

从行为特征来看，这些组织主要是根据社会的需求提供准公共物品，活动领域主要包括体育专项基金、非公募专项体育基金会、地域性专项民办学校、青少年体育俱乐部、特殊群体体育俱乐部发展等方面。此类组织主要以体育项目和人群的形式开展活动，比较重视项目的设计与开发，在开展活动时比较注重资助对象的参与，强调志愿精神。组织的受益对象有

一定的数量和规模，受益对象属于待扶持体育项目、特殊群体，政府政策未惠及的群体。

从功能特征来看，第一，这类组织主要是为社会提供公共体育服务，帮助缓解一些原本由政府解决，而政府尚估计不到的体育项目和人群的矛盾，但是在提供公共体育服务的数量和质量方面，由于目前规模尚小仍不及政府选择型的体育组织是具备的能力，是政府提供社会服务的有益补充；第二，通过社会体育资源的再分配，为一些政策难于惠及的体育项目群体创造了机会；第三，提示了社会体育合作发展有益路径，具有制度创新的积极意义。

(六) 社会选择型

社会选择型是指应社区公民需求发挥社会力量自发成立的体育组织。这一类型主要包括街头、公园内的各种兴趣人群体育组织，网络体育俱乐部等。

从发起方式来看，这些组织发自民间，没有法律合法性，但有社会合理性，政府并没有禁止这类组织成立，但是由于资源的有限性和计划管理的惯性思维，提高了"门槛"，"双重管理"和注册资金的限制使大部分草根组织游离于合法组织之外。政府管理部门是以宏观的监控方式谨慎地对待这些组织，仅仅使用政策和倡导性的规划引导，如《全民健身计划纲要》等文件来规范组织开展活动。

从管理控制来看，此类组织的重大决策和负责人产生都由组织自己决定。

从内部决策的方式来看，组织成员的参与性和互动性较强。

从资源结构来看，该类组织的资金规模非常小，收入主要来源于会员缴纳的费用，场地设备一是更多地依托社区的公园广场体育设施；二是因对某项体育共同爱好聚到一起。组织的人员大都是自发聚集到一起，基本没有专职的员工，活动的积极分子自愿为大家服务，没有工资收入。组织获得的媒体、政府及其他资源较少。组织争取资源，主要依靠组织为会员提供产品或者服务的能力。

从行为特征来看，这类组织所提供的准公共物品或者服务是为了满足部分人群的需要，活动领域大都是娱乐兴趣方面。服务对象对组织有一定的认同感和归属感。

从功能特征来看，它们发自社会各类群体的需求，是真正的各类群体是选择结社的主体功能，与管理部门是平等关系，公民用自己的方式表达对组织的支持，可以从组织换取相应的服务，以满足会员娱乐、健身和交往的需求。

（七）底线控制型

底线控制型是指国家对存在社会对抗风险的社会事务，既保证社会发展又不突破控制底线和容忍程度底线的体育组织管理方式。这一类型主要包括健身气功类组织。

从发起方式来看，这些组织是由民间发起成立，大多具有合法的法律身份，对于无法律身份的组织政府采用监控、引导方式管理，对于有害气功和地下的形式存在的气功组织，政府管理部门会严格甄别禁止成立。大部分组织都由体育行政部门直属机构健身气功管理机构和政府承认的健身气功社团管理。

从管理控制来看，组织的重要决策和负责人产生由组织自己决定，但是从内部决策的方式来看，组织成员的参与性和互动性较强。无论是举办气功活动还是建立固定组织和气功站点，都需要有挂靠的法人部门或经基层政府组织的审核同意，报体育行政部门审批，大型活动除报体育行政部门审核批准外，还应当按照《群众性文化体育活动治安管理办法》的规定经公安机关许可。

从资源结构来看，健身气功组织的资源主要来自于其会员，也有来自海外非政府组织的资助。从行为特征来看，开展的活动必须是经过体育行政部门审定的功法，举办活动实行属地管理，必须具有同意使用场地证明，因此属于政府禁止的活动领域。会员对组织一般具有较高的归属感和认同感，有共同的利益诉求，组织化程度很高。从功能特征来看，主要以健身气功来改善身体生理功能活动、心理调节相结合为主要形式的民族传统体育项目。健身气功有较强的心理暗示作用，服务对象由很强的认同感和归属感。对于这类组织的控制主要是防止一些组织利用气功掩护，突破健身保健领域界限，伸张政治诉求，并进行危害社会稳定安全"的非法活动，甚至成为"邪教"性质的非有害气功组织。

第三节　体育社会组织的社会功能

一、有助于正确处理政府与社会的关系

党的十八届三中全会把创新社会治理体制作为全面深化改革的重要内容，提出要改进社会治理方式，实现政府治理和社会自我调节、居民自治良性互动，真正实现从"依靠群众打天下"向"依靠群众治天下"的转变；

政府逐步从"全能政府"转变为"有限政府";从"撑船"转变为"掌舵"。实现多元治理,需要激发作为治理主体之一的社会组织的活力,按照党的十八届三中全会要求,激发活力首先,要正确处理政府与社会的关系。向社会力量放权是社会治理体制的根本改变;其次,要改变政府主导一切的治理模式,建立多方参与、多元主体的治理体制,有利于最大限度激发社会活力。体育部门与体育社会组织的关系不会自然理顺,需要双方一起努力,特别是体育部门需要用新的理念、制度和政策法规创造出一定的前提和条件。可通过以下努力处理好两者间的关系。

(一) 转变观念、明确重点

党的十八届三中全会提出创新社会治理体制,改变传统的以自上而下管控为特点的管理理念,由单一行政管控手段,转变为与社会合作共治的治理理念。这就需要体育部门与体育社会组织建立一种互利互助的合作伙伴关系,多元内涵不仅要打破体育部门单一公共体育服务供给主体,也要打破体育部门单一治理主体的格局,由强调自上而下的层级管辖变成了强调减少管理层次、资源下沉和抚育基层发展,由单纯的行政管控手段转变到依赖包括非强制、非官方和非正式的方式在内的多种方式实现社会治理,以"社会协同"和"公众参与"作为关键点,形成自上而下与自下而上相结合的体育治理体制。当前作为体育部门要认识到固守"公共体育产品唯一供给者"的地位既不可能也无必要,应当积极转变观念,理性认识向体育社会组织放权,或与体育社会组织进行共同治理,能从根本上改变体育部门管理体育的理念和方式,有利于职能的转变,推进政事、政社分开,建设服务型政府。同时应认可社会组织是政府职能转变的重要承担者,能够承担体育部门委托的公共体育事务,认可体育社会组织在体育治理中的重要主体地位。明确处理好与社会组织关系的核心所在。政社分开和推进体育部门职能转变是处理好其与社会组织关系的核心环节。

(二) 建立良好的协商机制

体育部门正确处理与社会组织的关系,必须摒弃原有的那种两者间是从属关系、隶属关系,准确理解由管理向治理转变的内涵,按照党的十八届三中全会提出"构建程序合理、环节完整的协商民主体系,拓宽国家政权机关、政协组织、党派团体、基层组织、社会组织的协商渠道"要求,探索建立与体育社会组织的协商机制,明确治理不是管控,是协商,要改变传统的自上而下管控为特点的管理理念,摒弃单一的行政管控手段,采用强调政府与社会组织合作共治的治理理念。具体到实践中,由于政府与社会组织从管理与被管理的地位不平等主体转变为地位平等的民事主体,所以更多的应当是协商而非行政指令。为此，理顺关系就是要理清体育部门与体育社会组织的各自职能，建立互信、合作的伙伴关系。

（三）实现政社分开

体育部门要顺应形势发展，真正实现"政社分开"和体育社会组织独立地位，从制度上切实剥离体育社会组织对体育部门的行政依附关系，让其回归民间性和非营利性，没有独立的社会组织存在就谈不上双方的良性互动合作。在法治框架下规定和调整双方关系与行为，这是保持关系长期稳定的基础。现行的对社会组织的管理法规都属于行政立法或部门规章，不是国家法律，其权威性不足，同时这些法规多属于程序法而非实体法，对有关社会组织的内部机构、财产关系等问题也很少规定。为此，需要加大相关立法工作力度，依法明确和确立两者间的关系。

二、有助于深化体育社会组织改革

推进国家治理体系和治理能力现代化是中国特色社会主义的重大理论创新。如何准确把握中央对社会组织的一系列新思想、新论断、新要求，紧密结合体育社会组织发展实践，运用国家治理理念谋划体育社会组织改革发展，是未来体育事业改革发展重大的迫切需要解决的问题。体育部门应积极贯彻落实党中央关于社会治理的方针政策和国家关于培育发展和规范管理社会组织的精神，深化体育社会组织体制改革，促进体育社会组织建设法治化和规范化，加快形成政社分开、权责明确、依法自治的现代社会组织体制，增强体育社会组织自治功能，激发体育社会组织活力，提升体育社会组织在体育治理中的主体地位。

（一）做好体育社会组织改革发展的顶层设计

这是确立体育社会组织在推进体育治理体系和治理能力现代进程中重要的基础工作。国家已做了许多工作，国家层面对改革社会组织管理制度，行业协会商会与行政机关脱钩，优化社会组织发展环境、强化社会组织监管、加强社会组织人才队伍建设等一揽子政策意见。规范党政干部在社会组织任职兼职、社会组织税收减免、登记管理机关职能调整、四类社会组织直接登记办法等配套规章政策也在加紧研究制定之中。

（二）统筹解决体育社会组织改革发展的问题

深化激发体育社会组织改革，加快形成现代社会组织体制，重点要解决以下方面问题。

31

①明确体育社会组织的定位。围绕体育社会组织是体育事业治理的重要主体，明确落实在全民健身国家战略的新形势、新要求下，加快推进体育社会组织改革发展的重要意义。明确推进体育社会组织改革发展的指导思想、基本原则和总体目标。

②探索新形势下的监管模式。围绕放得开、管得住的要求，在明确登记管理机关、行业管理部门监管职责的同时，建立和完善信息平台，做好第三方评估，拓宽社会监督渠道。

③优化发展环境。围绕更好地发挥体育社会组织作用，着力解决认识偏差、资金和人才匮乏、能力不足的问题。

④深化社会组织登记制度改革。对体育社会组织的培育发展不足、登记门槛过高，一直是制约体育社会组织发展的瓶颈。十八届三中全会明确提出："重点培育和优先发展行业协会商会类、科技类、公益慈善类、城乡社区服务类社会组织，成立时直接依法申请登记"，不再需要业务主管单位审查同意。国家目前加快修订出台《社会团体登记管理条例》《基金会管理条例》《民办非企业单位登记管理暂行条例》，并且将制订社会组织分类登记的标准和具体办法。体育社会组织涵盖四类社会组织，属于可直接登记类。根据民政部的资料显示，目前直接登记工作已在全国绝大部分省市开展，北京、天津、河北、内蒙古、上海、江苏、浙江、安徽、福建、山东、河南、海南、四川、云南、宁夏、厦门、大连、宁波等地以政府名义下发了直接登记的指导文件或具体办法。广东、上海对已经成立的社会组织同步推进直接登记管理，全国已直接登记社会组织3万多个。2013年以来，广东直接登记体育类社会组织已超过百家。

⑤引入市场机制，加快推进政社分开的脚步，探索"一业多会"，建立退出机制。

⑥自治自律。围绕强化自治功能、完善法人治理结构、建立诚信体系等方面发展体育社会组织。

(三) 探索营造公平竞争的环境

服务购买实行公开竞标，专项扶持资金采取竞争性分配方式；对体育社会组织使用服务购买资金和专项扶持资金要实行绩效管理，引入第三方进行绩效评价；完善财政资金扶持机制，把体育社会组织建设纳入公共体育服务范畴，从实际出发，坚持尽力而为、量力而行，切实加强城乡基层社区体育社会组织能力和服务机构设施建设，创新组织建设模式，形成多元共治格局。

三、有助于优化体育社会组织发展环境

激发和释放体育社会组织活力，发挥其应有作用，需要营造法制健全、政策完善、待遇公平的发展环境。

（一）完善政策环境

积极制订有针对性的扶持引导政策，加强分类指导。配合财政部门完善政府购买公共体育服务机制，按照《国务院办公厅关于政府向社会力量购买服务的指导意见》要求，向符合条件的体育社会组织购买服务，及时公布购买服务事项和相关信息，加强绩效管理；积极配合物价部门完善体育社会组织价格政策，落实有关税收政策。鼓励体育社会组织参与制订体育政策、规划、项目标准和发展数据统计等事务。要充分发挥体育社会组织在项目发展指南制订、人才培养、第三方咨询评估等方面作用，完善对体育社会组织服务创新能力建设的支持机制。

（二）探索建立体育社会组织培育制度

针对体育社会组织能力普遍较弱，难以发挥作用的现状，民政部在《民政事业发展第十二个五年规划》中提出推动建设各级社会组织孵化基地，为社会组织发展和发挥作用提供基本场地支持和指导服务。积极培育、扶持、孵化在经济、社会、文化等领域有发展潜力、社会急需的社会组织。体育社会组织相对于其他类别的社会组织能力不足，更有必要建立培育孵化制度。各级体育部门应当利用地方体育场馆的附属设施，主导建立集孵化培育、资源共享、公共服务、诉求表达等功能为一身的体育社会组织综合服务平台。主要目的就是培育能力较弱或初创的公益类、服务类体育社会组织，通过场地支持、人员培训、项目引介、业务发展、政策引导、委托承接等途径和专项服务，解决场地、资金、政策扶持等方面的困难，培育孵化体育社会组织、促进体育社会组织发展。

（三）重视制订实施扶持政策

各级体育部门应当积极探索利用本级体育彩票公益金或推动财政资金建立体育社会组织专项资金和体育社会组织公益项目创投基金，切实加大扶持力度。购买公共服务并不是政府唯一支持体育社会组织的方式。因为服务购买对体育社会组织的资质有很高的要求，当前有许多体育社会组织并不具有承担购买的资质和能力，所以应当建立一种扶持资金资助制度，其主要目的不是特定的公共服务目标，而是体育社会组织自身的能力建设和发展。财政资金或彩票公益金应该协调兼顾公共体育服务购买和对体育社会组织资助两方面的关系。应当重视研究制订加强体育社会组织人才队

伍建设的政策，积极协同相关部门改善体育社会组织人员待遇，协同相关部门落实公益性捐赠税前扣除和社会组织自身收入免税政策。各级体育部门应当积极作为，主动推动并协同有关部门开展体育社会组织免税资格、公益性捐款税前扣除资格认定，保障体育社会组织依法享受税收优惠待遇；积极协同人事及社会保障部门建立体育社会组织工作人员劳动用工制度，完善实施人员流动聘用、户籍管理、档案管理、职称评定、福利保障、权益保障等具体政策措施。

四、有助于推广公共体育服务购买

购买公共服务就是政府对于某些特定的公共服务目标，不是自己使用财政资金运作完成，而是通过各种模式建立契约关系，由社会组织或企业组织等其他主体来提供公共服务，政府支付相应资金的模式。简言之，即政府提供资金、社会组织承包服务、合同关系实现特定公共服务目标的机制，本质上是公共服务的契约化提供模式。

自2013年下半年以来，国家采取一系列举措加快推进政府购买服务工作。从2013年9月26日国务院办公厅印发《关于政府向社会力量购买服务的指导意见》，到11月12日党的十八届三中全会《中共中央关于全面深化改革若干重大问题的决定》中提出："推广政府购买服务，凡属事务性管理服务，原则上都要引入竞争机制，通过合同、委托等方式向社会购买。"再到12月4日财政部发布《关于做好政府购买服务工作有关问题的通知》，并于2014年1月16日在广西举行全国政府购买服务工作会议上财政部副部长表示：2014年政府购买服务工作将在全国全面推广，力争"十二五"时期初步形成统一有效的购买服务平台和工作机制，2020年在全国建立比较完善的政府购买服务制度。体育部门需要充分认识到服务购买工作的重要性，把服务购买与机构改革、简政放权和职能转变联系起来，采取措施加以推进。

(一) 建立健全公共体育服务购买制度

把建立公共体育购买制度作为构建完善的公共体育服务体系和促进政府职能转变的重要举措加以推进。各级体育部门应当依据《国务院关于政府向社会组织购买服务指导意见》及本地区政府相关文件精神，作好职能划界工作，明确职责范围。党的十八届三中全会提出全面正确履行政府职能的"5个加强，1个推广"，即"政府要加强发展战略、规划、政策、标准等制订和实施，加强市场活动监管，加强各类公共服务提供，加强中央政府宏观调控职责和能力，加强地方政府公共服务、市场监管、社会管理、环境保护等职责；推广政府购买服务，凡属于事务性管理服务，原则上都要引入竞争机制，通过合同、委托等向社会力量购买"。

（二）规范购买服务行为

各级体育部门配合财政部门研究制订本地区购买体育服务的具体措施和配套政策，引导和规范购买服务行为，为体育社会组织参与购买公共体育服务提供公平环境，根据地方实际需要，拟订向体育社会组织购买目录，明确每项服务的具体目标、服务细则、范围、程序和经费。

（三）建立信用评价体系

积极协同民政部门开展体育社会组织等级评估，按照公平、公正、公开的原则，通过竞争性方式选择承接体育部门购买服务的社会组织；建立监督机制，加强对购买服务项目的监督管理和绩效评估，及时了解购买服务项目的实施情况，使购买公共体育服务真正取得预期的社会效益。为此，要引入第三方监督，量化购买公共体育服务的绩效指标，构建科学合理的向体育社会组织购买公共体育服务的绩效评估体系，按照科学的方法、程序和标准，对体育社会组织的服务质量、公众满意度做出客观、准确的评价。同时建立信用评价体系，为体育社会组织参与招标竞标以及退出服务领域提供依据和参考。

（四）提高管理能力

提高体育部门工作人员的合同管理能力，强化公共体育服务购买契约式管理。体育部门的工作人员应当明确购买公共体育服务的标准，具备起草合同条款及谈判能力，并对合同实施过程中发生的实际问题有敏锐的洞察力，确保合同的顺利实施，最终实现行政目标。

五、有助于重点工作的开展

加强培育发展体育社会组织工作要有针对性，根据社会需求、改革发展及体育社会组织自身建设需要，通过重点突破来增强体育社会组织的能力，提高服务水平，同时要根据发展阶段适时调整。根据目前体育社会组织实际情况，建议加强以下几个方面的培育发展工作。

（一）加强体育社会组织能力建设

能力建设是推动社会组织发展的重要条件，同时也是推进社会治理创新的必要条件，因此要加强体育社会组织的能力建设，发挥其在促进全民健身事业发展、参与公共体育治理、提供公共体育服务中的作用，使之成

为推动体育事业发展的重要主体和力量。一是与政府的良好配合能力。体育社会组织为实现使命所做出的努力和实效，有一个基本而共同的经验，即是与政府保持良好的关系，体育社会组织的发展必须与政府保持密切的关系，必须取得政府支持。二是增强体育社会组织的专业服务能力，在服务社会、服务会员中寻求发展空间。社会组织的生命力最突出地体现在活动或服务能力方面，组织能力越高，效率与效果越好，影响力就越大，所获得的公信度也就越高，获得的资源也就越多。体育社会组织的活动与服务能力，主要从服务项目、服务受益面、活动方式、服务类型、承担政府委托职能等方面考察。专业化和团队的专业服务能力是能力建设重点，因此要着重增强和提高体育社会组织的项目运作能力和水平，注重项目开发能力，对项目实行规范管理，提高资金运用效益，降低项目成本，打造有竞争力的品牌项目，扩大项目影响力。三是强化自我约束能力、增强自治能力。体育社会组织自身的组织治理与管理是其能力建设的重要指标，也是促进组织发展的重要保证。

（二）培育基层社区未登记体育社会组织

重点培育发展城乡基层社区未登记体育社会组织，这类组织数量最多、作用最直接，最需要关注扶持。社区是社会的基本单元，是体育社会组织开展活动、发挥作用和提供服务的主要平台。长期以来，体育部门在支持未登记体育社会组织方面办法相对较少，能够发挥的作用亦较为有限。如何更好地利用城乡基层社区未登记体育社会组织植根于民间的优势，发挥其在提高全民健身的组织化程度、维护和协调健身人群利益中的积极作用是需要通过创新驱动来实现的。可以协同乡（镇、街道）尝试将基层未登记体育社会组织纳入城乡社区管理和公共服务的综合性平台，探索建立以社区服务中心、乡镇综合文化站为体育社会组织依托平台的运行管理机制；完善培育扶持政策办法，制订资助范围、项目和标准；探索协同民政及基层组织实行未登记体育社会组织备案制管理办法；建立社会体育指导员进站点指导体育活动的制度，引导城乡健身站点以团体会员身份参加体育单项协会和人群协会。

（三）培育发展自律联合性体育社会组织

自律联合性组织亦称"枢纽型社会组织"，是社会组织的"整合、代表、合作"组织，通过实行枢纽式管理，实现社会组织的自我管理、自我教育、自我服务、自我发展，对于促进社会组织的登记、管理、改革，形成"党委领导，政府负责，社会协同，公众参与"的社会管理格局，具有重要作用和意义。体育类社会组织中具有较鲜明联合性社会组织特征的是体育总会。

一般来说，体育总会都是体育部门发起成立，在政社分开大背景下，今后体育总会将按照现代社会组织体制要求办会。体育部门应当重视培育体育总会，重点应放在县级体育总会；建立体育总会的绩效评价制度；积极探索城乡基层枢纽型体育社会组织的实现形式，建立以城市街道办、农村乡镇的社区文化中心和乡镇文化体育工作站为依托的基层体育总会制度。

（四）加强实体性体育服务机构建设

现阶段，我国体育社会组织结构不尽合理，体育类民办非企业单位数量过少，为此应加大力度，引导和支持社会力量兴办各类公益性、实体性健身服务组织，扩大社区体育健身俱乐部、青少年体育俱乐部等体育类民办非企业单位的规模和覆盖面。目前，体育类民办非企业单位面临的主要问题是缺少资金支持、缺乏相应的法律保障。与企业不同，社会组织并不是总能通过利润来维持自身生存，因而除了通过服务购买得到经费外，政府还专门针对社会组织给予资助基金，用于促进社会组织的发展。体育部门购买的多是一时一事性的服务，缺乏对社会组织长远发展的考虑和资助性的培育发展资金，忽略了社会组织的可持续发展，因此政府对实体性体育社会组织的支持应主要体现在建立资助制度、税收政策优惠等方面。

（五）建设高素质的体育社会组织从业人员队伍

规范发展体育社会组织，重点是要解决人的问题，有了好的社团领导和高素质的工作人员，才能迎来体育社会组织更加健康发展的未来。一是优化社会组织人力资源配置，提升体育社会组织发展能力，提高从业人员专业化水平和整体素质，推进体育社会组织专职工作人员的职业化进程。二是加强对体育社会组织负责人及工作人员的培训，特别是针对目前部分体育社会组织负责人不了解、不专心学习规范社团发展事务的情况。对社团拟任负责人选进行有针对性的培训，培养他们尊重章程、依法办事、规范运作的观念和意识；同时要有针对性地开展提高体育社会组织工作人员专业素质和加强职业化队伍建设方面的培训。要积极创造条件与专业机构开展合作，将短期培训提升为正规化培养，造就职业化队伍，为体育社会组织的规范发展奠定人才基础。最后要加强县级体育社会组织负责人和业务人员项目运作、业务技能、专业知识等方面的培训，为长期提供公共体育服务做好准备。

（六）建立和完善体育社会组织综合监管体系

建立完善的综合监管体系，发挥其应有的作用，应明确体育部门在综合监管体系中的定位和职责。党的十八届三中全会明确提出："重点培育和优先发展行业协会商会类、科技类、公益慈善类、城乡社区服务类社会组

织，成立时直接依法申请登记。"这标志着长期实行的社会组织"双重管理体制"开始破冰。目前已有多个省份开始直接向民政部门申请登记。体育社会组织属于可直接到民政部门申请登记的社会组织。在新的社会组织治理框架内，体育部门原有的前置审批已被取消，由"业务主管单位"转变为业务管理部门（业务指导单位）或行业管理部门，但其监管责任并未取消。作为行业管理部门体育行政部门今后如何行使对体育社会组织的监管职责。民政部部长李立国在 2013 年全国民政法制工作会议上对行业管理职责做出了说明，他指出："《社会团体登记管理条例》等三个条例和相关配套规章修订重点集中在改革登记管理体制、明确民政及相关部门权责等方面。民政部门将会承担起统筹协调、政策制定、宏观指导以及登记备案、年检评估、执法查处等职能。各相关部门则负责对本领域活动的社会组织进行行业指导、行为规范、提供服务等，制订社会组织在本行业的活动指南和管理服务规范。"面对社会组织治理理念、模式的调整和改变，体育部门应积极适应这一转变，正确处理好与体育社会组织的关系，在综合监管体系中主动作为，积极发挥配合作用。积极参与制定体育社会组织的相关综合监管办法，健全监督管理机制，配合民政部门依照相关登记管理法规，对体育社会组织加强登记审查、监督管理和执法检查，强化对主要负责人任职条件和任用程序的监督管理；配合财政部门对政府购买体育社会组织服务的资金和行为进行评估和监管；配合税务部门对体育社会组织涉税行为进行稽查和监管；配合审计部门对体育社会组织依法进行审计监督；配合价格部门对体育社会组织收费及价格行为进行监管。在做好配合工作的同时，还应规范、高效履行行业管理部门的职责，依法按职能对体育社会组织进行政策和业务指导，并履行相关监管责任，探索建立专业化、社会化的体育社会组织第三方监督机制。

（七）建立健全体育社会组织法人治理体系

按照共生共治、共建共享的理念，建立和完善以章程为核心，以健全法人治理结构和制度建设为基础，以信息公开和综合监管为保障，以公信力建设为目标的体育社会组织法人治理机制，形成结构合理、制度完善、运转协调、充满活力的现代社会组织法人治理体系。积极探索建立完善体育社会组织法人治理结构。法人类体育社会组织应当要按照建立现代社会组织要求，建立和完善产权清晰、权责明确、运转协调、制衡有效的法人治理结构。重视并健全各类体育社会组织章程审核备案机制，完善以章程为核心的内部管理制度，体育社会团体应健全会员大会（会员代表大会）、理事会（常务理事会）制度，建立和健全监事会（监事）制度。民办非企业单位和基金会应健全理事会、监事会、执行机构(秘书处)制度。城乡基层社区未登记体育社会组织应按规定做好备案登记,加强自治。各类体育体育社会组织应落实民主选举、差额选举和无记名投票制度。实施法定代表人述职、主要负责人任职前公示和过错责任追究制度。

例如,广东武术舞狮搭建起对外文化交流桥梁。"欧洲及海上丝绸之路沿线国家主流媒体看广东"活动于2014年10月30日在广东佛山举办,来自德国、法国、柬埔寨、科特迪瓦等国家的主流媒体记者来到佛山市中联龙狮基地参观采访,记者们观看了武术表演及舞狮表演、与"狮子"进行了"亲密接触",并了解了舞狮的相关背景及文化底蕴。

来自意大利的记者康思墨问中国人为什么喜欢舞狮,佛山市南海区黄飞鸿武术龙狮协会副会长、黄飞鸿第五代传人黎念忠当场为他解惑。他说:舞狮这个狮子,代表如意吉祥、辟邪镇宅的意思。国庆节、春节等喜庆的节日,人们就会舞狮舞龙。除了有好寓意,舞龙舞狮还能锻炼身体、增强体魄。

黎念忠告诉记者,舞狮在海外也很受华人及外国友人的喜爱,现在世界各地也开了很多舞狮培训班,他们也经常会去国外的武馆与国外舞狮团体进行指导、交流和切磋。

七、八岁就跟师父学习武术舞狮的龙狮教练叶仲铭表示,希望能通过自己的努力,为弘扬中国武术舞狮文化出一份力。他说,有一次去美国,在公园里看到外国人在专注认真地练习中国武术,内心非常欣慰。近些年,他收了不少外国的学生,有墨西哥、日本等。不久前,他还收了一个法国工程师为徒,这些洋学生对中国传统的舞狮文化非常痴迷。叶仲铭说,自己会尽其所能教授他们,让这些中华传统文化传播得更远、发展得更好。

据了解,舞狮跟随着华人移居海外而闻名世界,马来西亚、新加坡、泰国等地非常盛行舞狮,聚居欧美的海外华人也成立了不少醒狮会,每年的春节或重大喜庆,他们都会在世界各地舞狮庆祝。《泰国民族商业报》记者Metta Tubtim告诉记者,在泰国舞狮表演很常见,大概十年前当地就把舞狮表演作为春节等重大节日当地的传统项目。她认为,泰国的舞狮强调长度、豪华,和南狮不太一样,南狮强调技巧性,有演杂技或武术在里面,Metta Tubtim表示,非常希望佛山当地的舞狮队到泰国表演,让泰国的百姓更深入地了解中国舞狮文化。

第四节　改革开放以来我国体育社会组织的发展状况

一、体育社会组织发展状况

（一）数量增长较快、结构渐显合理

1.数量保持较快增长

目前国家正式公布的社会组织的统计数字仅限于法定类社会组织，数量庞大的未登记社会组织（草根社会组织）尚未包括在内。有学者根据自己的调查和数据推测，全国未登记社会组织数量10倍于在册的社会组织数量，与事实应该不会有太大的出入。[①] 目前未登记的体育社会组织数量远高于登记注册的体育社会组织。总体来看，近十年来无论登记类或未登记类体育社会组织数量均保持快速增长。一方面从民政部门公布的数字看，全国正式登记的体育社会组织由2007年的16 028个增至2014年底的32 749个，年均增幅达到10.75%，远高于同期全国社会组织4.13个百分点，说明体育需求旺盛，社会化程度迅速提高，体育社会组织保持强劲增长势头；另一方面，活跃在城乡基层社区以健身团队为主体的未登记体育社会组织数量超过百万个。对于城乡基层社区文体类社会组织快速发展，民政部部长李立国在考察社区建设工作时给予充分肯定并指出："现阶段，基层社区社会组织十分活跃，特别是文体类组织，有的社区仅健身组织就十几个。"根据民政部2015年6月公布的《2014年社会服务发展统计公报》的数字，截至2014年底，我国以行政区域为基本单位的城乡社区基层自治组织包括村、居委会和村、居民小组共计674.4万个，按照这一数量推算，城乡基层社区未登记体育社会组织数量远远超过百万个。此外，2013年底我国网民数量达6.18亿户，其中中青年网民数量超过70%，农村人口占27.9%，互联网普及已逐渐从青年向中老年扩散，中老年群体成为网民增长的主要来源，而网络体育组织是近年来兴起并发展迅速的新兴体育组织，通过各种网络方式把素不相识、具有共同体育兴趣和需求的人联系在一起，从虚拟空间发

[①] 黄晓勇，高翔.中国民间组织报告（2008）[M].北京：社会科学文献出版社，2008，第6页.

展成为现实生活中的体育活动伙伴，满足社交及体育需求。据不完全统计，我国网络体育组织已有 80 多万个，并且仍呈快速发展之势。各地体育社会组织数量呈快速增长势头。例如，江苏省县级体育总会实现全覆盖，乡镇老年人体协、农民体协和单项协会有 5 900 个，城乡晨、晚练健身点达 3.9 万多个，基本形成以基层体育社会组织为点，体育社团为线的点线结合、覆盖各类人群的体育社会组织网络；广东省体育社会组织已超过 4 万个，其中法人类体育社会组织数量超过 3 000 个；广西壮族自治区农业人口多，自治区政府重视农村基层文化体育组织建设，农村乡镇和村级农民体育协会建设特色鲜明，在活跃农村基层体育中作用发挥明显；北京市基层社区健身站点建设成效明显，目前已有健身站点 6 208 个，数量和覆盖面都取得了较大进展。

2. 结构渐趋合理

我国体育社会组织在数量保持较快增长的同时，结构亦逐渐趋向合理。

（1）法人类体育社会组织结构趋向合理。一直以来，三类法人体育社组织中的体育社团数量远高于体育类民办非企业单位，而体育社团和体育类民办非企业单位数量又远多于基金会，基金会数量偏少。近期的增长情况显示这种现象正在逐渐发生变化。2013 年体育类民办非企业单位数量首次过万，达到 10 353 个，同比增幅达到 21.94%，高于同期体育社会团体增幅，2014 年体育类民办非企业单位数量达到 1 1901 个，仍保持较高的增长幅度。体育类民办非企业单位与体育社会团体的数量差距正在缩小。我国体育类民办非企业单位的主体是青少年体育俱乐部，占比超过 80%，每年有上亿人次的青少年学生获得青少年体育俱乐部提供的公共体育服务，在运动技能传授、项目普及推广、体育人才培养、竞赛活动开展以及促进学校体育场馆开放等方面发挥了重要作用。

（2）登记类与未登记类在数量和项目结构方面的差距呈现缩小趋势。近年来，随着国家改革登记管理制度，我国法人登记类体育社会组织呈快速增长之势，2014 年数量突破 3 万个，年增长速度连续多年保持 10% 的增长率。更重要的是在项目结构方面，协会更多的是按需求设立。

（3）体育社会团体结构更加有利于满足需求。体育的功能是通过项目活动实现的，项目协会是体育社会团体的构成主体。民政部按照性质与任务将社会团体分为学术性、行业性、专业性和联合性四类。这四类社团因性质、任务不同，发挥的作用亦不同，体育类社会团体分为学术性体育社团、行业性体育社团、专业性体育社团和联合性体育社团等四类。统计结果显示，目前我国专业性的单项体育协会占体育社会团体的比重为 64.25%，联合类的占比为 32.98%，这两类社团加起来占体育社会团体的比重为

97.23%。

(二) 作用发挥愈加明显

体育社会组织是从事各种体育运动、健身活动的社会组织。组织开展活动既是其特有属性也是自身价值体现。近年来，随着加快转变政府职能、创新体育管理体制、推广政府购买服务等一系列改革措施实施，进一步激发和释放了体育社会组织的活力。目前体育社会组织已成为公共体育服务供给的重要主体和多元化全民健身公共服务体系的组织基础。逐步形成以城乡基层社区未登记体育社会组织为主体，以法人登记体育社会组织为骨干，类别多样、结构合理、覆盖广泛的体育社会组织网络。

目前活跃度最高的是占体育社会组织总量90%以上的城乡基层社区未登记体育社会组织，其在广泛开展丰富多彩的全民健身活动中发挥了重要的不可替代的作用，成为基层体育治理的重要依托和组织基础。相当数量的法人登记的体育社会组织，包括体育总会、单项体育协会、人群体育协会、青少年体育俱乐部、社区体育俱乐部等成为组织开展全民健身活动、群众性体育竞赛及健身技能培训的主要力量，发挥了重要作用。许多体育社会组织已开始重视塑造品牌赛事或活动。例如，上海市浦东新区乒乓球协会，常年坚持开展乒乓球活动与技能培训，每年举办活动及赛事近30项左右，培训5 000人次以上，2012年被评为SA级社会组织，并获得上海市先进社会组织、上海市先进体育社团和上海市群众体育先进单位等荣誉称号。

许多省份体育部门注重培育提高体育社会组织的能力，把一些规模和影响较大的群体赛事或活动通过购买服务方式委托体育社团承办。例如，上海市农民体协承办了市农运会，项目设置以当地农民广泛开展、广受欢迎的"本土"运动项目为主，参与者是真正的农民，取得了良好的社会效益。广州市城乡社区居民关于体育社会组织作用的调查显示，广州市城乡社区居民认为体育社会组织"重要"和"较重要"合计为83.6%，仅有0.6%的被调查者认为"不重要"，这一结果说明社区居民对健身组织的作用有较高的认同感。乡镇和街道一级的联合性体育社会团体在开展基层全民健身活动中的主导作用愈加明显。一些自发成立、自主会务、自我运作的社团和镇街的自律性联合体育社团，较好地发挥平台、载体和纽带作用，组织开展丰富多彩的群众体育活动，开展健身技能培训和活动技术指导等。

(三) 稳步推进政社分开

由于历史原因，我国社会组织行政化倾向严重，政社不分、管办一体、职责不清，社会组织因此缺乏活力，作用难以发挥。正确处理政府与社会的关系，明确各自的职责，确立社会组织的法人地位依法自治，是激发社会组织活力和发挥作用的必由之路。2012年党的十八大提出加快形成现代社会组织体制，明确要政社分开，2013年党的十八届三中全会通过的《中共中央关于全面深化改革若干重大问题的决定》强调"激发社会组织活力"，首要任务就是"正确处理政府与社会的关系"，通过"加快实施政社分开"实现社会组织依法自治，依法自治就是要建立社会组织法人治理结构。通过"推进行业协会商会与行政机关脱钩，理清行政机关与行业协会商会的职能边界……""促进行业协会商会成为依法设立、自主办会、服务为本、治理规范、行为自律的社会组织"。第一次对行业协会商会的组织建设提出明确要求，即促进行业协会商会成为依法成立、自主办会、服务为本、治理规范、行为自律的社会组织，同时提出："行业协会商会要按照建立现代社会组织要求，建立和完善产权清晰、权责明确、运转协调、制衡有效的法人治理结构。"这是继2011年《中华人民共和国国民经济和社会发展第十二个五年规划纲要》提出"建立健全社会组织管理体制"；2012年党的十八大提出"加快形成现代社会组织体制"；2013年党的十八届三中全会提出"创新社会治理体制"之后，深化社会组织改革又一重大举措，对于促进体育社会组织改革发展具有重要现实意义。

近年来，许多省份在推进体育社会组织"政社分开"方面进行了积极探索。广东、上海、江苏、安徽等地作为民政部社会组织改革试点省份，与此同时，国家体育总局也在江苏、江西、宁夏、新疆4个省份开展了体育社会组织试点工作。这些试点改革力度大，允许突破现行制度进行尝试，取得了积极进展。例如，广东作为民政部社会组织改革的试点省份，在"政社分开"改革试点方面突破现行法规和体制，其做法得到民政部的肯定。2012年，广东省社会工作委员会印发了《深化社会组织体制改革工作方案》，社会组织改革实行"五自四无"，即自愿发起、自选会长、自聘人员、自筹经费、自主会务，无行政事业编制、无行政级别、无行政业务主管部门、无现职国家机关工作人员兼职。2013年广东省民政厅将社会组织"与部门脱钩"作为年度重点工作部署推动，对于现职国家机关工作人员在社会组织兼职做了限期退出的硬性规定，成效十分明显。目前广东地、县（区）级体育社会团体基本完成"脱钩"。广东也因此承受了改革带来的阵痛。例如，广州市番禺区体育社会团体因现职行政人员限期退出而无人接替，出现了领导真空，导致部分体育社会团体无法开展工作，类似情况在广东各地都存在，但改革并未因此停止。与此同时，广东在突破"一业一会"方面也取得了重要进展。2012年，广东省通过批准成立了"广东省五人制足球协会"，突破体育社会组织一业一会的制度性障碍，开始引入竞争机制，探索"一

地一业多会"组织开式。通过保持良性竞争，增强体育社会组织内在活力，使其真正成为提供公共体育服务、反映体育诉求、规范体育行为的主体。目前，广东省民政厅登记注册的省级足球协会已有3个。广州等地出台政策实行"一地一业多会"。突破"一业一会"的格局极大地激发了广东体育社会组织的活力，社会力量参与体育发展的积极性显著提高，竞争态势初步形成。广东省的做法既取决于党委、政府改革的力度和决心，也离不开体育部门打破利益格局的勇气。上海、江苏、安徽等地在"政社分开"方面也取得了明显进展。上海市积极推进体育社会组织改革，确立其在体育治理中的主体地位，激发和释放了体育社会组织的活力，目前上海市级体育社会团体已超过70家。江苏省体育局积极探索"政社分开"，实现与省体育总会人、财、物分离，激发省体育总会活力，总会发挥枢纽型社会组织作用，引导、推动地、县体育总会与体育部门分离，并与省民政厅民间组织管理局协同开展体育社会组织评估，促进体育社会组织规范化建设。安徽省体育局印发了《加强体育社会组织建设的指导意见》，推进"政社分开"，引导和发挥省级体育社团在组织开展群众性体育活动中的作用。目前安徽省体育总会及各单项体育协会不仅常年组织全省性的体育活动竞赛，一些单项体育协会还配合省总工会、省残联、省民委、省农办等组织开展体育活动。

(四) 积极探索改革

在2012年以来，创新社会治理体制、加快转变政府职能、优化社会组织政策环境，社会组织改革步伐明显加快。在此大背景下，体育社会组织的改革也积极推进并且在一些关键环节和重点领域，如在"一业一会""政社分开"以及政府购买公共体育服务等方面取得了进展。

1. 积极探索改革

2014年6月，全国体育总会表示：将开展四种改革试点工作在被选取的不同类型的国家体育社会组织中，全面进行。选择一些单项体育社会组织进行综合改革试点，促进一些非奥运体育社会组织开展社会改革试点，积极稳妥推进非体育项目和一些非奥运体育项目的体育社会组织脱钩改革试点。部分奥运体育社会组织进行丰富任务；优化群众体育功能，在提供公共服务方面发挥体育社会组织，动员社会力量，满足公众的需要，承担政府职能转移等功能，探索体育社会组织的特点，符合管理模式和运行机制充分发挥其全民健身，进一步刺激体育社会组织的活力，促进社会治理创新的积极作用。

2. 积极开展体育社会组织综合改革探索

江苏省在体育社团专项改革及管理创新方面，发挥体育总会"枢纽型社团"的作用，建立体育社会组织孵化基地，并且在各级体育社团能力建设方面进行探索、创新和突破。出台了《体育社团改革发展工作方案》，推进体育组织的"三化""五有"建设，在如何适应新体制，做好监管工作等多个方面进行了探索。2013年，安徽省为促进基层体育社会组织建设，省体育局、省民政厅联合下发了《关于培育发展基层体育社会组织的指导意见》。

3. 探索评价制度的改革

江苏省大众体育组织建设，将进入全省、县级体育工作考核体系和体育强市（县）考核制度，考核制度规定参加市、县体育协会评估，体育俱乐部，社会体育教练等动态发展年度考核，加强基层体育俱乐部建设；同时引进市、县（市，区）先进的体育标准和试点方法，努力提高施工水平和一般公共体育服务能力。

4. 探索体育社会组织的评估制度改革

2011年以来，上海、江苏、浙江、安徽、江西、广东、宁夏、新疆等地积极协调地方民政部门，联合开展体育社会组织的评估检查或积极研制相关管理办法加强监管工作。安徽省体育局下发了《关于进一步加强体育社会团体建设的指导意见》，与民政部门联合出台了体育类社团评估办法，对全省体育类社团进行1A—5A级五个等级的评估，有156个体育社团被评为1A级以上，其中3A级以上社团有134个。2011年7月，江苏省民政厅、省体育局联合印发《江苏省体育类社会团体评估办法（试行）》联合开展省级体育社会团体评估工作。广东省全民健身促进会是我国第一家由省级民政部门通过公开招标批准的第三方评估机构。江西省体育部门为积极探索体育社会组织的评估制度，发布实施了《江西省体育社团工作年度考核办法》以加强和规范对体育社会组织的管理。

5. 探索强化能力建设

安徽省体育部门为促进体育社会团体实体化建设，发布实施了《关于推进全省性体育社团实体化试点工作的意见》。广东省韶关市为发挥单项体育团体在全民健身中的作用，加强体育社团建设，服务全民健身事业，努力推进单项体育协会健康发展。

6. 探索适应社会组织综合监管体系

在新的社会组织管理体制下，体育部门由业务主管单位转变为行业管理部门或业务指导单位，如何适应新的工作职责，做好行业管理和业务指导工作，许多地方的体育部门都积极探索，积极适应新体制下的综合监管体系。

(五) 加强能力建设工作

社会组织的生命力突出地体现在组织行动或服务的能力方面,包括服务覆盖率,实施公益项目的效率与效益,服务政府、服务会员、服务社会的效果等,组织能力越强,效率与效果越好,其影响力就越大,所获得的公信度也就越高。2013 年以来,能力建设成为我国社会组织发展领域的一个关键词。长期制约我国体育社会组织发展的关键因素就是自身能力弱,应有的功能作用发挥不够,难以承担政府和社会所期望的责任。

近年来,国家也加强社会能力建设。目前,全国许多省份开始重视并采取措施加强体育社会组织的能力建设,北京、上海、江苏、浙江、安徽、江西、广东、广西、四川、宁夏、新疆等地的体育部门积极开展能力建设工作,引导、培育体育社会组织的自治能力,积极推动政社分开、管办分离,将应由体育社会组织承办的事务交其办理。安徽省体育总会在推进全省体育社团发展方面充分发挥了"枢纽"作用,由于工作突出,2010 年被民政部授予"全国先进社会组织"荣誉称号。

社会组织的筹资能力有所增强,特别是社会力量举办的体育社会组织和基层体育社会组织筹资能力普遍较强,如上海、广东、安徽、江苏等省份的社区体育俱乐部和青少年体育俱乐部普遍建立了有偿服务制度,通过举办技能培训、夏令营、冬令营等活动,拓宽经费来源渠道;一些地方通过市场化运作筹措经费,如上海、安徽、广东等地对全民健身竞赛活动进行市场化运作,以冠名权、赞助等方式筹措资金。

(六) 筹资渠道逐渐多元

政府的资金来自税收,企业的资金来自赢利,社会组织既没有税收权,又被禁止营利,其资金来源主要有三个,即政府资助、服务收费和社会捐赠。从我国的情况来看,长期以来,财政没有向社会组织资助的制度安排,相关的法律法规限制服务收费和禁止从事营利性经营活动,社会捐赠氛围及数额远不如发达国家。融资渠道不畅导致资金缺乏成为长期制约我国社会组织发展的主要障碍,近年来,特别是党的十八大以来,随着加快转变政府职能,推行政府购买服务,国家重视社会建设及培育发展社会组织,筹资模式发生变化,民间与官方的融资机制逐步落实,常态化的社会组织"输血"机制也正在形成。

1. 多元资金制度框架的形成

2013 年以来,国家推出多项有关社会组织财政的综合配套政策。目前财政专项资助、彩票资助与政府购买服务资助等三种资金渠道已初步形成。在一些地方取得实质性进展,如上海市黄浦区 2013 年 7 月实施的《黄浦区体育强区专项资金管理办法》规定对体育社会组织给予专项扶持，重点扶持基层社区健身团队，并且采取竞争性资助方式，试行社区体育团队等级评定制度，根据评级情况予以经费扶持，以培育精品体育团队建设。2013年广州市民政局、财政局联合下发了《广州市福利彩票公益金扶持社会组织发展专项资金管理试行办法》和《广州市福利彩票公益金扶持社会组织发展专项资金资助社会组织培育基地建设管理办法》，两个办法有较强的操作性，而且门槛不高，对资金来源和用途给予明确，即由广州市本级福利彩票公益金立项资助，专项用于扶持社会组织发展。2012年9月，广东省财政厅、民政厅和监察厅联合下发《广东省省级培育发展社会组织专项资金竞争性分配评审管理办法》，明确了社会组织将通过竞争性评审获得扶持资助。

2. 推广政府购买取得重要进展

2013年12月，财政部发布《关于做好政府购买服务工作有关问题的通知》。2014年1月，在广西举行的全国政府购买服务工作会议上明确提出：在全国全面推广政府购买服务，力争"十二五"时期初步形成统一有效的购买服务平台和工作机制，2020年在全国建立比较完善的政府购买服务制度。2014年12月财政部、民政部发出《关于支持和规范社会组织承接政府购买服务的通知》，民政部同时编印了《政府购买服务政策文件选编》，指导地方政府开展购买服务试点工作。2014年12月31日国务院常务会议通过《政府采购法实施条例》。2014年民政部、财政部等4部门联合发布《关于支持和促进重点群体创业就业有关税收政策具体实施问题的公告》，首次将民办非企业单位纳入享受税收政策的用人单位主体范围，制订了建立分层分级的社会组织税收优惠制度试点方案，协调解决了社会组织申领公益事业捐赠票据难题，指导各地积极开展公益性社会组织接受捐赠税前扣除资格认定工作。2015年1月，财政部实施《政府购买服务管理办法（暂行）》。2015年3月，国务院下发《关于取消和调整一批行政审批项目等事项的决定》，取消了全国性社会团体筹备和社会福利基金资助项目审批。在国家一系列政策措施推动引导下，截至2014年底，全国已有23个省份出台了政府购买服务的指导文件，其中大部分制定的指导目录都有公共体育服务项目。

各地积极探索使用财政资金、体育彩票公益金专项支持体育社会组织承接政府购买服务。2014年7月，江苏省体育局、财政厅联合印发了《江苏省本级向社会组织购买公共体育服务暂行办法》，这是一个由省级体育部门出台的购买公共体育服务的办法。国家体育总局印制的《支持体育社会组织开展全民健身公共服务经费管理办法（试行）》已在江苏、江西、宁夏、新疆4个省份开展试点工作。陕西宝鸡、广东韶关、内蒙古满洲里、江苏常

州的体育部门重视体育社会组织孵化基地建设，解决办公场所，提供资金扶持，培育引导体育社会组织加强能力建设。许多地方将一些重大活动或赛事通过服务购买委托给体育社团承办，借此培育体育社团组织服务能力。安徽省体育部门积极推动向协会购买服务，多项大型赛事及活动委托社会团体承办，如淮南市政府将"2012年度CCTV武林大会走进淮南"和"2012年全国百城千村健身气功交流展示系列活动安徽启动仪式"委托相关协会承办；2013年安徽省青少年射击锦标赛及安徽省击剑锦标赛分别由省击剑协会和芜湖市射击协会承办；安徽省健身健美大赛由六安市健美协会承办。广东中山沙溪镇在向基层体育社会组织购买服务方面进行了探索，将镇里举办的体育活动全部通过购买服务的方式委托镇街体育协会承办；惠州市政府于2012年向社会公布了年度购买服务目录，其中包括购买体育服务的目录。

部分省份出台的举措具体明确，有配套经费，有可操作性，浙江省体育局下发了《关于体育协会开展群体竞赛经费补助（试行）办法》，明确规定对开展群众体育竞赛的各类体育协会给予相应的经费补助；福建省体育局制订施行了《福建省属体育社团开展全民健身活动补助办法（试行）》，对协会开展群众性体育活动给予资助支持；宁夏于2011年制定订实施了体育社团"以奖代补"资金的办法。一些省份建立了表彰奖励制度，对在组织建设中做出突出成绩的个人和单位进行表彰，四川省将全民健身组织建设工作纳入《全民健身工作突出成绩奖评选办法（试行）》，作为评选先进的重要内容。

3. 民间融资渠道正在形成

随着政策环境的改善和社会组织地位的提升，社会力量开始积极参与体育社会组织的发展。广东省湛江市一些民营企业利用非国家资产举办体育类民办非企业单位，为社会提供专门化体育服务；广东省"五人制"足球协会由多个民营企业发起成立，由其创办的"粤超五人制足球联赛"已举办三届，参赛队多，社会影响大，并于2013年开始投资尝试举办"五人制"女子足球比赛。

二、体育社会组织的发展历程

（一）新中国成立至改革开放前体育社会组织发展历程

这一阶段以1949年10月召开全国体育工作者代表大会，成立"中华全国体育总会筹委会"到改革开放初期的1978年作为时间节点，历时29年。主要特点，一是组织形式单一，数量不多。体育社团是体育社会组织的主

体。在1950年9月，政务院制订了《社会团体登记暂行办法》，1951年3月内务部制订了《社会团体登记暂行办法施行细则》，这两部社团法规把社会组织的主体统称为"社会团体"。二是政社合一。社会团体基本都由政府发起并任命负责人，实行政府化管理。

20世纪50年代前期，体育社会组织在新中国体育事业发展初期发挥了重要作用。1949年9月，《中国人民政治协商会议共同纲领》提出"提倡国民体育"。当年10月在北京召开了全国体育工作者代表大会，强调体育事业要为新中国的建设服务，为人民服务，体育锻炼要让国民成为精神愉悦、身体健康的人。要响应"发展体育运动，增强人民体质"的号召。中华全国体育总会成立后在全国各个省、市、县设分会，在城乡基层单位建立体育协会。到1953年基本建立起了从国家到地方的体育总会及分会的组织系统。这个由体育总会、分会及基层体育协会架构形成的体育组织网络体系，对新中国体育事业发展，尤其是在"国家体育运动委员会"成立之前及成立初期，发挥了十分重要的推动作用。1952年11月，政务院批准成立国家体育运动委员会，随后在全国各个省、市、县亦陆续建立体委。中央部委、中华全国总工会、团中央及解放军都建立了相应的体育机构，成立了21个行业体育协会和单项体育协会。全国各地建立了近400个国防体育协会和俱乐部。各地还相继成立了单项体育协会。从新中国成立至20世纪50年代中期，体育社会组织保持较快发展之势，并发挥重要作用。1953年我国开始实行计划经济体制，在强势的政府和计划经济体制下，政府成为唯一的社会管理主体，对经济社会事务实行全方位管理，其职能覆盖社会生活各个方面，成为无所不能的"全能政府""无限责任政府"。计划经济体制下的政府是社会事业发展的单一责任主体，社会组织逐渐被弱化、被边缘化，只能在政府特许下成立，实行政府化管理，最终政社合一。然而，尽管社会组织被政府化了，但其本身并不具有政府的职能。这一时期的各地各级体育社会组织发展的情况相同。从1952年成立国家体育运动委员会到1957年，高度集中的体育行政管理体制形成，体委包揽一切，管办不分，体育社会组织的功能迅速弱化，组织体系虚化，中华全国体育总会的各单位体育协会、各级地方体育总会和单项体育协会都依附于相应的体育行政部门，政社合一、管办不分，治理方式行政化。1966~1976年，体育社会组织发展基本处于停滞状态。

（二）改革开放后体育社会组织的发展历程

1978年以来，我国体育社会组织的发展与国家及体育事业的改革发展密切相关，其发展历程的阶段依据4个标准，即市场经济的发展、社会管理创新、行政管理体制改革、体育事业的改革发展，并将其划分成为 4 个阶段。

1. 改革探索阶段（1978—1991 年）

体育社会组织在这一时期的主要特征是数量快速增长，开始了以社会化为突破口和以协会实体化为试点的改革探索。形成这一发展局面的主要原因是改革创造了发展机遇。这一时期体育社会组织的发展与商品经济和市场经济推进政府对部门管理体制的改革相一致。

1978 年改革开放以来，经济活动的组织方式随着经济体制由计划经济向市场经济过渡，也发生了巨大的变化，从单位制向社会化转变、社会服务方式也发生了变化，从集中走向分散。政府在从计划经济时代的全能型走向市场经济时代的有限型过程中，主动调整自身职能，将社会事业的微观管理职能转移出去。这不仅给社会组织提供了发展空间，也产生了对社会组织的大量需求；登记管理制度相对宽松加之"文化大革命"多年抑制的需求被释放，社会组织数量快速增长。

改革开放初期，当时的政治气氛、经济改革进程和政治决策对社团的管理产生了很深的影响，对社团的管理相对较为宽松。当时的社团分级制已经形成，但是社团自身仍然具有较大的自主运作空间。"多头审批"的管理体制为社团的成立提供了便利条件。到 1989 年初，全国性社会团体由改革开放前的近百个，发展到 1 600 多个，增长了 16 倍；地方性社会团体也由 6 000 多个，发展到近 20 多万个，增长了 33 倍。这一时期，社会组织发展的阶段性特征是放任发展、分散管理。随着进入新的发展时期，在计划经济体制条件下多年来形成的传统体育体制越来越和人民群众日益增长的体育需求以及体育自身的发展不相适应，突出表现在体育体制上，以行政手段为主，管办不分，主体单一，社会化程度低。

新时期体育发展战略及改革问题开始受到高度重视。1978～1980 年连续三年的全国体育工作会议对新时期体育发展战略及改革问题进行了讨论。"1981 年，开始进行体育体制改革的调查研究和试点，以逐步改革哪种什么事情、什么活动都要由国家包下来的做法，鼓励社会力量和群众自办体育。"[1]1983 年，国家体委在给国务院《关于进一步开创体育新局面的请示》中，进一步强调体育改革是当前工作的重要方面，并提出了三个"有利于"的改革原则，即"改革应当有利于调动社会各方面力量办体育的积极性，有利于推动体育的普及和攀登世界体育高峰，有利于促进社会主义精

---

[1] 国家体委文史委员会、全国体总文史资料编审委员会：《中国体育改革十五年》，1998，第 2 页．

神文明建设"。文件还提出了四项具体改革举措，即发动社会力量办体育，竞赛改革，训练体制改革，对武术进行挖掘、整理。这一时期人们已开始意识到满足人民群众日益增长的体育需求，仅仅单靠体育部门一家是难以完成的。

1984年，中共中央的《关于进一步发展体育运动的通知》肯定了体育在社会主义建设中的地位、作用和成就，同时对体育界也提出了"锐意改革，勇于进取，不断做出新贡献"的要求。按照文件要求，国家体委经过不断探索和反复酝酿，于1986年4月15日下发了《国家体委关于体育体制改革的决定（草案）》，提出了10个方面53条改革措施，确立了以社会化为突破口，以竞赛和训练改革为重点的改革思路，提出了"以革命化为灵魂，以社会化和科学化为两翼，实现体育腾飞"的战略指导思想。至此，体育改革全面推开，核心就是通过社会化调动各方面力量办体育的积极性。这一时期为了探索新的运动项目管理体制，国家体委从1988年开始陆续对足球、武术、登山等运动项目管理进行了协会实体化改革试点。在促进体育社团"实体化"改革方面，其重点解决的是因机构虚置而产生的无机构、无人员、无经费的"三无"问题，建立法人治理结构，增强筹资能力，改革促进了体育社会团体机构建设和在体育事业发展中发挥了重要作用。

2. 规范管理阶段（1992—2002年）

这一时期体育社会组织所处的发展环境在体制内、外呈现显著差异。从外部宏观环境看，20世纪90年代，国家加大了对社会组织的清理整顿，严格控制增量，由于管理体制和清理整顿等因素影响，一个以限制发展和归口管理为特征的所谓"双重管理体制"，取代了此前的以放任发展分散管理为特征的管理体制，我国社会组织在整体上陷入增长的低谷期，1998年新增社会团体只相当于1985年的18.1%[①]。在这样一个从严管严控的宏观环境中体育社会组织发展也受到一定影响。但是从体育事业发展情况来看，当时体育体制改革持续深入，体育社会组织因体育社会化而成为改革重点。深化体育改革，推动了体育社会组织发展。

1992年11月，全国体委主任座谈会在广东中山召开。会议以学习邓小平南方讲话和党的十四大报告、探讨体育改革为主题。会议内容强调，我国自从实行改革开放以来，在体育方面做出了巨大成就，但是当时的体育管理体制已不能与市场经济的发展同步。所以，关键要改革体制、加快体育改革的脚步，以转换体制为核心，以期符合现代体育的发展，适应社会

---

① 王名.社会组织与社会治理[M].北京：社会科学文献出版社，2014，第4页.

主义市场经济。① 此时的改革与 20 世纪 80 年代相比又进了一步，把"国家办与社会办相结合"上升为"以社会办为主的新格局"，而体育社会组织是社会办的承接主体，其在体育改革与发展中的地位作用得到进一步提升。体育改革者的理念十分先进。

1993 年 4 月，国家体委下发了《关于训练体制改革》《关于培育体育市场、加速体育产业化进程的意见》《关于深化体育改革的意见》以及《关于运动项目管理实施协会制的意见》《关于群众体育改革》《关于竞赛体制改革》五个附件，确定了以转变运行机制为核心、面向市场、走向市场、以产业化为方向的改革发展思路，成为这一时期体育改革的指导性文件。国家体委在《改革意见》中明确提出：体育行政部门要按照统一、精简、效能的原则，调整内设机构、转变职能、切实实行政事分开，事业单位和社会团体将接手大量事务性工作，宏观调控将是工作真正的重点，加强组织协调、政策引导、调查研究、统筹规划、提供服务，充分运用法律、经济、行政和竞赛等手段，建立灵活多样的调控机制。《改革意见》就体育行政部门与社会组织的关系指出：要逐步理顺各级体育行政部门与各类体育社会团体的关系，进一步探索在新形势下更好发挥体育总会、中国奥委会、体育科学学会作用的途径和方法。这一时期的体育部门已开始了建立现代社会组织治理结构的探索。

1994 年，实施的《社会体育指导员技术等级制度》，为促进体育社会化培训骨干和中坚力量。1995 年 6 月 20 日，国务院颁布实施的《全民健身计划纲要》(以下简称《纲要》)是一项中华民族体质建设的宏伟规划，《纲要》被定位为国家支持、全民参与、依托社会的跨世纪的系统工程。《纲要》在对策和措施部分明确提出：要"充分发挥各群众体育和社会团体在开展群众性体育活动中的重要作用，建立健全行业、系统体育协会和其他群众体育组织，逐步形成社会化的全民健身组织网络"。

1995 年 10 月 1 日正式实施的《体育法》标志着我国体育发展纳入法制化轨道，进入了依法治理的新阶段，同时也标志着体育社会组织的地位与作用在法律上得到确认，成为法定社会组织。《体育法》第三十六条明确了国家对体育社会组织的态度和要求，即"国家鼓励、支持体育社会团体按照其章程，组织和开展体育活动，推动体育事业的发展"。同时对体育总会、体育科学学会及单项体育协会的地位及作用都从法律上给予明确。

1996 年 3 月，第八届全国人大四次会议通过《国民经济和社会发展

---

① 国家体育总局. 改革开放 30 年的中国体育 [M]. 北京：人民体育出版社，2008，第 10 页.

"九五"计划和2010年远景目标纲要》明确指出:"进一步改革体育管理体制和有条件的项目实施协会制度和俱乐部制度,形成国家和社会共同建立体育模式,走社会化,工业化道路,这表明了国家对体育改革的支持,认同的社会发展道路,建立体育社会组织改革的地位和作用。

1997年4月,国家体委,国家教育委员会,民政部,建设部和文化部五部委发布"关于加强城市社区体育工作观点"提出"逐步建立健全社区体育组织为主体""社会体育组织网络",并提出了街道和居委会两级具体措施,提出了充分利用该地区单位的人才,资源和场所,建立了各种体育协会,体育中心,运动指导站,健身俱乐部等,在街道办事处组建,街道上的居委会,多层次体育组织网络单位"在邻里层面"居委会应协助邻居办事处做住宅区,指导站等体育组织的建设和管理工作。应该说这些举措都很符合实际且具有操作性,对城市社区社会体育组织建设具有指导作用。

1999年6月28日,国家体育总局(原国家体委于1998年4月改称)发布的《关于加快体育俱乐部发展和加强体育俱乐部管理的意见》明确提出:"通过发展体育俱乐部,来改变过去依靠行政手段去做体育状况,这更符合现代体育发展的趋势,有利于群众体育组织的建立,发挥社会的主动性提高社会办体育的创造性和积极性,丰富人民群众的文化生活,促进基层体育活动的发展,也有利于青年人才培养和竞争水平的提高。2000年,国务院中央办公厅发布《关于加强青少年学生活动场所建设和管理工作的通知》提出"教育、文化、科技、体育等部门要把做好引导和安排青少年学生课余生活及活动场所的建设和管理工作列入重要日程",国家体育总局积极响应并落实文件精神,同年开展青少年体育俱乐部创建活动。整个20世纪90年代随着体育改革的深入,体育社会组织延续了20世纪80年代的发展势头。然而,发展曲线却呈现前期上升明显,中后期至21世纪初呈下行之势,主要原因是社会组织外部发展环境变化所致。

1989年10月,国务院施行的《社会团体登记管理条例》是改革开放以来我国社会组织管理体制建设的一个最为重要的制度框架,它标志着国家将强化社会组织的监管。随着市场化改革的启动以及政治体制改革重心的变化,为了保证由国家主导的市场化改革的顺利进行,政府国家加大了对社会组织的清理整顿力度。1990~2000年,社会组织经历了三次清理整顿,党中央、国务院及相关部委集中密集出台了多个强化社会组织监管的法规政策,中央政治局1996年、1999年两次开会专题研究社会组织工作。1996年7月,中共中央办公厅、国务院办公厅下发《关于加强社会团体和民办非企业单位管理工作的通知》,其基本精神就是"严格把关,从严审批"。1997年4月,国务院转发民政部《关于清理整顿社会团体的通知》,5月民政部下发《关于查处非法社团的通知》，1998年10月，国务院颁布了《社会团体登记管理条例》《民办非企业单位登记管理暂行条例》《基金会登记管理暂行条例》三个法规，进一步从法律上强化了对社会组织的监管，11月民政部下发《关于清理整顿社会团体审定和换发证书工作的通知》。

1999年10月中共中央办公厅、国务院办公厅印发《关于进一步加强民间组织管理工作的通知》，年底民政部在全国范围内开展了气功类社会团体专项清理整顿工作，取缔了"法轮大法研究会"，注销了单一气功功法类社团，保留部分以医治疾病为目的的医疗类、以强身健体为目的的健身类综合性气功社团，这些社团分别由卫生主管部门和体育主管部门管理。2000年4月，民政部出台的《取缔非法民间组织暂行办法》提出："要按照控制总量、调整结构、注重质量的要求"，规范社会组织发展。通过多次清理整顿和复查登记，调控了社会团体结构，提高了社会团体整体素质。确立了"归口登记、双重负责、分级管理"的社会组织管理体制，标志着社会组织的制度框架和法律体系开始建立，管理逐渐走上规范化、制度化。在整个20世纪90年代里，社会组织数量呈较大降幅，仅1997~2000年被注销的社会团体就有91 215个，而在这期间共新注册登记社会团体仅为36 895个；社会组织总量由1996年的18.7万个下降至2001年的12.9万个左右。

3. 快速发展阶段（2003—2011年）

这一时期体育社会组织的发展特征是外部环境发生变化，不仅体现在经济社会快速发展和国民生活持续改善，更重要的是发展理念发生重大变化，提出和确立了以人为本的科学发展观，社会建设的认识不断提升。正是在这样的背景下，社会组织呈现持续增长和不断扩展的趋势，成为遍及社会生活各个方面、各个层次、各个领域的一种普遍的社会现象和社会力量。法人登记社会组织快速发展，"2003年突破25万家，2005年突破30万家，2006年突破35万家，2008年突破40万家，2013年突破55万家，2014年突破60万家"[①]。从发达国家政府职能转变的规律来看，随着经济社会发展水平的提高，政府职能一般都是从以经济性服务为主，逐步扩展到以社会性公共服务为主。公共服务的提供方式，逐步突破由政府垄断的"单中心"体制，开始走向"多中心"的公共服务供给体制。财政体制逐步由经济建设型财政转变为公共服务型财政。

2003年，党的十六届三中全会首次提出"坚持以人为本，树立全面、协调、可持续的发展观，促进经济社会和人的全面发展"的科学发展观。

---

① 王名. 社会组织与社会治理 [M]. 北京：社会科学文献出版社，2014，第5页.

2002年7月22日中共中央国务院印发了《关于进一步加强和改进新时期体育工作的意见》，全面、深刻地阐明了体育在经济社会发展中的重要地位和作用，对继续实施全民健身计划、构建群众性的多元化的体育服务体系和筹备举办2008年奥运会做出了战略部署；并提出："构建群众性体育服务体系，要坚持政府支持与社会兴办相结合。政府重点支持公益性体育设施建设，群众性体育组织和体育活动以社会兴办为主"，再次明确社会力量在体育发展中的地位和作用。

　　2004年，党的十六届四中全会提出"社会建设"。2006年党的十六届六中全会通过的《中共中央关于构建社会主义和谐社会若干重大问题的决定》是新中国成立以来第一个加强社会建设的纲领性文件。第一次专门阐述了中央对社会组织的态度、希望和要求。明确提出要"健全社会组织，增强服务社会功能。坚持培育发展和管理监督并重，完善培育扶持和依法管理社会组织的政策，发挥各类社会组织提供服务、反映诉求、规范行为的作用"。强调要："鼓励社会力量在教育、科技、文化、卫生、体育、社会福利等领域兴办民办非企业单位。"同时要："引导各类社会组织加强自身建设，提高自律性和诚信度。"这也是党的重大文献中第一次提出鼓励社会力量举办体育社会组织。2006年国家体育总局印发的《体育事业"十一五"规划》把体育社会组织建设纳入规划目标，提出要："进一步建立健全社会化群众体育组织网络。"自2007年以来，随着社会建设成为中国特色社会主义总布局的重要组成，社会组织建设力度空前加强。党的十七大提出要"重视社会组织建设与管理"。2009年10月，颁布实施的《全民健身条例》规定："国家推动基层文化体育组织建设，鼓励体育类社会团体、体育类民办非企业单位等群众性体育组织开展全民健身活动"，对各类社会组织包括工会、共青团、残联等社会团体、单项体育协会、基层文化体育组织、村（居）委会、全民健身活动站点、体育俱乐部等如何发挥作用做出了规定，体育社会组织建设工作成为体育部门一项法定工作。自2005年以来，根据中共中央办公厅、国务院办公厅《关于进一步加强农村文化建设的意见》等文件精神，乡镇综合文化站的建设逐步展开。

　　2003年，上海市率先成立了社会体育指导员协会，随后，江苏、河北、河南、浙江等省也陆续成立了社会体育指导员协会。2010年，中国社会体育指导员协会在北京成立，标志着社会体育指导员组织建设进入新阶段。2010年6月29日，国家体育总局、文化部、农业部联合印发了《关于发挥乡镇综合文化站的功能进一步加强农村体育工作的意见》，阐述了农村体育社会组织建设的重要意义，对乡镇综合文化站在农村体育及体育组织建设中的地位及作用给予了明确；并明确提出要："高度重视综合站的体育工作，使其建设、管理和运行成为有关方面的共同责任，充分发挥在农村体育工作中的带动和辐射作用。"乡镇综合文化站在农村体育社会组织建设中作为一个平台和载体，在建立健全各级各类农村社会体育组织网络中，可有效发挥桥梁和纽带作用。要求："综合站要为当地社会体育组织办公和开展体育活动提供条件；不断加强村屯体育健身站点建设，将村文化室、文化大院建成体育健身站点，并为每个站点配备至少一名三级以上社会体育指导员；形成以综合站为龙头、社会体育组织为纽带、社会体育指导员和体育教师为骨干的乡镇体育组织网络。"同时对地方各级体育部门在农村体育社会组织建设中的作用及工作重点给予了明确提出："地方各级体育行政部门要指导当地乡镇建立健全体育总会、农民体育协会、老年人体育协会、单项体育协会等各级各类社会体育组织，并规范管理"。2011年国务院印发《国民经济和社会发展第十二五年规划纲要》首次设专章阐述"十二五"期间国家社会组织建设的思路及工作部署。明确提出建立健全统一登记、各司其职、协调配合、分级负责、依法监管的社会组织管理体制，实现了对原来"归口登记、双重负责、分组管理"社会组织管理体制的重大突破。

2011年2月15日，国务院颁布实施的《全民健身计划（2011~2015年）》对各类体育社会组织的培育发展做了专门部署："全民健身组织网络更加健全。市（地）、县（区）普遍建有体育总会、体育总会、行业体育协会、单项体育协会、以及以残疾人、老年人、学生、农民、少数民族等为主体的体育协会。青少年体育俱乐部、社区体育俱乐部、妇女健身站（点）有较大发展。60%以上的农村乡镇，80%以上的城市街道建有体育组织。城市社区普遍建有体育健身站（点），50%以上的农村社区建有体育健身站（点）。形成遍布城乡、规范有序、富有活力的社会化全民健身组织网络。"2012年7月19日，国务院公布印发《国家基本公共服务体系"十二五"规划》把培育发展群众体育组织作为构建多元化公共体育服务体系的重点任务纳入规划，提出建立"基层全民健身组织体系"并将扶持社区体育俱乐部、青少年体育俱乐部和体育健身站（点）等体育社会组织的建设作为"十二五"时期公共体育服务的重点任务。

4. 全面突破阶段（2012年至今）

这一时期最显著的特点是社会组织发展的宏观环境发生重大变化，社会组织进入了一个全面突破的创新发展阶段。2012年党的十八大提出"加快形成政社分开、权责明确、依法自治的现代社会组织体制"。2013年2月，党的十八届二中全会和十二届全国人大一次会议审议通过的《国务院机构改革和职能转变方案》进一步明确了要建立健全统一登记、各司其职、协调配合、分级负责、依法监管的社会组织管理体制，健全社会组织管理制度，推动社会组织完善内部治理结构。2013年11月党的十八届三中全会通过的《中共中央关于全面深化改革若干重大问题的决定》，确立了推进国家治理体系和治理能力现代化的改革总目标，通过创新社会治理体制和改进社会治理方式激发社会组织活力，从而更好地发挥在社会治理中的重要作用。2014年10月党的十八届四中全会通过的《关于全面推进依法治国若干重大问题的决定》提出，要"建立健全社会组织参与社会事务、维护公共利益的机制和制度化渠道"，从而明确了社会组织建设的法制化方向。从党的十八大提出加快形成政社分开、权责明确、依法自治的现代社会组织体制，到党的十八届二中全会确定改革社会组织管理制度，三中全会提出要激发社会组织活力，再到四中全会强调依法治理社会组织。中央对社会组织改革发展的方向已经明确。我国社会组织开始进入一个突破性的全新的发展阶段，全面深化改革和体制创新将使社会组织治理实现重大突破，而真正实现政社分开、权责明确、依法自治、发挥作用也将成为这一时期体育社会组织发展的阶段性特征。

自2006年党的十六届六中全会以来，经过近十年的改革探索党中央对社会组织管理在指导思想和顶层设计上已经全面完成了对传统的"双重管理体制"的突破，迈出了从单项推进到整体突破的重大改革步伐。按照党中央、国务院部署，到2020年，建立健全各司其职、协调配合、依法监管、统一登记、分级负责的社会组织管理体制；营造待遇公平、政策完善、法制健全的社会组织发展环境，构建诚信自律、功能完善、有序竞争、结构合理的社会组织发展格局；形成依法自治、权责明确、政社分开的现代社会组织体制。党和国家对社会组织建设提出的新任务和新要求，是新时期社会组织的新判断和新结论，对社会组织建设的目标和方向具有里程碑意义在未来的时期。如何准确把握中央政府的一系列新结论，新思路，新要求，与体育社会组织实践的改革与发展密切相关，在国家治理框架下，重点关注体育社会组织改革与发展顶级设计。

这是确立体育社会组织在落实全民健身国家战略中的主体地位和全面助推体育社会组织改革发展的基础。

实际上，早在改革开放之初20世纪80年代中期，我国体育界就提出了"管办分离""体育社会化""单项协会实体化"等意在促进体育社会组织政社分开和实现法人治理等的先进理念和改革目标，并在各个发展时期都作为重点任务部署推进。然而，30年过去了，政社不分、法人治理结构不健全等制约体育社会组织发展的问题仍然存在。究其根本，社会组织改革涉及全局，包括从理论到实践，从观念认识到体制机制，从行政管理到社会治理，从人事制度到社会保障，从财政税收到物价收费等，绝非体育部

门一家所能解决的问题。这一切都必须通过全面深化改革，体制机制创新，多部门协同，才有可能实现突破。党的十八大以来党中央加快转变政府职能、创新社会治理的一系列重大改革创新举措，具有全面突破的意义，为深化体育社会组织改革创造了良好的外部环境条件，各级体育部门积极响应落实党中央文件精神和工作部署，加快转变职能，加大体育社会组织改革力度，培育发展体育社会组织，积极推广政府购买公共体育服务，取得了显著成效。2014年6月，中华全国体育总会第九次全国代表大会在北京召开。中华全国体育总会主席刘鹏（兼）在讲话中指出，将选取不同类型的国家级体育社会组织进行四类改革试点工作，体育社会组织改革是体育总会全面深化改革的重要内容。

2014年10月20日，国务院印发《关于加快发展体育产业促进体育消费的若干意见》，提出将全民健身上升为国家战略，其中多个地方涉及体育社会组织，从职能转变，服务购买，发挥体育组织作用，享受优惠政策；在创新体制机制部分，提出要进一步转变政府职能，"推行政社分开、政企分开、管办分离，加快推进体育行业协会与行政机关脱钩，将适合由体育社会组织提供的公共服务和解决的事项，交由体育社会组织承担"；强调要培育多元主体，明确提出"培育发展多形式、多层次体育协会和中介组织。加快体育产业行业协会建设，充分发挥行业协会作用，引导体育用品、体育服务、场馆建筑等行业发展"；就如何更好地发挥体育社会组织的作用提出要"引导支持体育社会组织等社会力量举办群众性体育赛事活动""鼓励街道、社区聘用体育专业人才从事群众健身指导工作"；对优惠体育社会组织的条件做出了规定，即只有那些"提供体育服务的社会组织，经认定取得非营利组织企业所得税免税优惠资格的，依法享受相关优惠政策"。

2015年3月16日，国务院办公厅发布《关于中国足球改革发展总体方案的通知》，指出要调整中国足球协会改革，明确指出：按照政治和社会分离，明确的权力和责任，按照自治原则建立中国足球协会，改变体育足球总局和中国足球协会管理中心两个品牌，一批人员组织的框架。"2015年8月17日，国务院足球改革发展部际联席会议办公室印发了《中国足球协会调整改革方案》，执行国务院办公厅发布的《关于中国足球改革发展总体方案的通知》做出全面部署，明确"打破了制约发展中国足球体系障碍，创新中国足球管理体系，形成民主协商、依法、行业自律组织框架。

三、体育社会组织发展中存在的问题

(一) 数量少、结构欠完善

近年来，我国体育社会组织尽管保持较快增长，但是相对于日益旺盛的体育需求而言，我国体育社会组织规模还不大，结构还有待优化，总体还处于发展的初级阶段。

1. 法人登记的体育社会组织数量不多

截至2014年底，全国正式登记的体育类社会组织有32 785个，其中体育类社会团体20 804个，占比为63.5%；体育类民办企业单位11 901个，占比为36.3%，其中青少年体育俱乐部6 255个，占体育类民办非企业单位总数比为52.6%，这相对于我国3亿人口的青少年以及50.51万所各类学校来说数量极为有限；体育类基金会55个，占比为0.2%。照国家统计局2013年底公布的人口数计算，我国每万人拥有0.2个体育社会组织，每10万人拥有2个正式登记的体育社会组织，与德国每890人拥有1个非营利体育组织，每10万人拥有112个非营利体育组织相比差距明显，与其他国家相比也存在较大差距。此外，《中国民间组织报告（2011~2012）》显示："2010年以来，体育类社会团体虽然在数量上有增长，但在社会团体总数中所占的比例却缩小了"[①]，占比由2010年的8.0%降至2012年的3.4%，新加坡2005年注册的社团总数为6 202个，其中体育类社团906个，占全部社团的14.6%，在五大类社会组织中位居第3位，高于文化与社交类，可见我国正式登记的体育社会组织增速慢于其他类别社会组织。此外，城乡社区待登记的基层体育社会组织尚未实现广覆盖。体育健身站点，乡（镇、街道）等联合性的体育社团、健身团队都属于待登记的体育社会组织。民政部《2012年社会服务发展统计公报》公布的数据显示，截至2012年底，全国城乡有680万个基层自治行政区划单位，现有的25万个健身站点或40万个健身团队尚未实现广覆盖，平均每5 416人拥有1个体育健身站点，每3 385人拥有1个健身团队。

2. 体育社团组织结构不合理

针对体育社会组织的类型结构，民政部副部长顾朝曦在2013年在全国政协召开的"构建多元化的全民健身服务体系——发挥体育社会组织的作用协商座谈会"发言中指出："体育社会组织发展不平衡。从全国社会组织

[①] 黄晓勇，潘晨光，蔡礼强.中国民间组织报告（2011~2012）[M].北京：社会科学文献出版社，第6页.

整体情况看，社会团体和民办非企业单位数量相当。但从体育类社会组织整体情况看，社团的数量几乎是民办非企业单位的一倍，而基金会全国只有41个，相对不平衡。"根据2012年的数据结构类型构成进行分析，2012年全国共有社会组织49.9万个，其中社会团体27.1万个，占比为54.3%；民办非企业单位22.5万个，占比为45.1%；基金会3 029个，占比为0.6%，社会团体与民办非企业单位占比相差9.2个百分点。2012年全国共有体育类社会组织23 590个，其中体育类社会团体15 059个，占63.8%；体育类民非单位8 490个，占36.0%；体育类基金会41个，占0.2%，体育类社会团体与体育类民办非企业单位的占比相差27.8个百分点，而且社团中以互益类的体育社团居多，公益类体育类民办非企业单位数量偏少。

3. 城乡之间、区域之间存在明显差异

体育社团组织在大城市聚集，中小城市和农村地区体育社会组织数量不多，东部地区相对好于西部地区，大中城市好于县城及农村地区。西部地区部分偏远县（区）正式登记的体育社会组织数量有限，有的县正式登记的仅有几个，部分县（区）没有体育总会。

(二) 体育社会组织活力有待增强

体育社会组织发挥作用须具备充分的活力，活力不够是影响当前体育社会组织发挥作用的主要因素之一。党的十八届三中全会提出"激发社会组织活力"的核心就是要正确处理政府和社会关系，通过加快实施政社分开，推进社会组织明确权责、依法自治，促使其发挥作用。体育社会组织的活力和作用是在实现其组织使命中表现出的状态和能力。现代社会组织体制核心内容就是依法自治，即自身要具备维持组织生存与发展的能力，政社分开、权责明确则是实现依法自治必须具备的条件。目前，我国相当数量的体育社会组织尤其是体育社团与行政机关有着千丝万缕的联系，政社不分、权责不分，两者基本上是一种依附关系或者从属关系，普遍缺乏活力，有很强的依赖性，具有明显的等、靠、要特征。2013年，民政部民间组织管理局负责人在全国群众体育工作会议的报告中，根据一项调研对体育社会组织的活力做了评价。在这项对1 789个全国性社团的调查中有两项与组织能力有关的指标，即活跃度和公共服务能力调查结果显示：体育社团的活跃度低，在活跃度指数排名中体育类社会团体居倒数第2位；在公共服务能力指数，体育社会团体的服务能力居倒数第1位，与排列第一位的工商服务类社团具有很大的差距。造成体育社会组织活力不够的主要原因有以下几点。

1. 政社不分、权责不清

体育社会组织作为法人，是具有独立法律地位、能够独立承担民事责任的民事主体，与行政机关在法律上都具有独立的人格，地位平等，互不存在隶属关系。主体均有较为充分的意志自由，相互间没有管理与被管理、领导和被领导的关系。然而，长期以来体育部门与体育社会组织打交道往往以行政管理者身份出现，更多的是行政指令，而非平等协商，使两者间的关系变为管理与被管理关系，或是上下级隶属关系，或是雇用关系，地位不平等，难以建立互信、互助的合作关系，活力明显不足。综观国际上体育非营利组织发达的国家，一般来说，政府都比较重视处理好与社会组织的关系，联手促进体育发展。例如，意大利政府提出："非营利体育组织应与地方政府建立建设性的合作伙伴关系。"

2. 职责不清

多年来我国发展体育事业的主体较为单一，体育部门包打天下，既是公共体育的"提供者"，也是公共体育的"生产者"，体育社会组织被赋予"助手"的角色，处于从属地位，不认可其主体地位。体育社会组织的职责被政府部门代替，更多的是作为补充或象征意义，无事可做，也做不了事，所以其能力较弱。从发达国家政府职能转变的规律来看，随着经济社会发展水平的提高，政府职能一般都是从以经济性服务为主逐步扩展到以社会性公共服务为主。社会性公共服务会成为政府公共服务的主要内容，提供公共服务的主体，逐步突破由政府垄断的"单中心"体制，走向"多中心"的公共物品与服务的供给体制。打破公共体育服务单一主体的格局，构建完善的多元化公共体育服务体系，必须重视和承认体育社会组织在体育治理中的主体地位和重要作用。特别是既要认识到体育社会组织是公共体育服务体系的构成主体，更应当确立体育社会组织在推进体育治理体系和治理能力现代化中的主体地位，目前这方面普遍做得还不够。

3. 社会组织"一业一会"的垄断格局尚未打破

《社会团体登记管理条例》规定，同一行政区域内已有业务范围相同或相似的社会团体，没有必要成立的登记管理机关不予批准筹备。这一规定的中心意思就是一个地方只能有一个一种业务的社会团体，不允许成立相同业务的社团。尽管国家已在政策层面明确要打破"一业一会"的格局，但相关法规条款仍未改变，所以许多地方的登记管理机关仍然按照现行有效的法规进行登记管理。而垄断化恰恰是造成目前体育社会组织普遍活力不够的主要原因之一。例如，广东目前已突破"一业一会"的限制，允许"一业多会"。实践证明，"一业多会"激发了社会力量参与体育事业发展的热情和积极性，同时也极大地激发了社会组织的活力。

（三）法人治理结构不完善

我国法人类社会组织包括社会团体、民办非企业单位和基金会。建立体育社会组织自律自治、社会监督、政府监管相结合的法人治理机制，明确其法人治理结构和治理规则，完善法人治理制度，对于加快形成现代社会组织体制，促进体育社会组织健康发展具有紧迫的现实意义。按照建立现代社会组织要求，建立和完善产权清晰、权责明确、运转协调、制衡有效的法人治理结构是增强社会组织自治功能，激发社会组织活力，提升社会组织在社会治理中主体地位的必然要求。目前体育社会组织普遍未建立完善的法人治理结构，主要表现在以下几个方面。

1. 普遍未建立有效的内部权力制衡机制

目前体育社会组织法人治理决策机构、执行机构、监督机构结构不健全，尚未建立规范的内部运行规则和法人内部治理制度，相当数量的体育社会组织与形成权责明确、制衡有效、协同配合、运转协调的机制还有相当距离。相当数量的体育社团内部治理不规范，带有"机关痕迹"，有的在召开理事会、会员代表大会或对重大问题进行表决时，看似履行了民主程序，实际上在履行程序的细节上有很多不规范的地方。2013年9月，民政部副部长顾朝曦在全国政协召开的"构建多元化的全民健身服务体系——发挥体育社会组织的作用协商座谈会"发言指出："部分体育社会组织行政化色彩较浓。有些体育社会组织属于'被动'成立，往往是在运动管理中心基础上加挂一块协会的牌子。在日常工作中，有的体育社会组织是空架子，职能多由体育部门或项目中心代行，负责人多由体育部门领导兼任，银行账户真正独立的不多。如在民政部登记的全国性体育社团共94家，其中有76家没有自己的独立账户。"

2. 政社分开还需作出极大努力

权责不明确，边界不清晰，与行政机关合署办公和财务代管现象仍然存在，一些体育部门对体育社会组织仍然干预过多，用行政指令实施管理，两者间形式上是平等合作关系，实质是从属关系或依附关系，缺乏独立性，致使体育社会组织普遍缺乏活力，与改革开放之初的国企相似。目前仍有相当数量的体育社会组织行政化色彩深厚，仍是"官办、官管、官运作"，实际是把部分体育部门的职能换个形式，形成了体育部门之间、体育部门与协会之间、协会与协会之间的权力转圈。

3. 存在内部少数人员控制与民主自治缺失的问题

按照法人治理结构，会员（代表）大会是社会团体的最高权力机构，其基本责权是制订和修改章程，采用无记名投票方式通过章程和选举产生理事会，表决通过重大决议事项。然而，目前相当数量的体育社会团体的权力机构——会员大会或会员代表大会基本上是形同虚设，没有发挥作用，存在着内部少数人员或社团负责人漠视章程、独断专行的现象，社团依据章程规范运作的要求没有得到应有的尊重和执行，阻碍了体育社团的正常发展。

4.法人治理体系不健全

社会组织的法人治理体系是由治理规则、治理机构和治理机制组成。现阶段，大部分体育社会组织都没有建立完善的法人治理体系，一些体育社会组织的治理机制不健全，不能履行会员代表大会职责，选举走过场，相当数量的体育社团运作不规范；一部分体育社会组织治理规则不完善，不重视章程制度，存在弱化理事会和会员大会的现象；许多体育社会组织不重视治理机构建设，基本上就是一个空架子，不会竞争性生存，也无力承接政府职能转移和发挥政府的参谋助手作用，自身缺乏提升工作水平的内在动力和发展能力。自主发展、自我管理的能力不强。

(四) 不具有独立承接政府服务购买能力

具有独立承担民事责任的能力，是现行所有政府采购或政府购买服务法规文件规定的必备条件。例如《中华人民共和国政府采购法》第二十二条规定，供应商参加政府采购活动应当具备的第一个条件就是：具有独立承担民事责任的能力。2013年9月，国务院办公厅印发的《关于政府向社会力量购买服务的指导意见》中明确规定："承接政府购买服务的主体应具有独立承担民事责任的能力。"2014年财政部、民政部印发《关于支持和规范社会组织承接政府购买服务的通知》，2015年1月财政部、民政部、工商总局印发《政府购买服务管理办法(暂行)》，2015年3月国务院印发《中华人民共和国政府采购法实施条例》等文件办法都明确规定参加政府购买服务的主体必须具有独立承担民事责任的能力。

民事责任全称为民事法律责任，是指民事法律关系中的义务主体违反法律规定或合同约定的民事义务，侵害民事权利主体的民事权利而产生的一种法律后果。独立承担民事责任是法人社会组织应当具备的基本条件。如果体育社会组织要参加政府购买服务，首先必须具有能够独立承担民事责任能力，而要独立承担民事责任就必须拥有属于自己的财产。就这一点来看，我国90 010以上的法人类体育社会组织都难以做到。因为既没有属于自己的财产也缺少自己经营管理的财产，因此也就不具有独立承担民事责任的能力。由此可以判定，目前90%以上的体育社会组织不具有承接政府服务购买的资格，这种情况可能会对加快政府职能转变和推广服务购买产生一定的影响。当前迫切需要国家出台鼓励社会组织增加积累和增强自身能力的政策举措，这将有利于社会组织健康和可持续发展。

(五) 政社不分

社会组织是政府职能转移的载体。社会组织不同于政府，不具备政府的职能，但可以起到政府起不到、也不应当起的作用。由社会组织来承担政府所不应承担的职能，有利于把"直接政府"变成"间接政府"。而"间接政府"的形成，有利于发挥广大社会成员的积极性和创造性，有助于政府集中精力抓好自己的本职工作，两者之间是优势互补、良性互动的关系。目前存在的主要问题有三个。

1. 各自的职责不明确

转移职能首先要职责归位，明确体育部门与体育社会组织各自的责任范围，制订转移职责的目录、购买服务的目录和有承接资质的社会组织的目录，而各地对这方面的工作基本上都没有开展。

2. 不愿意放权

从总体上看，体育部门直接配备资源的范围仍然过大，公共体育服务供给仍然不足，"费随事转"是职能转移的关键所在，其中必然涉及利益问题，说起来都认为可以，但一涉及具体实践，就明显存在抵触，不愿意开放相关领域。在对体育社会组织的访谈中，许多体育社会组织负责人希望体育部门加快职能转移和转变观念，希望"加快转移有关职能""切实转变观念和工作方式""充分发挥体育社会组织参与全民健身治理的作用""真正发挥体育社会组织'桥梁、纽带…作用等。

3. 职能转移欠规范

一些体育社会组织 (主要是官办社团) 人员提出：应当规范体育部门对体育社会组织的服务要求。首先，希望体育部门尽快完善对体育社会组织所提供服务的采购制度；其次，希望体育部门与体育社会组织的合作要规范，克服随意性和临时性。

4. 还未普遍推广政府购买体育服务

目前，我国体育社会组织还处于发展的初级阶段，承担公共体育服务购买的能力普遍有待提高，加之购买公共体育服务还处于点上有探索、面上无推广、实践有操作、制度缺保障的渐进式的试点探索阶段，缺乏成熟的经验，与构建完善的公共体育服务体系需要相比，购买公共体育服务的机制还不完善，主要体现在以下方面。

(1) 规范性不够。当前相当一部分公共体育服务的购买是通过体育部门与体育社会组织直接协商或委托进行的，真正通过公开招标挑选承接公共体育服务的社会组织尚属少数，因此常常产生"事办了，钱没到位"的问题。

（2）经费缺乏。目前购买公共体育服务的资金主要来自体育部门的工作经费，也有一部分属于专项拨款，具有临时性、应急性特点，数额有限，缺乏可持续性。

（3）购买公共体育服务的监督与评估机制还不完善，价格评估缺少标准、随意性大，事后对服务水平与质量的评估也失于严谨，尚未建立起独立第三方评估机制。

（4）一些体育部门对体育社会组织的地位和作用在认识上有偏差，政社不分、管办不分，热衷于自己搞活动、办比赛，体育社会组织发挥作用的空间不足，在公共体育服务供给中缺乏行动能力。

（六）工作能力有待加强

民政部民间组织管理局负责人在第四届社会组织创新与发展论坛上发言指出："在社会组织发展存在的困难和问题中，当前最突出就是社会组织的能力建设问题。"这位负责人认为社会组织的能力主要体现在专业服务、自我约束、社会疏导和创新发展四个方面。他用"压力大、风险大、挑战大"来概括社会组织能力建设问题，强调了当前形势丝毫不容乐观，提升社会组织能力水平刻不容缓。2013 年 9 月，民政部副部长顾朝曦在全国政协召开构建多元化的全民健身服务体系——发挥体育社会组织的作用协商座谈会"的发言中指出：能力建设仍然是体育社会组织发展的薄弱环节，多数体育社会组织的规模较小，相当一部分没有专职工作人员、内部治理不完善、民主管理不落实、依赖政府成为惯性、自身服务能力较弱、发挥作用不足，特别是在资金筹措方面，社会组织面临着共性问题，既需要增强自身"造血"功能，也有待政府购买服务、彩票公益金倾斜、税收减免等扶持政策的完善。目前导致大部分体育社会组织无行动能力，作用难以发挥的主要原因是政社不分，无经费、无场所、无人员的问题普遍存在，法人治理结构不完善，这些问题都影响和制约着体育社会组织能力建设。

1. 部分体育社会组织难以发挥作用

一些体育社会组织业务能力较低，自治能力不足，自身缺乏提升工作水平的内在动力和发展能力，难以承担起政府和社会所期望的责任。大部分体育社会组织自治能力不足，发挥作用还不明显，难以独立生存和承担起政府与社会所期望的责任，部分官办协会，包括部分体育总会、单项协会及人群或行业协会存在着定位不准、作用不大、能力不强、管理分散等问题，依附体育部门生存，不会竞争性生存，也无力承接政府职能转移和发挥政府的参谋助手作用，自身缺乏提升工作水平的内在动力和发展能力，很少开展活动或没有开展活动的能力。

2. 大部分体育社会组织被经费缺乏所困扰

一方面，现行财政政策没有向社会组织拨款的制度安排，社会捐赠氛围不浓，服务收费有诸多限制，税收优惠待遇落实不到位。许多体育社会组织经费主要依靠拉赞助，收取会费，甚至会员自掏腰包解决。另一方面，相当数量的体育社会组织不具备参加政府购买服务的资格。

3. 人员专业化、职业化程度低

人是发展的第一要素。专业服务能力与体育社会组织人员专业化、职业化有较大关系。目前专业化、职业化程度普遍不高主要体现在如下方面。

（1）相当数量由体育部门发起成立的体育社会组织人员大都是从机关分流过来或退休人员，不具备从事社会组织运作与管理的知识和能力，缺乏工作的主动性和创新性，"等""靠""要"的依赖思想严重，能力有限。

（2）人员结构不够合理。年龄老化情况突出，很多接近退休年龄，而且女性偏多，更谈不上年轻化、知识化、专业化；专职人员数量少。一项对170个体育社团的调查结果显示，其中有81个体育社团没有专职人员，占47.65%；有1~3名专职人员人的为52个，占30.59%；有4~6人名专职人员的为19个，占11.18%；有6~10名专职人员的为12个，占7.06%；有10名以上专职人员的为6个，占3.53%。

（3）待遇低，导致社会组织人员流动性大，不稳定。《社会团体登记管理条例》第二十九条规定："社会团体专职人员的工资和保障福利待遇参照国家对事业单位的有关规定执行。"但这条规定并未执行，原因是机构编制管理机关只认可参加中国人民政治协商会议的团体和由机构编制管理机关核定的、经国务院批准免于登记的团体，这部分社会组织全国共计只有33个，体育社会组织不在其中。因此，一方面体育社会组织人员的工资水平普遍较低，待遇无章可循，医疗、养老、福利等都没有明确的规定，没有类似于国家机关或事业单位的社会福利、社会保障待遇，积极性和创造性受到影响，造成体育社会组织在吸纳高素质适用人才方面受到了很大影响，缺乏有经验、懂业务的专门人员。另一方面社会组织缺乏系统、规范的工作人员招聘、选拔、任用、学习、激励、考核、提升等办法规定，因此难以吸引和留住优秀人才。

第五节 我国体育社会组织的生发与走向

一、政府对社会组织分类控制管理

如果从国家与社会关系的视角看，我国体育社会组织以生成模式分类，大体上可以分为内卷模式 ①、依附模式、合作模式、草根模式四种类型。"内卷化"的概念最初由美国人类学家戈登·韦泽（Gordon Weize）用来描述一种文化模式，即当一种最终形式达到时，没有办法稳定，也没有办法把自己变成新形式，最终由内变更为复杂。②。"内卷化"是系统发展到一定阶段，由于内外因素的综合影响和制约因素，逐渐丧失活力，缺乏创新，扩张和再生的驱动力和实施机制，反过来推动体系不断细化，复杂化现象。③。

四种模式分别表明了体育社会组织的自治性和对资源的依赖程度由强到弱的四个阶梯，当然，处在某个阶梯内的社会组织其自治性和对资源的依赖程度也不尽相同。

内卷模式的体育社会组织是最早被政府吸纳进行政系统的一类，政府烙印极为明显，自治性弱而行政化强。主要是指各级的体育总会、单项协会和体育体制改革后的运动项目管理中心；依附模式主要是指存在于各行各业企事业内部的行业体协和单位内部免于登记的体育项目和兴趣协会组织，这类组织是伴随新中国行政体制的建立或沿袭传统的计划体制而产生的，完全依赖行政系统内的资源供给，自治性差，在行政体质的约束下随波逐流地生存；而合作模式是体育社会组织由政府与社会在体育公共服务的需求上达成共识，通过政府和民间的力量良性互动建立起来的，产生于20世纪80年代中后期国家对社会管理的松动以后。主要是指体育类民办非企业单位和一些具备一定的自治能力很好地借助了政府的力量发展起来的体育社会团体，在政府政策下自我发展又兼顾了社会的需求，是国家与社会实现双赢的一种有效模式。草根模式是公民意识的觉醒，体育民间组织

① 姚华平. 国家与社会互动：我国社会组织建设与管理的路径选择 [D]. 武汉：华中师范大学博士论文，2010-05-17.
② 刘世定，邱泽奇. "内卷化"概念辨析 [J].社会学研究，2004(05)，97.
③ 郭卫民，刘为民. 我国行政体制内卷化倾向浅析 [J]. 国家行政学院学报，2011(6)，38.

由民间自下而上发起，不与政府存在依赖关系，其资金完全自筹，但距离资源中心最远处于社会的边缘，主要是指活跃在民间的自发性体育人群组织，体育兴趣组织。

在社会组织的管理策略上，政府会不自觉地受到利益意愿的左右。政府的利益是随着政府的产生而产生，政府的利益是其行为的基本动因，政府的控制会根据不同的社会组织的挑战能力和提供的公共物品，采取不同的控制策略。

在对待各级各类社会组织管理方面，政府表达的"意愿"是随着管理体制改革的进程不断调整的。在我国政府主导管理模式中，一方面社会组织不仅具有挑战力量，因为社会组织尤其是以社会服务和社会管理为目标的民间组织，通过公民参与对"公民权力的运用，是一种权力的再分配，使目前在政治、经济等活动中，无法掌握权力的民众，其意见在未来能有计划地被列入考虑。"，另一方面，社会组织是一种社会发展的辅助力量，可以为社会提供公共物品，弥补了政府应尽的职责缺位的不足。而不同的社会组织在发育过程中由于先天和后天的因素，其所具备挑战政府权威的能力会有所不同，而且为社会提供的公共物品质量、规模影响力也会有所不同。政府的利益是伴随着国家产生而产生的，政府利益的存在对政府组织政策的制定和实施必然有很大的影响，政府有理由根据各类社会组织的挑战能力和提供公共物品的种类对它们实施不同的管理方式。而政府要实现它的管理方式体现了它的意愿，这种意愿的实现最终要看政府是否具备能力。

首先，政府具备足够的"能力"。在中国的改革是"政府主导型改革"，改革前国家统筹一切，政府处于绝对主导地位，即使改革的不断发展也没有从根本上改变这种主导的格局。其次，政府要获得的"利益"和目标。具备这样一种能力的政府可以根据自身的利益和目标来推动改革，而改革是渐进性的可以使政府有时间、有能力不断调整改革的策略。根据自身的利益和需求建立起一套对不同民间组织实施不同策略的分类控制体系。

根据政府具备的"能力"和政府"利益"两个理由，可以推论出政府出于政治利益的考虑，将会根据社会组织影响力和行动能力选择控制手段，而对于不同层级和不同挑战能力的社会组织采取不同的控制手段；由"全能政府"向"有限政府"改革途中的政府还有承担提供公共物品的职能，对于"有限政府"来说，如果不能提供好公共物品的供给就会受人"诟病"。因此，政府会根据社会组织提供的公共物品的质与量来选择控制手段。

二、国家与社会良性互动

"良性互动"理论是我国学者基于对"自由主义"的警惕和"国家主义"的反思而做出的理性选择[1]。国家与社会的良性互动的前提条件是在政府主导下来完成。

首先，中国的改革始于政府的推动，政治环境的改变和经济体制改革，国家从社会经济领域让渡了部分权力，部分社会管理的职能由各类社会组织和履行，为公民社会的生长发育腾出了空间。党的十一届三中全会经济组织和社会组织在解放了人们思想禁锢之后，政府根据国家财力只能保重点、抓提高，在拟定的《全国体育事业发展规划》提出了动员社会力量办体育的思路，解决了政府的压力。20世纪80年代体育体制改革的思路也包含了：在领导体制方面实现国家包办体育与社会办体育的转变；在竞赛体制方面强调了社会化方向；在群众体育方面要推动各部门、行业和群众团体在系统内部的体育工作，进一步的社会化。

其次，商品经济是市民社会的基础，完善的市场经济呼唤规范的市民社会[2]。党的十四大明确提出"社会主义市场经济"理论，市场经济具有瓦解同质性、整体性社会，促使其分化、解体的内在力量。原有的计划经济体制下僵硬的体育体制被打破，随之在政府主导下尝试构建与市场经济相适应的体育体制，提出"以社会化为突破口"，"各系统行业建立各自的体育联合会或体协"。

再次，制度环境的不断改善为公民社会的繁荣提供了空间。改革开放以来，为了保障经济的发展和社会事业的完善，国家通过制订系列的法律法规和各种政策来规范国家权力，这实质上为公民社会与国家的权力界分的制度性安排。1993年通过的《国家体委关于深化体育改革的意见》提出：简政放权，调整内设机构实行政事分开，将事物性工作交给事业单位和社团，而对运动项目协会逐步进行责权利统一的实体化改革。大力发展社区和乡镇体育，鼓励社会各界兴办体育俱乐部，制顶全民健身计划，构建多元化体育服务体系。加快体育产业化进程，形成门类齐全的体育市场体系和多种所有制并存的社会化体育产业体系，1995年连续颁布了《全民健身计划纲要》《奥运争光计划纲要》和《中华人民共和国体育法》。进入21世

---

[1]　张卫海. 国家与社会"良性互动"关系模式的实现路径探析——兼论我国公民社会组织发展的困境及对策 [J]. 西北农林科技大学学报 (社会科学版)，2011，11(1).

[2]　王岩. 马克思的"市民社会"思想探析——兼论"市民社会"理论的现代意义 [J]. 江海学刊，2000，(4).

纪，国家体育总局下发了《2001—2010 年中国体育改革与发展纲要》，将"人人享有体育权力"作为体育事业发展目标，将国家办与社会办体育相结合，"逐步形成社会办为主的格局"作为新时期体育事业发展的一条基本方针。

最后，我国的经济体制改革使经济结构不断调整带来了城市化，与城市化进程相伴而生的应该是公民现代性的增强。而公民现代性的重要组成部分是公民广泛的社会参与行为，特别是通过参与社会团体实现制度化、组织化的社会参与。改革开放后，国家对社会的控制幅度逐渐收缩，也是促进公民的现代性的重要因素。20 世纪 90 年代以来，政府先是制订了《关于运动项目管理实施协会制的若干意见》，将运动项目的管理的第一种形式，即体育行政部门直接管理，单项协会与业务主管部门合署办公，转变为由事业性协会实体管理或纯社团性协会实体管理。国家首先是立法使公民实现体育社会参与的制度化，1995 年颁布了《中华人民共和国体育法》在总则中规定：国家鼓励企业事业组织、社会团体和公民兴办和支持体育事业。体育社会团体中更是对各类体育社会团体做出更为详尽的行为准则。随着民间力量的发展，2000 年制订了《体育类民办非企业单位登记审查与管理暂行办法》[①]。2001 年制订了《全国性体育社会团体管理暂行办法》[②]，为各级各类体育社团的管理和发展提供了样板。

自我国实行改革开放政策以来，随着计划经济向市场经济转型以及与之相伴的政治社会结构的变迁，我国国家与社会关系的状态也发生了巨大的变化，改变了过去国家统筹一切的状态，我国的国家与社会关系发生了巨大变化。总体而言，可以用两个向度的发展来归纳：其一为国家向社会赠权；其二为社会力量增强，逐步向国家与社会良性互动的方向发展。政治体质改革主要是从"全面向国家"到"公共服务型政府"战略转变，措施的改革将不断促进社会力量的加强。可以看出，中国的民间社会并不是完全自发的，而是国家通过"自治法"在经济和社会领域下放的结果，是国家结构的产物。

三、政府与体育社会组织良性互动

关于政府与非营利部门的关系，西方学者纪德伦、克莱默和萨拉蒙等人对于政府和非营利部门的关系通过不同的国家现实研究和分析之后，根

---

① 国家体育总局，中国体育年鉴（2000）[Z].2001-12:97-98.
② 国家体育总局，中国体育年鉴（2000）[Z].2001-12:103-107.

据以实现福利服务资金的筹集授权和服务的实际提供这两个维度为核心变量提出了政府与非营利组织关系的四种基本模式：合作模式、政府支配模式、双重模式、非营利组织支配模式。

厘清政府与社会组织的关系类型，就有可能为进一步逼近寻找实现政府与体育社会组织良性互动的路径。就目前而言，如果我们能够改变政府与社会组织功能模式的内卷化和依附化，鼓励有条件的草根组织走向合作化应当是一种趋势和合理的模式。当然各类社会组织所处的境况不同，在"分类控制下"，应根据现有的境况，实事求是地的发展。在这合作化模式中，政府和非营利组织共同开展公共服务，但他们不是分离地工作。非常典型的情形是由政府提供资金，由非营利组织提供服务，这种模式被称为合作模式。合作模式并不是一种僵硬的模式，而是分层度多形式的，而且应当是按照事物发展的规律逐步进行的。

政府与社会组织的合作模式，从功能角度出发，也存在三种主要的关系模式：协同增效、服务替代和拾遗补缺。

所谓协同增效，是最高级别的政府与社会组织合作关系。就是社会组织和政府共同努力，分别承担相应责任，根据各自的资源优势，顺利实现以前由社会组织和政府无法单独完成的服务目标。协同增效强调政府与民间组织的相互协作、互补、以达到共赢的目标，其中主要合作层次有：制度化协同、弱制度化协同和联动嵌入[1]。

弱制度化协同现象在体育社会组织中并不常见，暂不做重点讨论。制度化协同是政府与社会组织间正式的互利互赢的协作关系。在一系列的规章制度规制的这种关系中，双方都有各自明确的计划和扮演的角色，双方建立良好的沟通渠道，即各自独立又共同享有收益和资源。从组织的角度来看，这种合作使组织内部的资源交给了不能单独完成使命的两个或多个实体联合的新实体。

我国各级体育总会、单项协会在建立协会制的过程中，政府体育行政管理部门是改革的发动者与推动者，非政府主体参与了这一制度安排的形成，由于体育行政管理部门在政治力量与资源配置上均处于优势地位，所以政府体育管理部门是决定改革的方向、速度、形式、战略安排的主导力量。这是一种"强制性制度变迁"，强制性的结果会使民意表达不够完整和造成不符合规律的成长，其结果会因为缺乏合理化的主动意愿以及相关资源和信息沟通的支撑和保障而导致协会改革不能进一步深入。

---

[1] 汪锦军. 公共服务中的政府与非营利组织合作：三种模式分析 [J].中国行政管理，2009(10).

联动嵌入是比较弱的制度化协调和制度化合作，更为连续而深入的合作关系。在这种关系中，体育协会和体育行政部门有明确的合作制度，非机构资源和信息交流。双方在实现相同目标和使命的同时，在复杂的权责义务网络中相互配合。联动嵌入式合作模式需要在不同层次进行适当的规划和沟通，分享资源和利益。在这种关系中，双方的权利和义务相互嵌合，不仅双方明确界定的权利义务，而且还有非正式的联系网络。因此，嵌入式合作的联动是双方的合作，有利于善政。因而，也是今后各级体育行政管理部门与各级体育总会、单项体育协会共同努力寻求合作发展的方向。

实现联动嵌入的体育行政管理部门与体育社团合作模式，在强势的政府面前，体育社团要实现两个对等：首先，建立在组织的自主性的基础上，在体育公共服务提供中与政府保持权力的对等平衡；其次，在体育公共服务管理上的地位平等。遵循"民主的商议"原则，以适度、有序、合法的姿态参与，双方共同努力来实现合作的效用。在联动嵌入模式中政府拉平了与民间组织的"辈分"，即由原来的"婆婆"，下降为平辈中的"兄长"。

服务替代的合作模式主要包括公办民营、竞争性外包和伙伴式外包三种类型。竞争式外包受到我国法律法规限制，目前尚不会出现这种合作模式。服务替代中的公办民营，是指社会公共体育服务原本是由政府提供的，但就体育服务领域的广泛和深度而言，体育类民办非企业单位有着更多的优势，政府将原本由自己提供的服务部分转交给体育民办非企业单位，在服务功能上实现了服务替代。公办民营，即体育服务设施依然是政府的，政府只是将公共体育服务部分转给民办非企业单位来承担。即原本由政府部门设置专门机构如体育学校，健身场馆提供的技能培训，健身娱乐服务基于经费、人力和绩效等因素的制约，转而由政府提供体育设施以及经费，与体育社会组织订立相关契约，由民间机构经营运作，政府体育行政部门主要负责监督。公办民营更适合国家体育行政管理部门与体育类民办非企业单位合作关系的调整，现阶段这种合作也不失为一条政府寻求民间力量发展公共体育服务和民间力量发展的互动途径。

伙伴式外包，政府在公共体育服务领域，与体育社会组织建立伙伴关系，政府提供资金支持，社会组织提供公共体育服务。在政府职能转变过程中，一些服务功能需要替代，非政府部门的作用逐渐显露出来，而公共体育服务也是需要服务对象参与的。因此，政府通过监管制度对体育社会组织实施监督，以使政府资金用于公共体育服务。伙伴式外包首先建立在信任基础上，一些社会效益较好的体育类民办非企业单位和转制中的体育事业单位包括脱胎于体制内的体育社团组织都可以尝试伙伴关系式的合作，即给了发育过程中的民间组织以"营养"，减轻了政府的负担，又可以在一

定程度上提供更多层面的公共体育服务。

拾遗补缺型合作，实际上是一种政府与民间草根力量的"暗合"。因为这种合作并不存在政府与体育民间组织的实质性互动，但是依然存在一定程度的协调沟通。而且在功能上，拾遗补缺意味着体育民间组织和政府在公共体育服务方面是互相补充的，多见于草根类组织。这类组织主要活动是根据社会需要在政府服务未能涉足的市民层面，在服务的深度和广度方面弥补政府服务的不足。

存量服务提供是指，一些体育公共服务本来就是政府提供范围之内的。例如，政府提倡全民健身运动，但是由于政府的财力有限只能在社区和公共用地投入部分体育设施，在技术力量投入方面显然力不从心，不可能提供更深层次的服务，一些针对体育项目和人群的民间组织由此可以发挥积极的作用，以弥补在健身领域政府服务提供能力的不足。

增量服务提供是指，某一项新兴体育项目由体育民间组织提供服务，而并没有列入政府扶持的计划，在经费和设施方面也没有预算，如近些年人们更加热衷于户外运动、登山、穿越，以及网络社团的兴起，这类服务对于整个社会来说是属于体育民间社团额外增加的服务，而政府并没有提供这类服务，因此体育社会组织提供的服务是增量服务。

第二章

我国体育社会组织的政府监管与自身能力建设

　　培育和监督是政府管理体育社会组织的两个重要任务，加强对体育社会组织的培育和监督，对于促进体育社会组织的发展具有重要意义。本章阐述了体育社会组织政府培育的概念、特点、必要性、原则、内容和注意事项，介绍了体育社会组织监督管理的概念、原则、内容和方法。

第一节　体育社会组织的政府培育

一、政府关于体育事务的管理体制

(一) 行政部门主导型体制

　　行政部门主导型管理体制是指政府设置专门的体育管理行政机构，对全国的体育事业进行全面监控和管理，在体育政策的制订、实施以及体育资源的配置上起主导作用的管理体制。这种管理体制最突出的特点是国家在体育政策方面起主导作用，在体育管理过程中集中体现国家意志。目前国际上采用这种管理体制的国家有日本、法国、加拿大、韩国等。

(二) 行政与社团结合主导型体制

　　行政与社团结合主导型管理体制是指中央政府不设或基本不设专门的体育行政机构，而是由政府延伸性的机构 (准行政机构) 对全国的体育事业实施管理。准行政机构是政府部门建立或接收的、由政府提供经费去完成政府想完成又不便直接介入的管理任务的非常设机构和组织。在准行政机构中，只有决策性的执行委员会或董事会成员是由政府任命的，具体工作则由聘用的专职和兼职人员完成，机构的所有人员都不是公务员。机构的重大体育决策由执行委员会全体成员决定。国际上采用这种管理体制的主要有澳大利亚、西班牙、英国、新西兰等。

(三) 社会团体主导型

　　社会团体主导型体育管理体制是指社会体育团体在国家体育政策的制订和实施以及体育资源的配置上起主导作用的管理体制。在社会团体管理型体育管理体制中，中央政府只对体育社团给予一定的经费支持，不设立专门的体育管理机构，基本不干预体育的管理事务，充分保证体育的自治地位。国家体育政策的制订和实施、体育资源的配置以及体育管理工作完

全由体育社会团体承担。国际上采用这种管理体制的国家主要有美国、德国、意大利、瑞典、挪威等。

二、体育社会组织与政府的关系

(一) 体育组织兼具政府职能的"承办型"关系

这一类体育组织虽然是独立于政府机构的自治组织，但已在相当程度上兼具政府管理体育事务的职能，属于政府制订政策，协会贯彻执行的关系。这种组织有两种类型，一种是政府具有相关体育职能部门，由体育职能部门制订国家支持体育的相关法令、政策，而体育协会则是贯彻实现政府体育政策的实体，承担大量政府的事务性工作，如日本体育协会。另一种是政府机构内部没有独立的体育职能部门，但是有相关机构在弱化政府管理、强调自治组织能力的大环境下，将相当的政府职能转移到全国体育综合性协会组织上，这样的体育组织就具有了对全国体育事务的管理职能，在政府的支持和指导下，最高体育理事会协调管理全国所有的体育组织，如英国体育理事会、西班牙最高体育理事会。

(二) 体育组织接受政府支持和指导的"合作型"关系

这一类体育组织与政府是伙伴关系，与政府功能互补、相互协调。例如，法国城市青年和体育部与法国体育协会之间的关系。在法国，体育协会与城市青年和体育部之间是合作关系。政府鼓励和提倡体育协会独立，并确保其独立性和民间性的特征。各体育协会又通过承办公共体育事务获得政府的鼓励和指导，各体育协会向政府申请补助，但具体工作不受干预。

(三) 体育组织与政府形成"相互监督与服务型"关系

存在这种关系的国家政府一般都不设置统一管理体育事务的机构，体育相关事务分散于政府的各个相关机构，并且立法规定政府不干预体育事务，如美国和意大利。但这两个国家也有不同。美国在《业余体育法》的指导下，明确政府不干预竞技体育相关事务，而对大众体育部分大多强化地方政府管理，所以美国体育事务主要是由各个体育协会或体育社会团体承担。政府特别是地方政府对于大众体育的投入大部分体现在体育设施的建设上。意大利法律也明确政府不干预体育事务，所以意大利奥委会是体育管理的最高权力机构，是一个非政府性的管理机构，意大利奥委会经济上完全自给、组织上完全独立，政府只在一定意义上对奥委会进行执法监督，奥委会对意大利全国单项体育协会的成立、确认及解散具有权威作用，是一个具有最高权力的体育社团。

三、政府与体育组织合作模式分析

近年来，各国都加大了政府对体育事业的投入，政府在大众体育事业中的角色主要是服务者。最基本的服务是对体育设施的投资建设。国外大众体育事业的主体是体育社会组织，各单项体育协会或联合会是协调组织的角色，而基层单位是体育俱乐部，所以政府通过对社会体育组织的服务和扶持也在推动着大众体育的发展。当前，政府与体育组织有政府财政资助、政府购买服务等主流合作模式。

(一) 政府财政资助

体育组织的主要收入来源通常有政府资助、社会捐赠、会员会费和有限的经营性收入。而对于大多数体育组织而言，政府的财政资助是其收入的主要构成。政府对体育组织的资助主要有两种形式，即直接财政拨款和通过税收优惠间接援助。

第一，直接财政拨款资助方式。这种补助可以采取以下几种形式，一是整笔拨款，政府从总体预算中自动拨款给各类社会组织。二是分类资助，即专款专用的资助。这类资助往往用于政府感兴趣的某些领域由社会组织开展的活动，如法国政府为国家承认的体育协会的全职员工提供薪水。三是整笔资助，这是一种特殊形式的资助，比分类资助的目的广泛。这种资助一般通过公示进行分配，并给予接受者很大的自主权。

当前，发达国家对体育经费的投入不以平均分配的方式拨款，而是围绕政府的体育政策目标，设定投入项目，进行项目投入。政府在资助体育组织的过程中十分重视评估机制的完善，体育组织必须通过政府体育评估机构的评估才能获得政府财政资助。例如，加拿大体育部门在向有关体育组织提供联邦政府财政资助时，建立一个独特的财政资助评估制度——"体育资助与责任框架"，通过这一制度保证联邦政府的财政拨款能够有效地利用，并能达成主要目标。

第二，税收优惠政策。各国对体育组织都有相应的税收优惠政策。但享受优惠的范围和程度差别较大。有关税收优惠政策主要有两方面，一是对体育组织自身的课税规定及纳税优惠，二是向非营利组织捐赠的个人、公司或其他组织的纳税优惠。

(二) 政府购买服务

政府购买服务是政府与体育组织合作提供公共服务的最主要的方式之一。在这种合作模式中，政府立项确定资助的原则和标准，体育组织向有关部门提交申请和材料，证明自己有能力提供政府所需服务。最常见的购买方式有以下几种，一是公开招标。即政府发布招标公告，潜在供应商提交投标申请，相关部门在截止日期前接受所有符合条件的标书，然后择优选择。二是选择招标。即政府向经过选择的若干潜在供应商发出邀请，受邀供应商提交标书，然后择优选择。三是单一来源。政府只邀请单一的供应商或供应商联合体参与采购活动。

目前，发达国家在体育公共服务事业的政府采购行为中主要采取的方式，是在不扩大政府规模、不增加公共财政支出的情况下，政府确定体育服务的质量标准，以合同形式，通过投标者的竞争，将公共体育服务转让给私营公司、体育组织等机构以改善公共体育服务的质量。政府向体育组织购买服务的手段和类型有以下几种。

第一，生产方补助。生产方补助为服务的生产者或提供者提供补助，这种补助可以采取以下几种形式。一是整笔拨款。政府从总体预算中自动拨款给各类社会组织。例如，德国历史上政府对"免费福利机构"的支持大部分采取这种直接补贴和整笔拨款的形式，以支持其基本的运作。二是分类资助，即专款专用的资助。这类资助往往用于在政府感兴趣的某些领域由社会组织开展的活动，而不是为政府自身采购服务或产品。例如，美国广泛采用分类资助的方式资助各种各样的非营利活动。三是整笔资助。这是一种特殊形式的资助，比分类资助的目的要广泛。这种资助一般通过公示进行分配，并给予接受者很大自主权。四是合同。合同是政府想从私人机构购买特定产品或服务时的典型做法。合同形式被广泛应用于在社会服务领域向非营利组织的采购服务。

第二，消费方补助。消费方补助为项目受益者直接提供帮助，以获得其需求的物品或服务，让受益者在服务提供者之间进行自由选择。这种补助也可以采取各种不同形式，这些不同的形式使得政府对社会组织和消费者的控制程度也各有区别。一是采取服务消费券形式。消费券是提供给符合条件受益人的特定物品或者服务的票券或报销安排。服务消费券通过服务使用者间接为社会组织提供帮助，这种补助方式促进了提供服务的组织间的竞争。二是贷款和担保贷款。贷款可以直接提供给社会组织或者提供给社会组织的客户。在直接贷款里，政府可以利用从资本市场筹集的资金直接贷款给消费者。在担保贷款中，贷款由商业银行发放，由政府提供担保，通过担保获得低息贷款，鼓励银行借钱给有需要而资产有限的个人或机构。

第二节　体育社会组织的政府监督管理

一、体育社会组织的监督机制

社会体育组织要获取政府财政支持、获得社会资助和维持免税地位，必须以良好的组织声誉和较高的公信力作为前提。成熟的监管制度是提高体育社会组织公信力的关键。社会体育组织监管体系都是从政府、社会、行业内部三大主体的角度对体育组织进行监督。

(一) 政府监管手段

政府对于社会体育组织的监管措施是相对多样化的，既有报告制度、审计制度、信息披露制度等非现场检查手段，也有抽查监督、实地检查等现场检查手段。

(二) 社会监管手段

对于体育组织来说，社会监督是一种非正式的监督，操作成本低，社会效益好，具有正式监督机制所不具备的优势。社会监管主要包括信息披露制度、捐赠者监督和舆论监督等手段。

(三) 行业监管手段

行业监督是一种建立在非营利组织自律基础上的互律行为，可上升为行业自律。行业监督都是从组建同业组织开始。同业组织是体育组织领域自愿联合的产物，也是互律的主体。成立同业组织不仅可以帮助体育组织维护合法权益，同时又能促进体育组织自律。以欧洲俱乐部协会为例。对内，协会内部可以促进成员俱乐部之间的协商交流；对外，协会正式作为成员俱乐部的代表与欧足联、世界足联开展对话。

制订行业标准、评估和认证是行业监管的重要手段。有的国家由政府机关进行认证，有的国家借助独立第三方认证。认证制度是同业互律的重要形式。

二、国外经验对我国体育社会组织发展的启示

(一) 合理调整体育非营利组织登记管理制度

大多数发达国家对非营利组织的登记成立采取放任的态度，而非营利组织本身既可以选择登记成为法人组织，也可以选择不登记以非法人形式活动。而我国长期以来对非营利组织进行的是"双重审批"制度。根据这一制度，成立体育非营利组织必须先由体育行政主管部门审查同意，再向民政部门申请。非营利组织登记的准入门槛较高，登记程序也比较复杂，这些都不利于非营利组织的发展。从国外经验来看，合理调整我国非营利组织的准入门槛，简化登记程序，应是我国非营利组织登记管理改革的方向目标。

(二) 完善非营利组织税收优惠制度

我国对于非营利组织税收优惠政策与国际主流政策比较一致，主要都集中在对非营利组织自身收入的税收优惠和向非营利组织捐赠的单位及个人的税收优惠。但是我国由于非营利组织发展的时间较短，有关非营利组织税收优惠的制度和政策不完善，未形成完整体系。立法的针对性不足，细分程度不够，很多相关规定原则性强，可操作性差，与发达国家存在差距。我国需要针对非营利组织制订一部相对统一的法律，专门规范非营利组织的税收制度。

(三) 政府行政管理呈现柔性化趋势

政府加强职能转变，对体育社会组织寓管理于服务之中在发达国家，政府对非营利组织的管理理念从 20 世纪 90 年代开始转向服务，行政管理呈现出柔性化趋势。借鉴国外这些经验，结合我国行政体制的改革现状，政府职能转变的要求，体育行政部门必须完成角色转变，更多地充当体育事业的规范者、社会体育发展的引导者和组织者、体育公共产品的提供者等角色，把更多的精力放在培育和发展体育社会组织，促进全民参与体育活动中。

(四) 拓展与社会组织合作平台

从国外的发展情况来看，在"全球性结社革命"之后，随着西方社会治理方式的转变，政府与非营利组织之间从"管理与被管理"的关系逐渐转变为"合作"关系；政府与体育社会组织的关系从一种垂直管理和控制的关系变为一种法律和协议的关系。随着这种合作关系的深入，政府与体育非营利组织之间合作的方式也呈现更加多样化的趋势。非营利组织承接政府购

买服务，参与政策发展，是国外非营利组织与政府合作的两大平台。可以尝试建立促进政府与体育社会组织良好合作的协调管理机构。

第三节　体育社会组织自身能力建设的重要性

一、促进体育社会组织的专业化运作

当前，加强我国体育社会组织能力建设的重要性主要体现在以下几个方面：加强体育社会组织自身能力建设是促进其规范化、社会化和专业化发展的必由之路加强体育社会组织自身能力建设，尤其组织的内部治理机制建设，有利于体育社会组织不断广泛吸纳社会资金、专业技术和志愿服务等力量，建立起内部民主、规范的运作模式，推动体育社会组织不断加强社会化和专业化运作。

二、适应多元体育文化需求

加强体育社会组织自身能力建设是满足社会多元化体育文化需求的必然要求现代社会人们的体育文化需求日益多元化。与政府相比，体育社会组织在提供公益和互益性产品和服务方面，具有专业性、灵活性、回应性等优势。体育社会组织是百姓和政府之间的桥梁和纽带，是反映百姓健身需求，参与公共体育决策的重要力量。加强体育社会组织自身能力建设，有利于建立起多元化体育服务体系，满足社会多元化的体育文化需求。

三、促进体育事业治理模式的转型

加强体育社会组织自身能力建设是其承接政府转移职能，促进体育事业治理模式转型发展的需要党的十八大进一步提出加快政府职能转变，加强社会组织建设和发展，实现国家治理体系和治理能力的现代化目标。体育社会组织加强自身能力建设，才能真正承担起政府转移职能，不断推进体育事业的社会化、产业化、多元化的现代治理格局的形成。

四、充分发挥体育多元社会功能

功能和综合社会价值，促进社会建设和经济发展的需要社会组织相对

独立于国家政府系统和执政党系统，以社会成员的自愿参与、自我组织、自主管理为基础，为社会和其成员提供公益性或互益性服务和产品。体育社会组织在自我运行管理中，有利于培养公民的民主、自治的意识，提升社会责任感，增加社会凝聚力，是社会建设的重要载体。加强体育社会组织能力建设，有利于提升组织自身的社会化、产业化和专业化运行能力，有效提供公益或互益体育产品和服务，有利于满足多元化体育文化需求，拉动体育消费，促进我国产业结构的调整和经济的可持续发展。

第四节　体育社会组织自身能力建设的内容

社会组织的公益营销和公关能力常常与项目管理、公信力管理等相结合，根据我国体育社会组织的实际情况，本节重点介绍体育社会组织自身能力建设的概述、项目管理能力、人力资源管理能力、内部治理机制、筹募资源和财务管理能力、战略管理和公信力建设几个方面。

一、体育社会组织内部治理机制建设

体育社会组织的治理结构主要体现在：是否形成法人治理体制，在我国体育社团登记为社团法人。体育类民办非企业单位有民办非企业单位法人、民办非企业单位（合伙）和民办非企业单位（个体）三种登记方式，其中民办非企业单位法人具有法人资格，民办非企业单位（合伙）和民办非企业单位（个人）不具有法人资格。基金会则登记为基金会法人；理事会成员是否为多元、独立、自愿和民间的；是人治主导还是现代法人治理主导；是否有完善的机构管理制度。社会组织的法人治理结构一般为"会员大会（或会员代表大会）—理事会（常务理事会）—监事会—秘书处"。

（一）决策方式

体育社会组织在大型活动和组织发展等重大问题的决策方面，根据组织自治化程度有多种参与方式。参与是指成员对组织决策影响的行为与过程，参与的程度与组织管理的民主程度相关，与组织对政府资源的影响成反比，依附性越低的组织参与性越高。一是参与面：有全体成员参与、有理事身份的成员参与、由上级决策、负责人决策；二是参与层次：是参与决策还是影响决策，参与公共事务的管理还是影响一切价值资源的分配，参与决策并监督是较深层次的参与；三是参与中的角色定位：直接行使管理权，影响和控制管理权的行使，这些事关参与者所处的地位。

对待重大问题决策有31%的组织采取请示上级决策，26.7%的组织由负责人决定，有22.7%的组织采取全体成员决定，有16.2%的组织由理事会决定，当然是否由理事会决策还取决于社会组织是否建立了理事会。处于基层的小型体育组织一般没有理事会，民办非企业单位法人（个体）型的体育类民办非企业单位主要是由个人出资举办的，在负责人决策方面体育类民办非企业单位显著高于体育社团；体育社团在上级决策方面也显著高于体育类民办非企业单位，这也是源于政府对体育社团的大力支持。而一些小型社团组织在全体成员决策方面高于体育类民办非企业单位，正是由于社团本身的民间性和自治性使然。

（二）领导人任命方式

体育组织领导人产生的方式，实际上反映了领导权力的来源方式和责任对象。

体育组织领导人的产生的方式多样，占比例最高的是组织上报经主管部门批准任命方式，而这种方式产生的领导人体育社团比例要高于体育类民办非企业单位。有18.2%的体育组织是由上级业务主管部门直接任命的，而在直接任命方式中体育社团所占比例要大于体育类民办非企业单位。上述这两种方式主要是缘于各级体育总会、单项协会以及体制内成立的体育组织，包括原来由体育事业单位转制为体育类民办非企业单位的组织；经民主选举产生领导人的方式和经理（董）事会产生领导人的比例还较少，主要是一些逐渐脱离行政体制的体育社团和一些具有企业化发展苗头的体育组织，包括一些壮大起来的草根体育组织也开始较为规范地按照组织章程选举领导人。在这两种选举方式中体育社团更重视民主选举，较大规模的体育类民办非企业单位则更多地实行理（董）事会选举；出资人担任领导人这种方式主要发生在草根类体育组织，尤其是规模较小的体育类民办非企业单位所占比例较高；网络体育组织更多使用发起人这种方式，由于国家不承认网络组织，网络组织发起人也不存在由谁任命的问题，面前情况下主要依靠国家的其他法律约束规范。

例如，英格兰足球总会内部治理结构和机制。

19世纪中期，英国完成了工业革命，经济的迅猛发展以及机器生产大大提高了社会生产力。工业革命的完成为大众提供了很多闲暇时光，体育尤其是足球运动在人们的生活休闲中起着越来越重要的作用。加之英国是温带海洋性气候，适宜多汁牧草生长，有大量的天然足球场来开展体育运动。在1835年，英国谢菲尔德成立了世界上第一个足球俱乐部。当时足球运动还没有明确的规则，随着足球运动在英国校园的不断开展，迫切需要

一整套公平的规则来适应足球比赛及其活动。英格兰足球总会建立于1863年10月26日，队长、秘书和其他十几个伦敦和郊区俱乐部代表按照他们个人的足球观点实现他们的目标，即形成一个有明确比赛规则的协会。经过100多年的发展，英格兰足球总会形成了较完善的内部组织结构。

1. 英足总的董事会

（1）董事会的任命

英足总章程第77条规定，英足总的董事会成员不能超过14人。现今，英足总的董事会成员包括1名主席，全国比赛代表4名，职业比赛代表4名，独立的非执行董事2名，总秘书1名，共12人。其中，主席和独立的非执行董事由董事会下设的提名委员会提名，经董事会批准，由理事会任命；全国比赛代表和职业比赛代表则分别由其代表大会选出，其中，职业比赛代表的4名代表由英超联盟和足球联盟任命（英超联盟至多3名，足球联盟至多2名）。

（2）董事会的职责

①做决定、采取行动适当管理公司事务并且可以直接任命和豁免总秘书这一职务，根据英足总条款79~83条决定主席和总秘书的任职期限；

②负责财务问题，包括实施资助公式并批准职业比赛董事会、全国比赛董事会和足球管理机构的活动经费预算和商务计划；

③负责教练计划以及其他计划；

④从职业比赛董事会、全国比赛董事会和内务咨询董事会中的有关事项采取建议；

⑤向理事会报告并提出战略计划；

⑥在所有政策和程序上作决定；

⑦制订所有董事会的规章法规，并提出修订案；

⑧运用所有公司中的权利来促进实现足总章程中的目标、促进没有被章程具体规定的那些理事会大会或者英足总公司运行的事务。

（3）董事会下设的委员会

审计委员会、提名委员会、薪资委员会、全国比赛董事会、职业比赛董事会、内部咨询董事会、女子足球董事会。

2. 英足总的理事会

（1）理事会领导的任命

英格兰足球总会理事会由1名主席、2名副主席、1名总裁、6名副总裁（包括生活副总裁、高级副总裁）以及一些名誉副总裁和名誉成员组成。其中，主席是由理事会成员选举出来的，是一名非执行主席；副主席由理事会在每年的夏季会议上选出，由全国比赛代表和职业比赛代表中各一名

成为副主席；总裁由理事会在每年的夏季会议上选出，总裁的职位是名誉职位；有不超过6名理事会成员担任副总裁，也是每年由理事会在夏季会议上选出；名誉副总裁和名誉成员由理事会下设的协议委员会任命，这些名誉成员可能由退休的理事会成员组成。

（2）理事会成员

英超联盟代表、足球联盟代表、郡足球协会代表、其他足球协会代表、支持者代表、分区的代表、残疾人足球代表、总秘书、独立的非执行理事、内务代表、附属组织代表。

（3）理事会的职责

①管理有关事项：管理足球管理机构和司法陪审团的运作，根据资金和其他经董事会同意的安排，以适当方式任命到司法陪审团；管理英足总的会员标准（条件）；管理裁判的登记、控制和发展；决策理事会成员的特权以及管理比赛中具体的协议、旅行、座位和款待；管理青年足球和郡青年杯比赛；建构理事会的委员会；任命、重新任命或者主席、理事会领导的豁免以及其他有关理事会职位的任何的选举和任命。

②批准理事会构建的改变，但须经董事会批准并符合足总章程。

③批准并建议股东对足球总章程和法规的修正提议。

④制订或改变由法规引起的规则或者实施任何不与足球总法规冲突的规则。

⑤讨论与足球相关的并且重要的议题。

⑥修补或者制订长期适用的规章来管理理事会事务。

⑦代表比赛。

⑧讨论并提议足球总章程第141条的相关文件。

⑨讨论并考虑协会审计员的任命。

⑩以夏季会议为基础或者根据理事会要求的其他时间开展工作。

（4）理事会下设的委员会

英格兰足球总会理事会下设的有9个委员会，分别执行不同的职能，包括：裁判委员会、协议委员会、联盟会委员会、会员委员会、制裁与登记委员会、联合委员会、青年委员会、代表比赛委员会、委员会任命座谈小组。

（5）英足总的管理团队

英格兰足球总会的管理团队由商务部、财务部、交流部、足球发展部、足球服务部和温布利足球场公司部门组成。他们分别管理着不同的英足总足球事务。

二、体育社会组织的资源结构

(一) 人力资源结构

考察体育社会组织的人力资源结构可以反映出组织人员在数量和质量方面的状态，组织运作的规模和成熟程度。在现在的发展阶段主要是由专职人员、兼职人员和志愿者组成。专职人员是指社会团体办事机构及分支机构中为实现单位长期发展需要，设立的固定的岗位，一般在本单位连续工作一年以上，按期领取报酬；不含离退休返聘人员。兼职人员指社会团体作项目或活动时，在短期内完成既定工作目标，临时聘用的人员，在本单位从事临时性工作的岗位。不含离退休返聘人员。离退休返聘人员原则上不属于专职和兼职人员，但在调查中发现许多组织实际上报中仍然包括了这些返聘人员。江苏省体育局2008年颁发了关于印发《江苏省体育社团改革发展工作方案》的通知：逐步实施体育社团专职人员招聘制。可从体育系统聘用具有社会活动能力和专业水平的人员担任协会专职秘书长、副秘书长和工作人员；也可有选择地面向社会招聘专职副秘书长和工作人员，逐步推行体育社团工作人员招聘制。

1. 成员结构

体育社会组织的专职人员是组织的主体，在人数上最多，平均每个组织达6.2人，93.4%的专职人员由体育组织发工资；兼职人员每个组织平均4.85人，53%的兼职人员领取报酬；志愿者平均每个组织为3.72人，其中42%为女性志愿者，志愿者每月平均工作9天。

体育社团是会员制，体育类民办非企业单位实行员工制，每天上下班。体育社团虽然有《章程》管理但日常工作实行的是松散管理，一年中的某个或某几个时段才会共同集中起来。而民办非企业单位的工资福利依附、人员工作固定、日常管理严格。两者比较，体育类民办非企业单位无论在专职人员和兼职人员以及付给报酬方面均高于体育社团，体育社团在人力资源方面的补充则更多地依靠志愿者这一渠道。在我国城市社区体育活动场所，多年来存在着一支"体育志愿者"大军，他们参与指导、管理晨、晚练群体活动时根本不考虑经济收入，更多选择的是"奉献精神"[①]。而志愿者中，体育社团的女性志愿者高于体育类民办非企业单位，这与社团组织服务对象因人群、因兴趣和自发性而组合有很大关系 (图 2-1)。

---

① 苗大培.构建我国体育志愿者组织的理论探讨 [J].体育科学，2004，24(9).

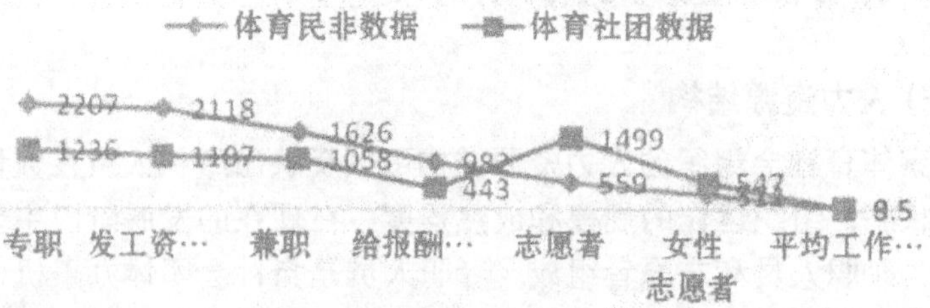
体育民非数据
体育社团数据
2207
2118
1626
982
559
1236
1107
1058
443
1499
547
8.5
专职
发工资…
兼职
给报酬…
志愿者
女性
志愿者
平均工作…

图 2–1　两类体育组织职员结构对比

2. 性别、年龄、学历结构

体育社会组织成员中男性占据多数 62%，女性占 38%。组织的规模由小于 5 人组别渐次增加到大于 35 人组别，无论在那个规模的组别男性成员都高于女性。从组织成员规模看，专职人员小于 5 人的最多，随着组织规模的扩大体育组织总人数也会相应增加 (图 2–2)。

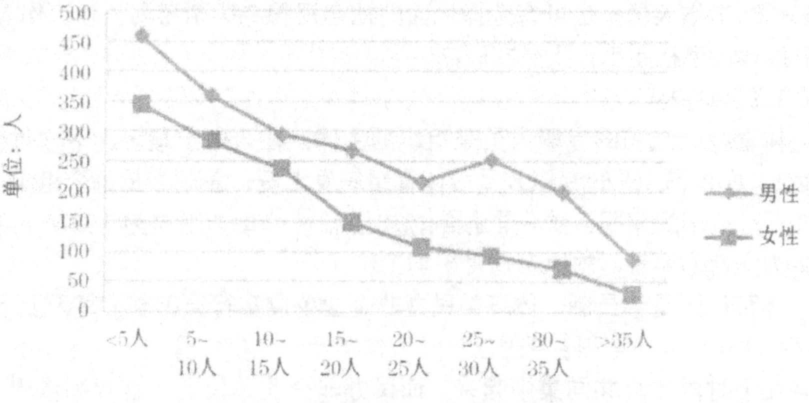
500
450
400
350
300
250
200
150
100
50
0
单位：人
男性
女性
<5人
5~10人
10~15人
15~20人
20~25人
25~30人
30~35人
>35人

图 2–2　体育组织职员性别在个规模群体分布

将两类组织中的男性和女性通过对比发现，体育类民办非企业单位的男性从业者最高；其次是民办非企业单位女性从业人数高，尤其是在组织规模较小的组别上；社团男性在组织规模 15—20 人及以上组别中人数超过民办非企业单位女性和社团女性，社团女性在各个规模组织中的人数都处于最低位置 (图 2–3)。

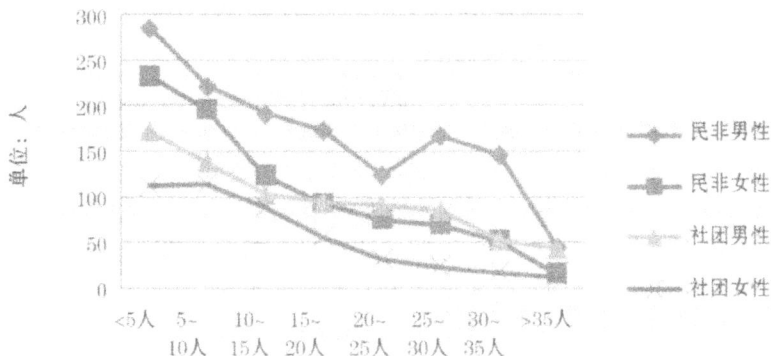

图 2-3 两类体育组织职员性别在个规模群体分布对比

20 世纪 90 年代以后的"社团革命"浪潮，使我国民间组织大量衍生，体育社会组织更不能例外，随着体育组织数量增加，规模扩大，吸纳了大量组织管理和服务人员。体育组织从业人员由低龄组向高龄组随着年龄的增高人数以及比例都在下降。体育社会组织的发展年轻人是主体，因此组织从业人员总体上较为年轻，35 岁以下员工占据了各类组织的半壁江山，这一点在体育类民办非企业单位组更加明显。35—49 岁组，50—59 岁组，60 岁以上组则表现为体育社团高于体育类民办非企业单位，在调查中发现许多退离现职并具有一定行政级别的公职人员，到社会组织中任职成为一种过渡方式，领导人年龄结构老化是体育社团组织当前面临的一个值得注意的倾向。

将学历结构分为 6 个层次，体育组织成员学历构成呈正态分布，将专职和兼职人员学历加以统计，可以看出在各级体育组织中，大学本科、大专和高中学历占人数比例最大，在基层组织中初中以下学历人员占总人数的 8%，硕士以上学历占 5%，随着我国高等教育的发展，大学毕业生自主创业渠道的拓宽，社会组织不断为人们所认识，高学历、高素质的人才会不断进入体育社会组织。

3. 职业成分结构

体育组织成员的职业构成主体分为专职人员和兼职人员两大部分，专职人员是体育组织的中坚力量，而兼职人员正构成组织活动的主体。以组织的规模和级别看，越是向下专职人员越少，在兼职人员中专业人员占有较大比例，公司的员工由于其工作性质，对体育公共服务的需求更加强烈，也是构成兼职队伍来源的主体力量之一。

为了更深入地了解体育组织成员的成分，将体育组织人员来源分为 12

个种情况，用以比较体育组织人员结构。从两类体育组织的对比中可以看出，体育类民办非企业单位从业人员高于体育社团。高于体育社团的人员主要来自于专职人员、专业人员和单位职员三个部分。而当今体育社团组织则显现出不断分化、专业化、轻型化的趋势。由于新兴体育项目的增多，个性化需求不断加大，原来包容性很强的综合性体育组织很难有效代表组织内众多单位和个人会员的需求和利益相比之下，体育类民办非企业单位的实体性更强，服务针对性也强，专职人员、专业人员和公司职员无论是在专业化服务方面还是在服务市场的开发方面都是构成实体化运作的人才基础。(图2-4)

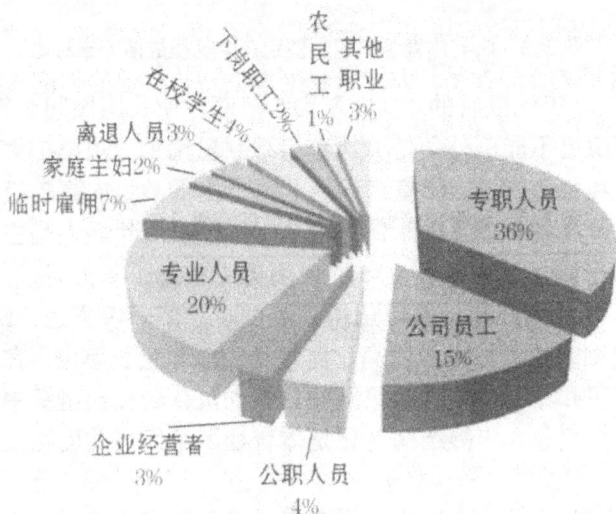

图2-4 体育组织成员的职业构成比例

(二) 收支结构

作为公益性非营利性的体育组织，收入与支出结构可以反映出组织的资金来源，以及组织的收入取向。这对组织的运行机制是否健全，对组织的公信力，组织自身建设能力也是一个重要的考量指标。

1. 收入结构

体育组织收入包括：会费、比赛或培训盈利、政府提供的财政拨款和补贴、政府提供的项目经费、国际组织提供的资助和项目经费、企业提供的赞助和项目经费、募捐收入、个人赞助、贷款和借款、前一年度盈余资金以及其他收入。

所有接受调查的554个体育组织在各项收入按照10%的差别等距分布，

在各项收入中除了国际组织资助一项以外，其余9项收入中均有超过100家体育组织达到了收入的10%，每项收入的比例与频数相反，无论是哪项收入所占比例越高频数越低。大约有1/5的体育组织收入结构较为均衡（图2-5）。

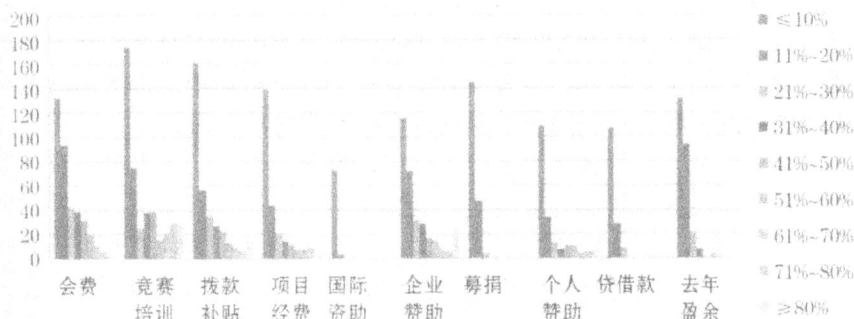

图2-5　体育组织收入结构

体育组织的各项收入可以大致分为两类：一类是体育组织本身固有的，依靠政府资源收入；第二类是体育组织提供自身发展，逐渐摆脱政府资源依赖自治性收入。在资源性依赖收入中，会费收入是体育组织的一项资金来源，由于组织的公益性特点这项收入在大部分组织只占到20%以内，体育社团采用会员制管理，因而都收取一定比例的会费。少部分体育类民办非企业单位也收取一定比例的会费稳定一部分人群。（图2-6）

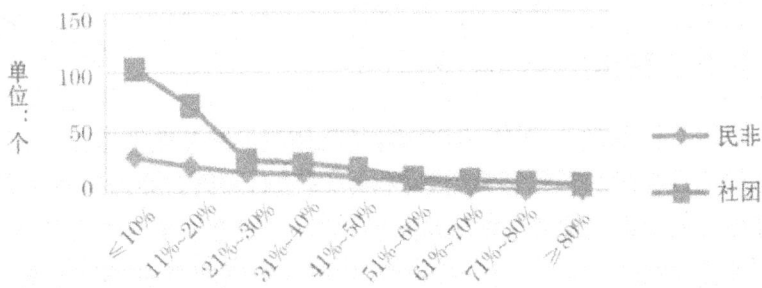

图2-6　两类组织竞赛培训收入

竞赛与培训属于服务性收入，是两类体育组织重要的资金来源，是民办非企业单位与社团主要活动方式，对于民办非企业单位来说，由于人工费用较大（专职人员多)，竞赛与培训收入显得更加重要。因此，体育社团

竞赛与培训收入在全部收入比例中占 30% 以下的情况要高于体育类民办非企业单位，而体育类民办非企业单位占全部收入 30% 至 80% 比例中都要高于体育社团。

在体育组织各项收入中，获得政府拨款、项目经费和企业赞助的比例和份额有赖于政府对组织的控制机制和组织对政府资源机会的把握能力。我国体育体制改革实行管办分离、理顺政社关系和政事分开的思路一方面使组织更多地离不开政府，但另一方面也给予体育组织很多自主权。在政事不分的时代，政府的权力和资源与体育社团是合在一起的，实行政事分开、政社分离之后，哪些是政府应该做的，哪些是民间应该做的，在现实经济生活中并没有也很难以说清楚。能够更多的利用政府资源和机会，体育组织获得生存、发展的空间就将更大。一般地说，由体制内产生出来的体育组织，或是借助体制力量产生的体育组织获的资源的机会更多。超过和接近半数的体育组织都接受过来自政府拨款、政府项目经及企业赞助。

在组织自身发展的自治性收入中，包括了：国际组织提供的资助和项目经费、募捐收入、个人赞助、贷款借款以及其他收入。过去 20 多年来，西方发达国家及国际组织向中国提供了总计 1 161 亿美元的经济援助。这些投向教育、环境、卫生、农村发展、扶贫等领域的项目，目前体育组织的国际资助并不理想，原因有四：其一，由于体育社会组织数量迅速增加，对资源的竞争更趋激烈；其二，由于人民币升值，物价上涨，资助资金相对缩水，使得执行成本相对升高；其三，由于中国政府对外汇捐赠结汇手续的紧缩，使一些社会体育组织不得不放弃海外援助；其四，由于中国的国际地位日渐凸显，使得国际社会对中国的体育资助的态度发生了转变，同时受到国际金融危机的影响，西方国家资金从中国撤出，逐渐减少对外援助的预算。因此，受过国际资助体育组织只有不足 14%。《2011 中国慈善捐助报告》显示，2010 年中国 58.3% 的捐款都流入政府、慈善会及红会系统中，只有 1.3% 捐款到了慈善会之外的社团、民办非企业单位和福利院。大多数体育社会组织募集资金十分困难。目前在国内的募集资金渠道可以通过在体育类公募基金会下面建立专项基金实现募款，搭建一个公募平台，官办或半官办的体育组织可以通过这条渠道建立专项基金，草根体育组织和小规模的民办非企业单位则要逐步成长、不断升级，加强自身的能力建设，加强筹款能力全方位地发展。

个人赞助也是体育组织收入的重要来源之一，体育社会组织接受个人赞助有两方面因素制约：一是组织能力和公信力问题；其二是组织的身份问题。组织生存能力强、公信力高自然会得到更多的经济来源，相反，生存能力差、公信力差的组织很难得到民间的认可；一些草根类体育组织因找不到业务主管单位无法在民政部门注册，接受赞助无法开具发票或收据，影响到接受各类组织、个人和团体的赠予和赞助。

体育社会组织的借款和贷款规模很小，少部分的体育组织会在一些体育项目上投资，但是由于其运营的方式的公益性，经济回报小，在借贷款方面会影响到体育组织谨慎行动。

体育社会组织在取得各种合法性收入时，按核准章程开展体育项目培训、体育咨询、信息服务、体育技术技能服务、体育教学活动、技能培训以及举办各种竞赛、组织学术交流、体育表演和提供体育设施装备资料等公益性的有偿服务收费，一般对应性的开出发票，以广东省为例："凡经民间组织登记管理机关核准登记的社会团体和民办非企业单位取得合法收入的，应根据收入类别分别使用如下三种票据:《广东省民间组织经营性发票》《广东省民间组织专用票据》和《广东省社会团体会费专用收据》。其中《经营性发票》和《专用票据》由地税部门提供，《会费收据》由财政部门提供。业务活动收取的划转款项和接受捐赠、赞助款、公益基金和国库券利息、年检费、赔偿款等一律使用《专用票据》。"

其他收入 (固定资产处置净收益、无形资产处置净收益) 两种，这里不加以以讨论。

2. 支出结构

资金是体育社会组织最基本的资源之一，资金是购置相应的体育器材、建设设备、租用办公和活动场所、支付工作人员的工资以及开展各种活动的基本保证。缺乏资金的社会组织无法开展正常的活动，也难以吸收足够的专业人才，严重影响其生存与发展。虽然经费不足是国际各类 NGO 组织发展中普遍面临的主要问题之一，但我国的社会组织的情况更甚，组织的支出可以反映组织的能力，体育组织的支出大部分集中在 1 万—5 万元、5 万—10 万元和 10 万—30 万元之间，以支出 5 万—10 万元的组织比例最高占 22%。整体支出规模并不大，表明组织能力还非常有限。(图 2-7)

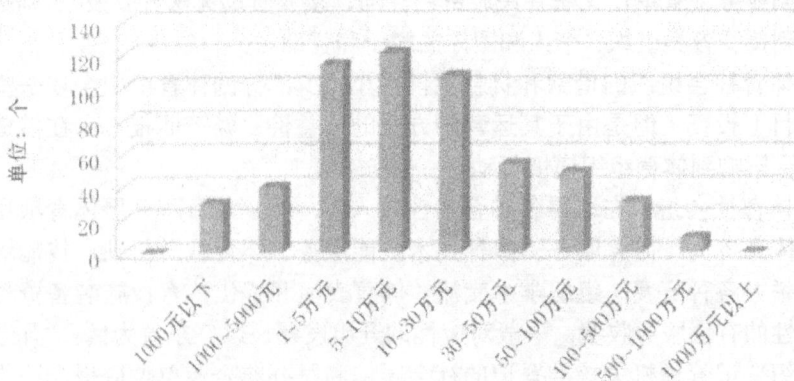

图2-7 体育组织支出规模

以我国体育社会组织现阶段的发展规模和能力，总体支出规模差别不大，体育社团在1万—5万元以下支出规模区域中高于体育类民办非企业单位，而体育类民办非企业单位在支出规模5万—50万区域中要高于体育社团。大规模支出仍然是体育社团居多，这与各级从政府分离出来的体育社团的实体化发展有很大关系中等规模支出以体育类民办非企业单位居多数，说明体育类民办非企业单位在实体化发展中有一定的活力，但是尚未达到一定规模。（图2-8）

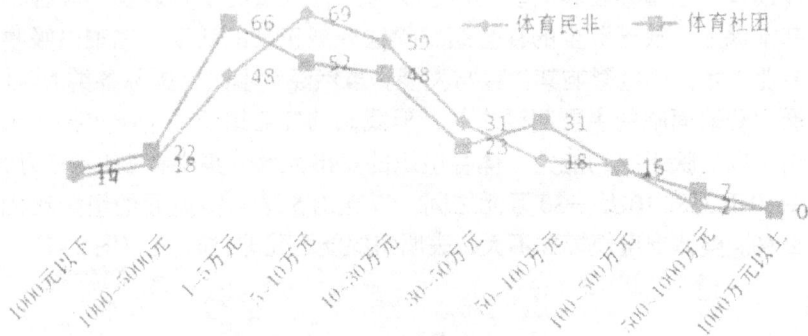

图2-8 两类体育组织支出规模比较

将体育组织费用支出分为人工费用、物业费用、办公费用、活动费用和其他费5项，在比例上以各项支出小于10%直到大于80%的等距进行了调查，结果显示：在各项支出在每个比例都占有数量的支出费用是体育组织活动费，在支出比例占10%的费用中，最高的是办公费用、其次是物业费用。组织活动费用在支出的各项比例中都占有一定的额度，尤其是在草根类体育组织中，活动费用是必不可少的一项支出。

　　人工费用开支（包括工资、奖金、补贴、社会保障费等），在两类体育组织中不尽相同。体育社团人工费用高峰出现在 10%—20% 的比例中，而体育类民办非企业单位人工费用出现在 20%~40% 中，在 20% 以上的各个比例中体育类民办非企业单位的人工开支都高于或不低于体育社团。这种结果一方面说明体育类民办非企业单位专职人员比体育社团多，此外，体育类民办非企业单位的专兼职人员由组织付劳动报酬的人也较之体育社团多。（图 2-9）

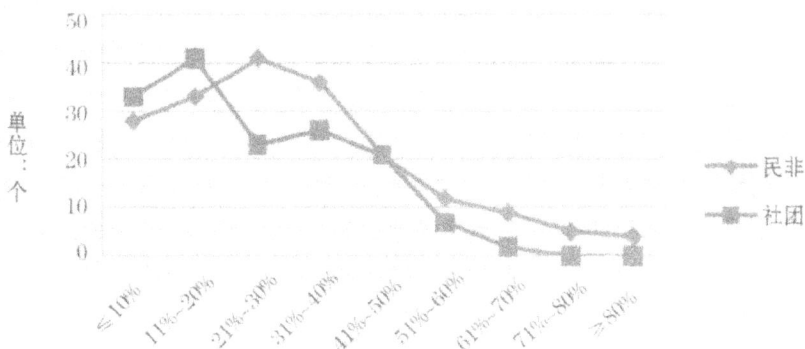

图 2-9　两类体育组织人工费用比较

　　两类组织在物业费用分为水电、煤气、暖气、房租等，占一定比例，大部分集中在 40% 左右，体育类民办非企业单位物业费用开支比例在20%~60% 范围的数量高于体育社团。体育类民办非企业单位更多是依靠体育场馆和设施运作，体育社团则采用借助体育场内借运行方式，租用和借用体育场管较多。因此，两类组织在物业费用方面会有不同。体育类民办非企业单位更多是以服务项目为经营基础，以场地设施为依托为群体服务，项目是否吸引人，场地设施是否能够满足服务对象需要是体育类民办非企业单位首先要考虑的。而体育社团虽然也有体育单项协会这类以项目为中心的组织，但更多的情况下是为特定人群服务的，只是在特定的时间、地点，以活动的方式集结，因此在物业费用支出方面相对较少。（图 2-10）

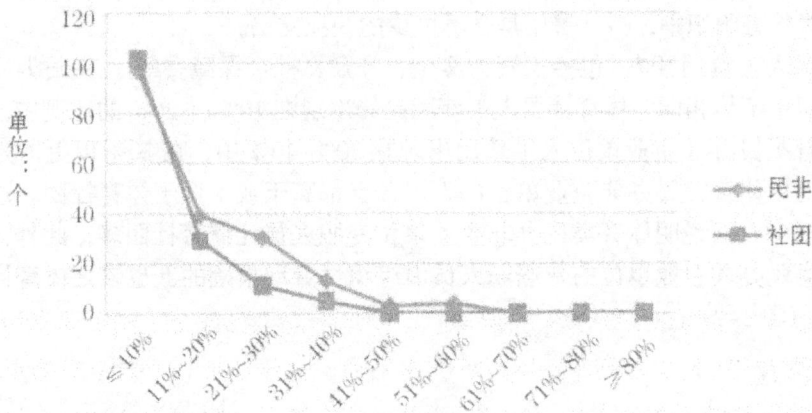

图 2-10　两类体育组织物业费用比较

　　组织的活动费用包括通讯、宣传、物品购置、咨询费等。体育类民办非企业单位活动费用所占比例在达到20%—30%时呈下降趋势，而体育社团活动费用在各个比例上都呈现一种恒定的状态，两者活动的规律不同，民办非企业单位是一种常态下持续不断的活动，这种活动具有经营的特点。社团则根据生存的状态和规模的大小分为，阶段性活动、持续性活动、间歇性活动很多种。（图2-11）

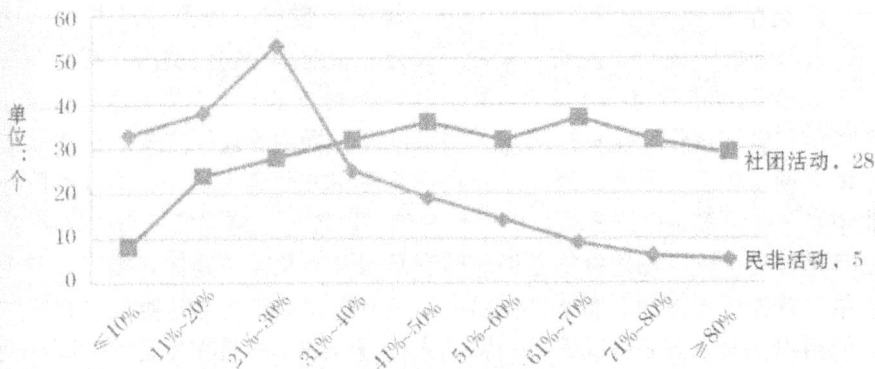

图 2-11　两类组织活动费用比较

（三）媒体资源利用

　　对媒体资源的利用，是扩大组织影响力的有效途径，体育社会组织常用的宣传手段有：与政府合作，配合政府开展社会公益体育活动宣传；与企事业单位、新闻媒体合作开展公益健身主题活动宣传；通过不同的新闻媒介对公益体育组织及公益体育项目宣传；利用社会公众人物代言宣传；体育组织自创新闻热点宣传；与同行业上级业务主管单位、业务指导单位联合借势互补宣传；体育组织领导者或员工通过外联手段推广宣传；新兴体育项目推广营销宣传；选择体育明星进行典型宣传；发挥组织系统优势进行行业宣传等。

　　体育组织无论是采用哪种手段宣传，离不开与媒体的互动。达到公共体育服务的目标是各体育组织与媒体互动与合作的基础，而熟悉各个媒体的特点，熟悉宣传业务，熟练地驾驭和应对各种媒体宣传对体育组织的管理人员的素质提出的新要求，正确地分析和把握各个媒体特点，才能使与媒体互动具有可能性。80% 以上的体育组织很看重利用媒体的宣传来扩大组织的影响，而媒体对体育社会组织的关注度也在不断提高，体现在各种媒体对体育组织的主动宣传上占接近 40%。

　　两类体育组织在使用媒体宣传的方式上主要是借助报刊、电视、杂志和广播等。在宣传的主动性方面，体育类民办非企业单位更加重视积极接近报刊、电视媒体或网络方面的宣传同时举办各种展示活动；体育社团尤其是官办社团则在传统媒体宣传方面有着自身的优势，但在媒体宣传的主动性方面尚未引起足够的重视。(图 2-12)

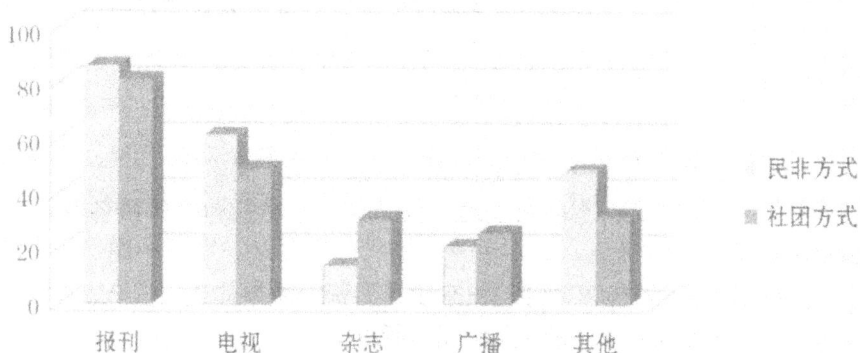

图 2-12　两类体育组织利用媒体情况对比

三、筹资资源和财务管理

(一) 筹资资源

1. 筹资

筹资可理解为筹集资金、资源。清华大学王名教授将社会组织筹资定义为：基于组织的宗旨和目标向政府、社会大众或基金会等发动募集资金、物资或劳务的过程。在此认为体育社会组织筹资是指体育社会组织根据自身的组织目标和发展需要，通过合理、有效的途径向外界为自身筹集资金、资源的过程。财政部《民间非营利组织会计制度》对民间组织的收入给予明确界定："收入是指民间非营利组织开展业务活动取得的、导致本期净资产增加的经济利益或者服务潜力的流入。收入应当按其来源分为捐赠收入、会费收入、提供服务收入、政府补助收入、投资收益、商品销售收入等主要业务活动收入和其他收入等。"这是体育社会组织从事经营活动的直接法律依据，体育社会组织可以依此开展筹资活动。

2. 资源

(1) 资金

"资"从狭义上来讲是指资金，按照《企业会计准则》的定义，包括现金、银行存款和其他货币资金；从广义上来讲，资金主要指现金、银行存款、固定资产、股权、债权、无形资产等。资金是体育社会组织开展业务活动的基础，如果没有资金或资金不足，体育社会组织生存都很困难，更不用说有效发挥作用或提供相关服务。

(2) 资源

资源则是指人力资源、信息资源、自然资源、关系资源和形象资源。对体育社会组织筹资，不能仅仅理解为筹集资金，应包括筹措各种资源，主要包括以下几个方面。

①自然资源。对体育社会组织来说自然资源主要体现在资金、体育器材及设施、场地等。资金有时间价值，所以时间、空间的筹措也属于自然资源的筹措。

②关系资源。对体育社会组织来说关系资源主要体现在处理好与政府部门、企业、学校、其他社会组织、个人的关系，并能为实现组织的宗旨发挥作用。关系资源的利用可以在政策、项目转让、场地使用权、赛事招标等方面得到优势，进而可转化为资金、实物，有利于实现组织的目标。

③形象资源。体育社会组织在公众中的形象以及公信度、品牌主要体现在对会员的服务质量、信息公开透明度、遵法守纪、公益活动的质量等

方面。

④信息资源。对体育社会组织来说信息资源主要体现在政府的某些决策、世界各国的发展情况、政策的变化等方面，尤其是与体育相关的行业信息。当前看来，信息在体育社会组织筹资过程中将起到越来越重要的作用。筹资信息直接影响到筹资决策，因此获取信息资源、管理好信息资源，有利于优化筹资管理、优化筹资决策，为正确筹集资金、降低筹资成本提供依据。

⑤人力资源。体育社会组织的人力资源主要体现在人的知识、技能、技术等方面，包括能为体育社会组织提供服务的教练员、裁判员、运动员、管理者、组织者。体育社会组织主要是以开展公益性体育活动为主，因此人力资源筹措更强调的是志愿者、体育爱好者等。

在以上五种资源的筹措中，人力资源是关键，自然资源是目的，其他资源通过运作，可转化为自然资源。筹资不仅仅是对某一项资源的筹措而是五种资源的共同筹措，互相结合。对体育社会组织来说，筹措以上的五种资源的最终落脚点都是资金，因此本文的筹资也是以资金为主。

(二) 体育社会组织筹资的原则

1. 合法合规原则

体育社会组织的筹资方式和方法，要合乎法律规范和有关规章制度。在筹措资金时，要遵循体育法、税法等相关法律规定，依照组织的章程，坚守组织的宗旨，并遵照相关的法定程序开展筹资，严格履行筹资过程中的各项权利和义务。

2. 时机适当原则

筹资时机是指组织对筹资有利的内外部环境因素的组合，它随一定时间、空间的变化而变化，选择筹资时机是在考察体育社会组织内部筹资条件的基础上，再寻求与此相适应的外部环境的过程。筹资时机包括资金需求时间、费用支付时间和还本时间。按这三个时机把握筹资时间，以资金需要时间确定合理的筹资时间，以避免因取得资金过早而造成资金的闲置，或因筹资滞后而影响资金的使用，从而影响组织职能的发挥。为了更好地把握好时机适当的原则，应对组织资金的使用和活动进行规划，根据不同的使用方向，不同的资金使用期限要求进行筹划，把筹资还款期错开，避免还债高峰期的产生。

3. 规模适宜原则

体育社会组织坚持数量、规模适宜原则，既要防止因筹资不足而影响组织各种活动的开展和服务质量，也要避免因资金过剩而造成浪费（因"非

分配约束"原则在先），更要防止因筹资成本过高而加大偿债压力，无法按时偿还进而降低组织公信度。

4.经济性原则

筹资成本是衡量筹资决策的主要标准之一。在体育社会组织筹集的资金中，有些资金可以无偿使用，有些资金则需要向资金供给者支付报酬，从而形成了组织的筹资成本。在收入一定的情况下，筹资成本支出越少，能提供给组织用于生存发展的资金也就越多。筹资方式多种多样，各种筹资方式都有其优点和缺点，在进行筹资决策时，要寻求最佳筹资组合。所谓筹资组合，是指各种筹资方式所取得的资金占总资金的比例关系。最佳筹资组合是一个比较综合的准则，包括筹资规模的确定，筹资成本的取舍，筹资风险的衡量以及财务杠杆的运用等。坚持经济性原则，把筹资成本作为衡量筹资决策得当的主要标准，选择适当的筹资组合。

5.风险适当原则

体育社会组织筹资的目标由社会组织的性质和使命决定，在筹资时，要规避相应的风险，要把筹资过程中所带来的风险和效益有机地统一起来。因此，应以组织所能承担风险的程度作为组织筹措资金的依据，防止因债务过多而增加组织的财务风险。

6.多方配合原则

体育社会组织应努力提高社会声誉和知名度，尽量争取政府的支持和社会各界的捐赠和捐助。通过举办民众喜闻乐见的体育活动，提高为民服务的质量，从而吸引更多的人加入组织。体育社会组织同样也是生产性部门，为社会提供准公共产品，因此也需要满足消费者的需求，从而提高社会公信力。处理和利用好人际关系资源，争取高校、科研机构及其他社会组织的支持，借助社会力量，鼓励社会各界进行投资，实现筹资目标。

（三）体育社会组织筹资策略分析

策略，从字面上理解指计策、谋略。一般含义有两种，一是指可以实现目标的方案集合，二是指根据形势发展而制定的行动方针和斗争方法。筹资策略是指为了达到组织的宗旨而采用筹集资金、资源的方案集合以及方式方法。体育社会组织为了摆脱资金短缺的困扰可以采用以下策略来筹集资金，以下策略在国内一般应用于企业组织领域，而在国外则较为广泛地应用于非营利组织领域，国内鲜见于社会组织领域。然而，目前社会组织在竞争激烈的社会环境中，若不创新筹资策略，将难以在社会中生存发展。体育社会组织虽然属于体育领域，但也需要借鉴其他领域好的理念、好的做法才能让组织发挥应有的作用。在此建议体育社会组织结合自身的

特殊性，在不违法违规的前提下，大胆借鉴，充分利用以下策略促进筹资工作的开展，从而发挥组织在体育领域中的作用。

1. 协同筹资策略

协同指协调两个或者两个以上不同资源或者个体，协同一致完成某一目标的过程或能力。体育社会组织协同筹资指以体育社会组织为主体，选择某一个需要资助的主题活动，协同当地政府、企业、媒体和群众，集中资金、物资和人力资源共同完成活动。例如，某协会协同企业、政府、媒体资助边远山区运动器材和运动服装等，由该协会牵头，政府政策支持，企业出资，媒体报道协同完成，以达到协同筹资的最优效果。一是各自以有限的资金、物资或人力资源投入，取得项目最大的效果，各自充分发挥己方资源的作用。二是由于有政府、群众和媒体的参与，可避免贪污、浪费、挪用公款等问题的出现。

2. 负债筹资策略

负债筹资是指企业以自有资金为基础，为了维系企业的正常营运、扩大经营规模、开创新事业等，产生财务需求，发生现金流量不足，通过银行借款、商业信用和发行债券等形式吸收资金，并运用这笔资金从事生产经营活动，使企业资产不断得到补偿、增值和更新的一种现代企业筹资的经营方式。负债筹资的方式主要有银行借款、发行债券、融资租赁、商业信用等。[①] 体育社会组织在面临项目大、任务重、时间短、资金短缺的情况下，为了实现组织的目标或完成某项活动任务，在没有违背现行政策法规的前提下，可以采用负债筹资。银行借款、融资租赁、发行债券、商业信用这几种方式应用于社会组织领域（如民办医院、民办学校等）则较为常见，在体育社会组织领域中也主要应用于体育类民办非企业单位组织，而体育社团则较为少见。例如，民办体育运动学校在场馆、校舍建设方面，由于资金不足无力承担基本建设，则可采用"融资租赁"等筹资方式。

3. 权益筹资策略

权益筹资是指以发行股票支付股息的方式筹集资金。权益资金是企业投资者的投资及其增值中留存企业的部分，是投资者在企业中享有权益和承担责任的依据。体育社会组织适用于《民间非营利组织会计制度》，须遵循"非分配约束"原则，其属性为非营利性和公益性，因此体育社会组织权益筹资难以执行。这种筹资策略需要解决投资人的回报和组织的宗旨问题。欧洲国家有些非营利组织的做法，是在组织不受投资人控制和影响下，可

---

① 李海波、刘学华. 企业管理概论［M］. 北京：立信会计出版社 .2011，第304页 .

以在保证组织公益性的前提下，在留足组织正常运行所需经费之后，再将适量的盈利分配给投资人。这种做法可以解决具备潜力的社会组织资金短缺的问题，但要处理好资金成本较高、控制权容易分散、投资人回报和组织宗旨等相关问题。国内权益筹资在社会组织领域（医院、学校）也有应用案例，体育社会组织可以借鉴并结合实际情况利用权益筹资策略进行筹资。

4. 社会筹资策略

为了解决资金短缺的问题，社会组织领域开始借鉴商业方式筹集资金，即开始建立与组织目标相关的企业，一方面期望达到经费自主，另一方面实现使命及愿景，这种新的组织形式被称为社会企业（social enterprise）。社会企业是指企业主要追求的是社会目的，其盈利主要用来投资于企业本身或社会，而非为了替股东或企业持有人谋取最大利益。社会企业具有以下特征，一是社会企业在形式上是一个企业，具有企业的一般特征。二是在经营上采取商业经营的模式，自负盈亏。三是具有明确的社会目标（如社会福利、社区发展、环境保护、社会救助等），其经营目的是为了实现其社会目标。第四，社会企业的经营收益用于其社会目标或用于社会企业的发展，而不在出资人中进行分配。目前社企筹资策略也较为广泛用于体育社会组织领域中，尤其是体育类民办非企业单位。如广西某户外运动俱乐部注册是体育类民办非企业单位，由于资金问题业务范围受到限制，为了更好地实现组织的目标，建立了与该组织目标一致的公司，其营业范围得到了广泛拓展，由于商业化运作效益大幅度提高，最终实现了推广户外运动等目标。社会企业是一种创新理念、创新精神在社会组织领域的新体现，是一种崭新的组织形式，是社会组织筹资的新方向、新渠道，值得在体育社会组织领域大力推广。

四、项目管理能力建设

（一）体育社会组织项目管理的涵义

体育社会组织的项目管理是指通过合理充分利用财力、物力、人力、时间和信息资源，通过规划设计，组织实施，领导和控制，监督和评估过程，实现具体目标，开展一系列活动。每个组织都有不同的项目管理方法和程序，但其目的是一致的，即优化项目资源的使用，加强项目活动的管理，以利用有限的资源实现项目目标和组织目的。

(二) 体育社会组织项目管理的内容

社会组织项目管理过程包括：项目发起、计划、实施、控制和结束；项目具体的管理内容有：项目综合管理、项目成本管理、项目质量管理、项目采购管理、项目人力资源管理、项目范围管理、项目时间管理、项目沟通管理等内容。[①] 本节主要从项目的策划与设计、项目的实施管理、项目的评估管理几个流程对体育社会组织的项目管理作以下介绍。

1. 项目的策划与设计

项目的策划主要考量项目是否符合组织宗旨、是否满足目标群体的需求，是否符合资助者需求等宏观因素。项目的设计是项目的具体计划，内容主要包括：

(1) 项目目标

是指实施项目要达到的一个或多个预期成果。项目目标可分为短期目标和长期目标等。

(2) 项目范围

是指项目实施范围的界定，如实施地点、实施人群等。

(3) 项目内容

具体内容的设计是项目设计的核心部分。需要针对项目目的、项目对象、相关环境等进行细致和周全的考虑，并条理清晰地在计划书中呈现。除具体活动内容、顺序等，也要包括对活动风险的分析和评估，制订预警机制等。

(4) 项目日程

是指项目的时间进度，如：项目启动时间、项目周期、各阶段时间计划等。

(5) 项目预算 (财、物等)

是项目实施过程中所需要的经费设计和所涉及的场地设施设备等的计划。如：交通费、通讯费、食宿费、资料费、会议费、劳务费、管理费、场地设施设备的购买、租赁、使用及相关费用，不确定费用等。

(6) 项目人员

主要是指项目运行中所需要的人员安排和工作分工。

2. 项目的实施管理

项目的实施管理主要包括这样几个环节：

---

① 　齐中英，朱彬.公共项目管理与评估 [M].北京：科学出版社，2004，第89页.

（1）项目启动和计划

项目启动阶段通常需要对相关参加人员的培训，制订详细的实施计划和开展相关准备工作。

（2）项目的组织实施

明确项目的管理分工或管理组织，有序高效推进实施计划的过程。在执行过程中信息发布等工作也开始运转。

（3）项目控制与管理

项目运行是指对项目的进度、财务、信息、风险因素等进行监控管理的过程。如：定期汇报进度、进度报告书、项目运行中的采购控制、通过财务制度进行财务监管、信息的沟通、对项目中的风险因素进行防控等。

3. 项目评估

社会组织项目评估是社会组织项目管理的重要内容，贯穿社会组织项目管理过程的始终。体育社会组织的项目评估就是对项目的实际情况、实际成效与设定目标等进行对比、分析，找出差距、原因等的过程。

（1）项目评估的类型

由于项目管理过程的不同，可将项目评估分为形成评估、过程评估、效果评估、前置评估和总结评价。前置评估是对项目酝酿阶段和策划的评估。形成评估是对可行性报告的评价和再审视，也是对项目论证和计划阶段的评估。项目完成后的评估则是总结评估和效果评估。按照评估主体的不同可以分为项目中标方的自我评估、项目资助方的评估和项目服务群体的满意度评估等。

（2）项目评估的主要内容

国内学者一般将社会组织项目评估分为5个方面的维度，即项目可行性评估、项目的经验与存在问题评估、项目的社会影响评估、项目的效果与效率评估和项目的持续性评估。不同社会组织项目评估的基本维度是基本相似的，由于项目的性质、规模、项目类型、项目目标、收益对象、评估目的等因素的不同，那么项目评估的内容和具体指标也会有所不同。体育社会组织项目评估的内容通常是指针对不同项目类型，根据不同评估目的等设定的项目评估框架和指标体系的总和。

（3）项目评估方法

体育社会组织项目评估方法是由评估框架、评估指标体系、评估规则、评估技术和评估工具组成的体系。

评估框架和评估指标体系决定评估的项目标准和内容的总体形式。项目评估常用的几类指标包括：投入指标，项目中投入的人力、物力和财力等指标。产出指标，通过项目投入直接获得的结果。结果（效益）指标，通过项目产出所达到的效果。效率指标，每一个单位的投入所导致的产出。质量（满意度）指标，目标群体的满意程度。[①]评估规则设定评估的逻辑、顺序、原则和流程。评估技术和工具则提供评估的操作性手段和技巧。

项目管理的方法是多种多样的，在实践中需要根据项目评估的对象、主体和目的有针对性地加以选用。

五、战略管理和公信力管理能力

（一）体育社会组织的战略管理

1. 体育社会组织战略管理能力

体育社会组织的战略管理能力是指组织进行使命、愿景和战略规划的能力。通过战略管理能够使体育社会组织明确行动纲领、阶段任务和发展目标，认清组织的优势劣势，推动组织创新，同时通过战略管理有利于达成共识，凝聚团队和形成组织文化并树立组织的愿景，使所有成员共同拥有并分享，唤起成员的奉献精神，并充分调动起参与活动的积极性和创造力，使整个组织充满活力。

2. 体育社会组织战略管理程序与内容

体育社会组织战略管理主要包括准备、战略规划、战略分析、战略监督、战略实施与评估等阶段。

（1）准备阶段。准备阶段主要包括：组建战略规划委员会，确定规划程序与进度安排，进行战略规划动员等。

（2）战略分析阶段。战略分析阶段主要进行资料的收集、整理与分析组织的内外部环境。

组织内部环境分析：包括服务对象的需求与满意度、管理层工作效率、财务管理、信息管理、分支机构或会员情况、项目绩效、组织文化、人力资源管理制度与工资福利、专业化程度等。

组织外部环境分析：社会组织所在的外部环境的动态分析旨在捕捉主要外部因素的变化趋势，使组织适应环境变化，并经常使组织有利于实现组织的目标。环境分析主要包括：活动专业领域发展、主要服务和潜在服务团体、竞争对手和合作伙伴、政治、社会、文化、经济、科技、监管等发展变化。

---

① 王思斌. 社团的管理与能力建设 [M]. 北京：中国社会出版社，2003，第48页.

（3）战略规划阶段。战略规划阶段是指形成组织战略计划的阶段。体育社会组织战略规划内容包括：第一，关于组织的宗旨、任务与愿景的讨论。宗旨是社会组织的终极目标和根本方向；任务是社会组织为实现其宗旨所应采取的主要方法；愿景是对组织要达到的一个理想境界或蓝图的展望。第二，关于组织发展中期目标的讨论。重点是明确组织在未来3~5年具体优先发展的方向和目标。第三，关于组织策略与行动方案的讨论。明确组织在未来3~5年内采取的行动策略，即在目标、资源和方法之间找到最佳组合；行动方案则是在行动策略指引下为达到社会组织目标而采取的具体步骤和方法。第四，分析内外部相关环境的可能变化。第五，完成战略规划书。战略规划书的内容至少要包括宗旨、简史、愿景、任务、中期目标、策略和行动方案等。

（4）战略实施阶段。实施战略规划是战略管理的关键。实施战略一般主要包括战略发动、制订行动计划、组织准备、资源准备、战略实验、全面实施、战略控制等环节。

（5）战略评估阶段。战略评估是依据一定的标准和程序，判断战略实施的效益、效率、效果及价值，并将其作为决定战略变革、战略改进和制定新战略的依据。

（二）体育社会组织的公信力管理

1.体育社会组织公信力的含义

公信力是社会组织的安身立命之本。体育社会组织的公信力是指组织获得社会公众和利益相关者认同、认可、信任的能力。

2.体育社会组织公信力建设管理途径

（1）完善体育社会组织内部治理结构和行业自治体系的建设。我国社会组织存在的问题包括体育社会组织总体上发展不成熟，许多组织内部的治理结构、管理制度和监督机制不完善，运行中容易忽视服务对象和相关利益群体利益的情况。需要建立形成董事会、理事会（委员会）、监事会、会员（代表）大会相互制约又协同增效的治理机制。建立完善内部规章制度，形成较为完善的领导机制、决策机制、财务机制、人力资源管理机制、资产管理机制等，对于体育行业性组织会来讲，加强行业内部自律机制和自治体系的建设非常重要。自律机制包括：建立行业标准，建立行业内行为规范以及通过许可、认证、行业评估等进行行业内部管理。

（2）搭建对内对外的信息服务平台，建立良好的信息公开制度，注重运行的公开与透明。公开透明运行是非营利性组织获得社会公众、会员及服务对象、捐赠人、资助者等信任和组织公信力的重要保障。通过互联网、

移动平台、报刊、信函等多种途径搭建对会员及服务对象、捐赠人、资助者、社会公众等的信息服务平台，建立起各类信息公开制度，如：定期发布组织运行中涉及的资金、捐赠物资、项目运作、成效等多方面信息，是非营利组织主动接受社会各界的监督的一个渠道，也是非营利性和获得公信力的重要保障。

（3）遵守体育社会组织的宗旨和公益目标，保障公益项目高效率运行。合乎法律法规是社会组织公信力的法律底线。体育社会组织要依法设立、依法运营、依法管理和依法监督。运行中，诚实、守信、透明，反对隐瞒欺诈、反对伪劣假冒、反对弄虚作假。保守组织宗旨，高效率开展各类公益营销和公益性服务，也是树立组织公信力，履行组织使命的重要保障。

（4）评估和公开评估信息。社会组织的评估包括社会组织作为项目承担方自身所做的第一方评估；项目资助者或者项目委托方对社会组织所做的第二方评估，还有为独立于社会组织又独立于社会组织委托方的，具有法定权威的，由社会中介组织所做的第三方评估。体育社会组织可以定期开展各类评估并公布评估结果，树立组织公益形象和公信力。

第三章

国外体育社会组织建设与管理借鉴

第一节 国外体育非营利组织的功能作用

一、国外非营利组织的概念界定

在当今非营利组织崛起与政府管理改革的大背景下，体育协会、体育俱乐部、体育基金会、草根体育组织等多种形态的体育非营利组织活跃在世界体育舞台上，已经演变为体育社会管理中的重要力量和自组织形式。尽管这些组织形式有别，名称各异，但却有着一些共性，这些组织不同于政府行政部门，与追求利润最大化的企业相去甚远，我国研究者们习惯上对这些组织有过"民间体育组织""群众体育组织""大众体育组织"等称谓，本文将国内这类组织统称"体育社会组织"，对国外该类组织沿用国际上的习惯定义为"体育非营利组织"。

(一)非营利组织的界定

非营利组织总体上是指在政府部门和以营利为目的的企业之外的一切志愿团体、社会组织或民间协会。非政府组织、志愿组织、第三部门、公民社会组织、民间组织、公益组织等都是比较接近的说法。学界对非营利组织的定义多有讨论，但还未有一个明确的定论。

目前对非营利组织研究较多采用美国霍普金斯大学萨拉蒙（Salamon）教授对非营利组织的定义。他认为非营利组织运作应符合以下五个特点。

①组织性，即实现一定程度的制度化。

②私有性，即组织与政府在制度上相分离。

③非营利性，即组织不向其经营者或所有者提供利润。组织资金的运用符合组织宗旨，必须将每年的盈余积累起来，而不是分红给管理层、组织成员或组织的创立者。

④自治性，即基本上独立处理各自的事务。组织必须能够在很大程度上控制自己的活动，拥有自己的内部治理程序，并享有相当自治权。

⑤自愿性，即可以接受一定程度的志愿者参与。

联合国的国民经济核算体系将经济活动划分为五大类，即金融机构、非金融企业、政府、非营利组织、家庭。从组织的资金来源来看，非营利组织的大部分收入不是来自以市场价格出售的商品和服务，而是来自其成员缴纳的会费和支持者的捐赠。如果一个组织有一半以上的收入来自市场

价格销售就是营利部门，而一个组织的资金主要依靠政府的资助则是政府部门。

(二) 体育非营利组织的界定

在国内外现有的相关文献中鲜有对于"体育非营利组织"的定义。多数人在研究和实践中都是直接使用非营利组织的普遍特性加以体育化，以此界定体育非营利组织。体育非营利组织可以理解为是从事体育事业，力图推动体育事业发展的一类非营利组织。

二、国外体育非营利组织发展情况

20世纪后半叶，体育非营利组织作为一种社会力量，推动大众体育向全球纵深发展。发达国家大众体育的发展过程，是自下而上的方式，由各种组织直接提供体育服务，自发覆盖至全社会。大量志趣相同的人们志愿组织起来的体育非营利组织构成了西方发达国家大众体育服务的基石。同时，体育运动全球化也推动了体育非营利组织的进一步发展。

(一) 美国

美国的体育社团组织十分发达，在美国体育运动的初期，只有少数组织管理体育运动。到20世纪中期，相继成立了许多协会、俱乐部和联盟。它们参与人们的各种体育运动，如校内和校外的、业余和职业的、各个年龄段的，以及各个级别的，州、地区、国家和国际的。正是这些体育社团的强大作用，才使得美国体育得以很好地发展。例如，遍布美国各地的足球俱乐部，由社区足球俱乐部的初级足球运动开始，到各种不同年龄、不同水平的选拔队，然后进入大学的足球队，再发展到全国性的专业足球俱乐部，从而形成非常专业化的组织网络。据不完全统计，美国注册的俱乐部已达2万个以上。

(二) 英国

体育俱乐部是大众体育开展最基本最有效的组织单位，它对体育人口稳定和发展有很大的影响。资料显示，英国约有15.1万个体育俱乐部。英格兰体育人口调查（2010~2011年）显示，英格兰有960万名16岁以上的人是体育俱乐部会员，约占总人口的22%。总的来说，俱乐部会员人数在增长，尤其是青少年会员。英国体育俱乐部类型多样，有单一项目的俱乐部，也有综合型俱乐部。

英国的体育俱乐部绝大多数是非营利性的，经费主要来自会员会费以及政府和体育理事会的资助，也有少量社会捐助和商业赞助，不到1/5的俱

乐部拥有社交场所，如酒吧或餐厅，也是俱乐部经济收入的来源之一。英国的体育俱乐部一般没有自己的体育场地，大多是租借或免费使用学校、社区的体育设施，其中有 1/4 使用学校的设施。全国约有 600 万名体育俱乐部工作人员，占成年人口的 15%，他们接受过相关体育协会的专项培训，基本上都是兼职和义务的，没有或只有极少报酬。

在英国，也有一些单项体育俱乐部是商业性的，俱乐部设有董事会，有专职的经营和管理人员，拥有自己的场地，环境更好、设备更完善，商业俱乐部对基层社区体育俱乐部是一种有益的补充。

英国开展社区业余体育俱乐部计划始于 2002 年，通过减免地方业余体育俱乐部 80% 的强制性税收等一系列免税措施，确保每个人都能够接触到社区体育场所与设施。节省的经费用于体育活动，全方位改善了体育俱乐部的设备设施。

(三) 德国

俱乐部是德国体育的基础，在体育发达国家中很有代表性，自 1816 年德国成立第一个体育俱乐部以来，经过近 200 年的发展，到 2012 年在全国范围内已经有体育俱乐部 91 080 个，会员达到约 2 700 万人，约占德国总人口的 33%。

当前，体育俱乐部依然是德国民众参加有组织体育活动的最主要场所。

除体育俱乐部外，德国还有众多其他的大众体育活动组织形式，如中小学体育活动、教区的体育活动、企业中的体育活动、医疗保险公司的体育活动、商业性体育俱乐部的体育活动等。特别是以营利为目的的商业性体育俱乐部的崛起成为德国大众体育近几年发展的新特点。目前有 12%—13% 的德国群众会在这种商业性健身俱乐部里进行体育锻炼。商业性体育俱乐部虽然收费较高，但环境和服务相对较好，锻炼时间也可以自己灵活掌握，已经吸引越来越多的民众加入。

(四) 韩国

韩国民间单项体育俱乐部数量从 2002 年的 5 万个发展到 2010 年近 10 万个，会员占总人口的比例从 3% 上升至 6.3%。人们最喜爱的大众体育动项目为足球，约 46 万人参加足球俱乐部的活动，第二位是保龄球，俱乐部会员有 22 万人。在全国开展 500 多个 "大众体育广场" 项目，每周末进行娱乐性足球、门球、篮球等比赛，创造了 545 万人参与的最高使用率。

(五) 澳大利亚

日益壮大的体育俱乐部已经成为澳大利亚开展大众体育运动的基本载体。体育俱乐部不仅鼓励更多的人参加体育锻炼，而且提供了很多就业机会和奉献社会的机会。澳大利亚成千上万的志愿者、教练、官员和管理者共同促进了俱乐部的发展。澳大利亚有110个社会团体，5万多个各种俱乐部，其中有60%—70%分布在乡村地区。

澳大利亚于1999年推出了《俱乐部与协会管理计划》（CAMP），目的是通过改善俱乐部与协会的运行情况，改善体育健身活动的环境。

（六）日本

日本的体育俱乐部经营状况良好，商业化程度高，体育健身事业稳健发展。据统计，大约有20%的国民是体育俱乐部会员。1995年，文部省开始实施"综合型社区体育俱乐部"试点事业，对审批合格的俱乐部提供三年的经费补贴。"综合型社区体育俱乐部"是以社区居民为主体的体育俱乐部形式，与社区紧密结合，便于居民利用身边就近的学校或公共设施开展日常体育活动。不仅有利于终生体育社会的实现，也为孩子们提供了体育活动场所，有利于增进家族融和及各年龄层居民的交往，从而促进青少年健全成长，对社区居民维持增进健康具有多种效果。这种模式实际上是将欧洲各国流行的会所式（Club House）体育模式引进日本。政府期待综合型体育俱乐部通过创造各式各样的体育活动机会，活跃社区体育活动，加强社区居民间的联系，逐渐发展为社区的核心。至2010年，全国各市町村至少建立1所同等级别的综合型体育俱乐部。

2012年，日本全国综合型社区体育俱乐部数为3 396个，俱乐部创建率为78.2%。

（七）加拿大

加拿大目前已注册的社区体育组织共有33 650多个，由于数量较多、分布较广，联邦政府在管理和有效传输体育信息方面存在着困难。同时，加拿大有110多种体育活动，体育项目多数是根据自身的资源、兴趣爱好等开展的。部分社区体育俱乐部有自己的规章和制度，但有些是自定的，没有联邦和州政府的指导，因而决定了社区体育组织的目标多元化。由于有自己的运作方式和多年的经营经验，联邦政府和州政府的体育政策很难在社区体育组织中实施和推广。

三、国外非营利组织在体育服务中的作用

20世纪70年代，在"全球性结社运动"在经济和社会各个领域发生的同时，西方发达国家也发生了一场声势浩大、意义深远的政府管理改革浪潮。由于发达国家面临政府职能不断扩张的困境，政府改革需要解决"该

管什么，不该管什么，怎么管"的问题。这些改革使国家开始重视在公共服务领域寻求政府以外的新的力量。非营利组织的蓬勃发展，推动了人类社会治理从管理到合作治理的重大转变。而"推动和完善公共服务"这一共同根本理念与目标将非营利组织与政府联系到一起。

(一) 提供体育服务的功能

服务功能是非营利组织安身立命之本。在西方体育发展的历史中，体育作为公民自身的娱乐爱好，曾经是政府不介入的一项事务。长期以来都是民间的体育团体和组织在提供有限的体育服务。但是随着社会经济文化的发展，第二次世界大战结束以来体育运动对国民健康身体素质的重要意义被越来越广泛地认识，各国政府对于体育事务加大了投入，加深介入，逐渐呈现政府垄断体育公共服务的供给，以满足国民的体育需求，极大地促进了本国体育事业的发展。但是，随着信息时代的到来，使得人们对体育服务的需求呈现出多样化的趋势，政府提供的公共体育服务已经难以满足公众需求，政府难以完全承担公共体育服务。政府引进社会力量参与到体育公共服务的供给中来已经势在必行。体育非营利组织虽然无法完全替代政府的作用，但其专业性有利于体育社会组织向社会提供公共体育服务，这一独特优势可以补充政府在公共体育服务上的不足。

(二) 整合资源的功能

体育非营利部门可以集合大量社会资源参与到公共体育服务中来，影响到体育服务资源的供给；同时，可以配合政府部门参与到社会体育资源的分配中来，从而达到整合体育服务资源，提高公共体育服务质量的效果。

(三) 参与影响公共体育政策的功能

在发达国家，体育非营利组织经过多年发展，已经不仅是服务提供者，也是代表部分人群的利益诉求，影响公共体育政策，成为社会治理的主体之一。公共体育政策不再由政府体育行政部门单方面制定，随着社会的发展，体育非营利组织可以通过各种合法的组织途径，向政府传达民众需求，提出意见和建议，配合政府制定和改进公共体育政策。

第二节　国外体育非营利组织的相关政策

一、体育非营利组织登记管理

(一)异议原则与登记原则

非营利组织有合法和非法之分。非法的非营利组织在很多情况下无法在社会上正常运转,更无法享受来自政府的优惠政策。因此,合法性是大多数非营利组织要应对的实际问题。从根本上讲,非营利组织的存在及其合法性来自公民的结社自由,但这不等于公民成立的所有非营利组织都具有合法性。[①]非营利组织获得合法性取得法人资格与优惠纳税待遇有以下几种方式。

①遵循异议原则的认证制度。是指组织创办时不需要任何许可,只要符合法律程序且没有异议,则被视为合格的非营利组织。在遵循该原则的国家,成立非营利组织不需要任何许可,政府对非营利组织采取完全放任的态度,也不对组织成立制定标准。只有当非营利组织向政府申请税收优惠或政策优惠的时候,政府的相关机构才会对非营利组织的免税资格进行审查。

②遵循登记原则的资格准入制度。是指组织成立要得到政府相关部门批准和登记,并向该部门证明它已具备条件。不具备条件的组织无法得到成立许可,得不到登记的非营利组织被视为非法组织。这一形式将非营利组织的存在和合法性的获得完全控制在政府管理之下。

③混合形式的合法化方式。是在一些发达国家既存在非营利组织许可准入制度,也有对非营利组织的免税认证制度。这些国家对普通非营利组织采取放任态度,结社自由得以保障。但与此同时,针对一些特殊的非营利组织,如政治、医疗、教育、公益服务等关系到民生及社会稳定的领域则相应采取一定程度的制约。

---

① 廖鸿,石国亮,朱晓红.国外非营利组织管理创新与启示[M].北京:中国言实出版社,2011,第106页.

(二) 成立登记、变更登记和注销登记

①成立登记。在通常情况下，在需要批准登记成立非营利组织的国家，都会制订组织成立的基本条件。非营利组织发起人或者筹备小组的负责人根据相关部门的要求向登记管理机关提出申请，并提供必要文件。

②变更登记。非营利组织成立后发生的法律人格、组织机构、活动范围、特别是组织章程和活动方式等涉及登记事项的重要变化，必须要接受登记管理机关的审查并办理变更登记。有的国家把组织的重组与合并也视为变更。

③注销登记。非营利组织终止活动，管理机关经过法定程序取消其法律资格时，要执行注销登记程序。非营利组织的注销可能是自由解散，也可能是非意愿解散。有的国家法律规定组织的重组和合并也应办理注销登记。

二、体育非营利组织的税收优惠

(一) 税收优惠的分类原则

根据非营利组织本身不同类型适用不同的税收政策，不同性质的组织活动享有不同程度的税收优惠。这样既能鼓励非营利组织的发展，同时也能保障国家税收，防止非营利组织借"非营利"之名谋取私利。[①]

(二) 各国体育非营利组织税收优惠政策

各国对体育非营利组织都有相应的税收优惠政策，但享受优惠的范围和程度差别较大。税收优惠政策主要体现在两个方面，一是对非营利组织自身的课税规定及纳税优惠，二是向非营利组织捐赠的个人、公司或其他组织的纳税优惠。

①美国联邦法典第26卷《国内税收法典》第501条规定了25种类型的机构可以免联邦所得税，体育非营利组织适用第501条中"促进国内与国际体育事业的组织"这一项。联邦所得税法中所指的"免税"或"免税地位"并不是免除一切所得税，对不相关的商业收入、私人基金组织的净投资收入、社会俱乐部非成员收入等是要征收所得税的。在大多数情况下，州法律在免税方面参照联邦法律。

美国联邦所得税法除给予体育非营利组织免所得税等规定外，还规定

---

① 廖鸿，石国亮，朱晓红. 国外非营利组织管理创新与启示 [M]. 北京：中国言实出版社，2011，第106页.

了向符合《国内税收法典》第501条规定的机构捐赠时，不论捐赠现金还是物品，捐赠人可享受减免一定的所得税。享受这一优惠的捐赠人可以是个人、公司或信托公司。这些减免额是在计算应纳税所得额之前从净收入中扣除的。

②日本的非营利机构主要类型有公益团体、私立学校团体、社会福利团体、宗教团体以及医疗团体。对应不同类型的非营利机构，其税收优惠政策也不同。体育非营利组织适用于公益团体的税收政策。

日本《团体税法实施条例》规定，对从事公益活动的非营利组织给予较优惠的待遇，对公益团体免征团体所得税。但是对非营利组织从事营利活动所得的收入要征收所得税，税率低于营利性公司的37.5%。该条例还规定，如果该营利性收入用于公益活动，对公益团体这些活动的收入将减免所得税，税率可降到20%甚至更低。对公益团体来说，还可免除对它们的受赠基金和获得的红利、利息征税。

在日本向体育非营利组织捐款属于对"增进公益的专门团体"进行捐款，适用于《所得税法》中"公益捐款"的条例，个人捐款者可从应纳税所得额中扣除捐款，公司团体捐款可按一定限额打入亏损金。

③法国《总税收法典》中第206条第一款规定，符合非营利组织规定的体育非营利组织享有公司所得税方面的减免政策，但在不动产和投资收入方面仍按一定税率缴纳资本受益税。根据《总税收法典》规定，体育非营利组织属于"社会福利、教育、文化和运动组织"的可免增值税。所有这些免税条件中很重要的一点是该组织的管理者不能直接或间接为本组织的创立者、领导者或会员谋取物质利益。

对体育非营利组织捐赠，纳税人可享有相应税收优惠政策：个人捐款，捐赠款的40%可抵付税款；公司捐赠给非营利组织协会或公共组织基金会总额达到年营业额0.3%的公司，可以享受税收减免。

④在德国，非营利组织免税是由当地税务局批准的，非营利组织的目标或目标的改变以及解散也必须经当地税务局同意。体育非营利组织因符合"支持青年活动、老年活动、公众健康、福利和业余体育运动"的公益目标而享受税法通则规定的免税资格。

具有公益目标资格的非营利组织一般可以免除法人所得税。非营利组织在继承遗产后，它们的免税待遇可持续10年，还可免除遗产税和捐赠税。

对于向非营利组织捐赠的个人和团体都可以依法要求税收减免。这种减免的形式是从税收前收入中按一定比例进行扣除。

⑤俄罗斯联邦法律承认对非营利组织广泛的税收优惠，尤其在企业所得税、增值税和企业资产税方面。对于被确认的非营利组织，自动获得免税

资格。除了来自商业性活动的收入外，非营利组织其他收入通常免除所得税。个人、企业以及团体向非营利组织捐赠都享受一定的减免所得税优惠。

三、体育非营利组织的个人利益限制

非营利组织的一个基本特征就是"无利润分配"，即不向管理非营利组织的个人分配利润，而是将所有利润都用于组织的发展。有关法律对个人利益进行限制的目的是为了确保非营利资产用于公共而非个人，并保证非营利组织的纳税优惠待遇。法律对非营利资产的使用加以限制也是为了维护公众对非营利组织的信任和支持。通常各国的法律允许非营利组织资产用于与组织宗旨一致的相关活动和向其工作人员支付工资，有些法律甚至还允许给理事会成员支付工资。但法律严禁把非营利组织的资产或利润分配给个人，把公共目的转向私人目的。

第三节　国外体育非营利组织的运营管理

一、国外体育非营利组织的结构模式

(一) 德国体育联合会模式

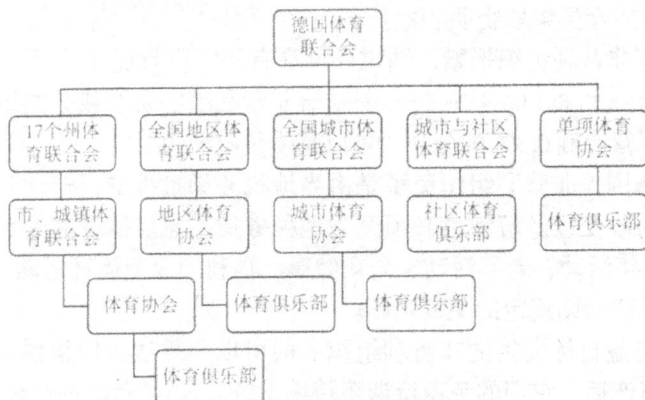

图 3-1　德国体育联合会组织结构

（二）日本体育协会模式

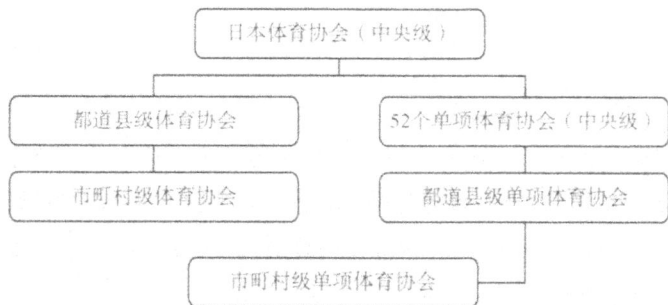

图 3-2　日本体育协会组织结构

（三）国际单项运动联盟模式

单项运动联盟模式以英国自行车联盟为例。

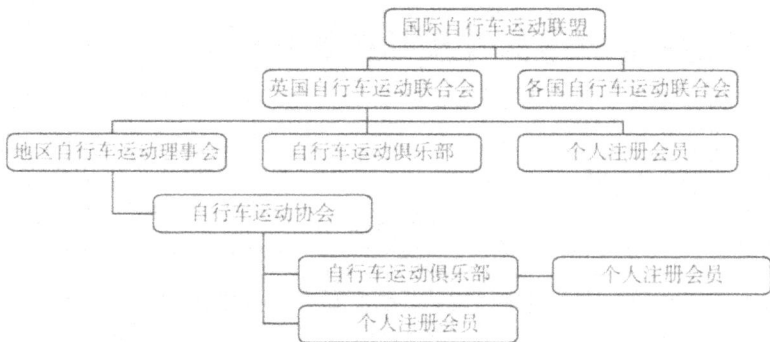

图 3-3　国际自行车联盟组织结构

在一般情况下，国外各级体育联合会和体育协会之间不是领导与被领导的关系，而是技术指导和业务合作的关系。俱乐部与体育协会之间也不是被领导的关系。所有体育组织甚至大众体育参与者之间最根本的关系就是注册机构与注册会员之间的关系。个人既可以是单项体育协会的注册会员，又可以是俱乐部的注册会员，个人与俱乐部可以同时是同一个单项体育协会的注册会员；俱乐部可以同时是单项体育协会、综合体育协会、体育联合会的会员；单项体育协会既可以是单项体育联合会、又是综合性体育协会的会员；等等。所有这些会员与注册机构之间的关系就是靠相关体育组织的章程维系，会员享有章程规定的权利，也承担章程所规定的义务。

有的国家要求俱乐部必须在相应的体育协会注册，通过资格鉴定，保

证执行单项协会的章程。

二、国外体育非营利组织的经费来源

(一) 政府的资助和补贴

国外体育非营利组织最重要的资金来源就是政府的资助和补贴。政府对体育组织的资助形式是多样化的。政府财政在对体育事业的直接拨款中，有一部分是流向各类体育组织。在英国，各类体育组织要获得政府或公共体育组织的资助和拨款，应履行严格的申请手续，并经过严格的业绩评估、管理评估和财务审查。地方政府向体育基础设施投资，为体育非营利组织提供活动场地。在德国，俱乐部可以免费或者以很低的价格使用体育场馆。政府和体育非营利组织之间经常形成合作的伙伴关系，政府向体育非营利组织购买体育公共服务，体育非营利组织从政府处获得资金支持。

(二) 公共机构的资助

在部分体育活动自治性较高的国家，政府在体育运动中所起的作用相对有限，对全国体育运动进行协调和管理通常是一个或几个公共管理的、非政府的体育组织，如德国的体育联合会，意大利的意大利奥委会等。以意大利奥委会为例，意大利奥委会为意大利与公共事务有关的具有民间社团性质的全国性单项体育协会支付员工薪水，资助这些民间社团各种活动。它有独立活动的自主权，能够向其他体育组织提供充足的经费和服务。体育信贷所是另一个可以对意大利国内体育活动进行资助的公共机构。这一机构是一家专门进行体育投资的公共专业银行，以投放中、长期贷款为主。

(三) 体育博彩行业提成

"慈善博彩"是非营利组织获得资金的一条重要途径。法国、意大利、韩国、日本等多个国家都有专门的体育福利性彩票、体育博彩行业。韩国体育彩票公司曾与韩国残疾人体育协会签署了正式赞助合同，每年资助残疾人体育协会数亿韩元用来开展残疾人体育活动。日本体育振兴彩票在2002~2012年共资助体育事业约12 000件，资金额达到571亿日元。

(四) 来自个人或企业捐赠

私人或企业捐赠的形式是多样的，有资金捐赠，如现金、投资收益等；有实物捐赠，如家具、电器、办公用品等；有技术支持，如专业技能培训、管理咨询等；有服务性支持，如志愿者服务等。

(五) 组织成员缴纳会费

会费收入是互益性体育非营利组织主要的资金来源之一。如美国和加拿大很多社区体育组织的经费来源是依靠会员交纳的注册费。体育组织策划和参与活动的经费也经常由组织成员自行筹措。

(六) 经营性服务收费

体育非营利组织还可以通过提供特定服务，向服务对象收费来获得资金。一些运作相对成功的组织，其经营性服务收费所占比例更高。

三、国外体育非营利组织的运作案例

(一) 德国奥林匹克联合会

德国奥林匹克体育联合会 (以下简称德国奥体联，DOSB) 是统一德国各种形式体育运动的非政府组织，是代表德国大多数体育组织利益的核心组织。它成立于 2006 年 5 月 20 日，由德国体育联合会 (DSB) 和德国国家奥委会合并产生。德国奥体联拥有 99 个成员组织，其中包括 16 个地区的体育联合会，63 个全国性运动项目联盟和 20 个特殊体育协会 (如德国体育科学协会、德国高校体育协会、德国企业体育协会等)。

德国奥体联作为咨询和建议的平台，独立为其会员协会在组织、资金和专业化等方面提供服务，并在欧盟，德国联邦与州、市的相关社会、政治文化等领域代表成员利益。依据其章程规定，德国奥体联有责任维护、促进和进一步发展奥林匹克运动理念。它致力于在多方面促进奥林匹克教育，并通过体育传递人文价值。

德国奥体联的资金来源主要包含会员费、彩票收入和特许权销售等方式。此外，具体项目还可能得到联邦第三方基金资助；各州及城市和社区部门都会通过建设和维护体育设施等手段大力支持体育事业。德国高水平竞技体育是以德国内政部 1.3 亿欧元的体育预算作为资金支持。德国奥体联通过的《德国高水平体育运动规划》规定了高水平体育运动的指导方针以及发展和促进青年体育运动的理念。德国高水平体育运动组织结构总体上是分散的，政府和民间团体共同对全国 20 多个奥林匹克训练中心提供资助。

德国具有较为健全的体育非营利组织网络。体育俱乐部是德国体育组织的基本形式。俱乐部活动方式以单一运动项目为主，但目前开展多个项目体育活动的俱乐部日益增多。德国的体育俱乐部具有双重会员籍，它既是州体联的成员，又是运动项目协会的成员。确切地说，俱乐部作为一个整体是州体联成员，而俱乐部中的每一个项目又是单项协会的成员。德国

有1/3的人口活跃在各级体育俱乐部。2012年，在全德国范围内已经有体育俱乐部91 080个，会员达到约2 700万人，约占德国总人口的33%。这些遍布在全国各地，不同级别、不同规模的体育俱乐部在德国的体育发展中，尤其在大众体育方面，发挥了积极而有效的作用，上至六七十岁的老人，下至几岁的孩子都可以是体育俱乐部的会员。

德国政府也通过各种渠道，制定各种财政税收政策，为大众体育的发展提供便利。一是对非营利性的体育俱乐部和协会实行减税。减税意味着大多数俱乐部根本不用交税。体育俱乐部和体育协会的捐赠者可以要求减免个人所得税。二是俱乐部可以免费或者以很低的价格使用体育场馆。《德国奥林匹克体育联合会2011/2012体育运动发展报告》显示，德国有58%的体育俱乐部（52 600个）使用乡镇或学校的体育设施，其中有34%的俱乐部是免费使用公共体育设施，并且不需要给予任何回报（如维修等）。而需要以某种形式进行回报的约占42%，需要支付使用费的有将近45%。总体而言，俱乐部使用地方上的体育设施需要支付的费用或给予的回报较少，2008年平均每小时的使用费为4.62欧元。三是政府购买服务。近年来，德国政府多个部门纷纷与德国奥体联签订合作协议，通过政府购买服务的方式，推动本部门相关领域大众体育活动的开展。例如，德国奥体联目前正在实施的"借助体育促进融合计划"得到了德国内政部和移民与难民局的资金支持。德国奥体联与德国家庭、老年人、妇女和青年部的合作也很紧密，2013年1月15日与其联合启动了"家庭活动时间计划"，支持体育协会和体育俱乐部与家庭事务方面的社团组织合作，共同组织体育活动，满足目标群体——"家庭"的运动需求。计划得到了德国家庭、老年人、妇女和青年部的资助，为期两年半。

（二）法国体育协会

在法国体育运动的发展中，政府起到至关重要的作用。政府在体育运动方面的权力和任务以及对体育运动的组织和推广都有立法规定，政府把其中部分职能下放给得到国家承认的体育协会。法国实行政府与民间组织相结合的体育管理体制。法国城市、青年和体育部，法国奥委会及各单项协会共同对体育事业进行管理。

法国各大区、省的政府相关部门分别接受法国城市、青年和体育部的条块管理，同时接受大区和省的地方政府指导。该部的职能是负责全国体育事业的领导和管理工作，积极组织推动体育事业的全面开展。根据国家《体育法》和有关体育政策，该部与各社会体育组织进行广泛的体育合作，对全国的体育工作行使领导管理职能；各类体育协会有权负责组织开展各项体育竞赛与活动，接受政府的体育补贴和监督指导，培训高水平选手代表国家参加国内外体育赛事。

法国国家高水平竞技体育委员会是国家制订高水平竞技体育相关重大方针政策的咨询机构。它由法国城市、青年和体育部主管，成员包括国家代表、法国奥委会代表、高水平竞技运动员与教练代表、裁判员代表以及地方竞技体育委员会代表。国家高水平竞技体育委员会的工作范畴包括确立国家层面高水平竞技体育发展的政策方针；界定高水平竞技运动项目属性；确定各竞技运动专项的各项标准，以认定高水平竞技运动员、高水平教练员、高水平裁判、有潜力的青少年运动员和培训机构等；为高水平运动员、教练员、裁判等的规模控制提出指导性意见；确定奥运会等参赛选拔标准。

在政府体育组织方面，法国有 22 个大区体育局，下设 100 个省体育局，4 个海外省体育局。人口超过 2 万人的市镇都有自己的体育运动管理机构，这些机构组成了全国性的市镇体育管理协会。

法国的学校体育由教育部主管。原来国家教育部并没有将体育教育作为重点内容来抓，缺乏具体的发展目标、战略和实施步骤。从 20 世纪 80 年代开始，国家明确规定，体育教育由原先负责的法国城市、青年和体育部转为由教育部直接负责和管理。法国共有 35 000 名教师负责 1 200 万名学生的体育教育。为开展学校体育竞赛和训练工作，法国建立了学校体育联合会，这个群众性体育组织也受法国教育部门领导。教育部部长、各省市教育部门的负责人必须兼任学校体育联合会的主席。每所学校规定必须成立体育联合会，主席必须由校长担任。

法国发展青少年体育的工作是建立在俱乐部体制基础之上的。各运动项目的俱乐部数量有很大差别。例如，篮球俱乐部有 4 000 多个，而现代五项俱乐部仅有几十个。通常由体育教师和获得资历证书的退役运动员实施运动训练工作。少年儿童开始参加训练活动的年龄没有严格规定，例如参加游泳训练活动的孩子仅 2~3 岁，其他运动项目则可能从 10—11 岁开始。所有愿意参加体育活动的青少年都可以加入俱乐部。训练课时一般为每周1~3 小时（有的为 2~6 小时）。俱乐部大多数实行自负盈亏，但某些运动项目的俱乐部也能得到市政府的财政补贴。家长为孩子参加俱乐部活动而缴纳的费用，根据运动项目、训练次数、训练条件、孩子的年龄、家庭的物质生活水平而有所不同。选拔最有天赋的少年儿童参加进一步的运动专项化训练，主要依据各类测试结果和比赛成绩来进行。其中，最有培养前途的少年选手将被召人各地区的运动训练中心。

法国政府赋予体育协会组织体育比赛的责任，每一项体育运动都由一

个全国性的体育协会来负责。法国有体育协会130多个，这些协会大体上分为四类。一是奥运项目协会；二是非奥运项目协会；三是综合性协会；四是全国性的体育团体或联合会。协会的基层单位是俱乐部组织。各类体育协会在有关体育法规、政策范围内，开展各类体育活动，推荐和选拔该项目的优秀选手，负责训练、保障就业等。许多法国体育协会主要依靠政府的财政资助。政府从国家预算中拨款，给被国家承认的体育协会的全职员工提供薪水。

体育协会可以组织职业联盟运作协调职业体育运动。协会与联盟签署一个有约束力的合同，协会一方面作为控制法国职业体育运动的强有力组织，但又保留某种程度的独立性。职业俱乐部可以组成职业体育联盟，但是职业体育联盟必须在本项目的体育协会控制之下，而且职业联盟的职能是自治、非营利性的法人。在体育比赛开发方面，体育协会具有专有性的权利，可以决定在协会、联盟和俱乐部之间电视转播的收入分配原则。

（三）日本社区体育俱乐部

日本的体育俱乐部大致可以分为社区体育俱乐部、学校体育俱乐部、企业体育俱乐部和民间体育俱乐部四大类。20世纪70年代以前，日本的体育活动基本上是以学校运动部活动和企业俱乐部活动为主。进入80年代以后，人们对健身的需求上涨，民间俱乐部相继出现。1995年日本文部省（现为文部科学省）提出了建立"综合型社区体育俱乐部"的计划，开始大力扶植社区体育俱乐部。

日本社区体育俱乐部主要是以政府投资为主修建的体育设施，以设施附近的居民为参加主体的公益性体育组织，它是日本终生体育得以实现的最基层组织和关键所在，是日本社区体育运行的新模式。据统计，大约20%的国民是体育俱乐部会员。1995年，当时的文部省开始实施"综合型体育俱乐部试点事业"，对审批合格的俱乐部提供三年的经费补贴。"综合型社区体育俱乐部"是以社区居民为主体自主运营的体育俱乐部形式，与社区紧密结合，便于居民利用身边就近的学校或公共设施开展日常体育活动。不仅有利于终生体育社会的实现，也为孩子们提供了体育活动场所，有利于增进家族融和及各年龄层居民的交往，从而促进青少年健全成长，对社区居民维持增进健康具有多种效果。政府期待综合型体育俱乐部通过创造各式各样的体育活动机会，活跃社区体育活动，加强社区居民间的联系，逐渐发展为社区的核心。

日本的《体育振兴基本计划（2000年）》提出，为实现终生体育社会，成人每周进行1次以上的体育活动应尽早实现50%的目标。但近年来，由

于会员不足，活动场所难以确保等原因，部分俱乐部活动难以为继。2010年的调查显示，虽然已有个别地区在市町村建立了综合型体育俱乐部，但在全国只达到了71%。2009年，"综合型体育俱乐部专家会议"对今后综合型体育俱乐部振兴给出7条建议。

对日本"体育立国战略"提出具体措施。"在广域市町村圈（日常社会生活圈）的综合型体育俱乐部配备隐退后的优秀运动员等优秀指导员"，使社区居民在与优秀运动员接触过程中，提高对体育的兴趣，激发参加体育活动的热情，亦可作为运动员再就业的一种选择。旨在以独立的据点式俱乐部为中心形成的新型社区，其意义已经超越了教育委员会倡导的体育振兴，而形成"新公共"的概念。

关于综合型体育俱乐部设置问题，亦有不同观点，但其效果和社会影响事先没有实证加以确认。在没有严密、客观、科学根据的情况下，即作为国策出台，其效果和有效性自然难以预料。再则，如何与那些无法纳入综合型体育俱乐部范畴的单一项目的体育俱乐部、地区职业体育俱乐部相互合作协调，仍需进一步探讨。2012年，日本的全国综合型体育俱乐部为3 396个，创建率为78.2%。目前综合型俱乐部数量有增加的趋势。

日本"2012年度综合型体育俱乐部实态调查"显示，综合型体育俱乐部面临的主要问题是"确保会员数量""确保财源""确保指导员"。为确保会员数，扩大会费收入，要根据社区居民需求，提供多样化、品质高且具有魅力的计划内容是关键。为此，日本文部科学省在活动充实、基础较好的"定点俱乐部"配备高水平运动员等优秀指导员，正在研究能保证向综合型俱乐部提供有吸引力的体育服务的体制建设。

第四章

我国群众体育与社会进步

第一节　我国群众体育的发展战略与目标

现代体育是人们在自主意识支配下，通过身体运动对自身进行改造，使身心和谐发展的身体活动过程，其价值是促进人的全面发展。对群众体育进行管理，就是力求实现其价值，这也是群众体育发展的最终目标。但是，由于受社会物质条件的限制，不同时期群众体育发展的目标会受到不同的影响，不能达到最终目标的要求，而只是渐进性的阶段目标。

一、中国群众体育发展目标

(一) 改造民族体质，为建设和保卫国家服务

新中国成立初期，人民体质不高，为了增强国民的健康，为了发展新中国，建设和巩固新中国的国防的群众体育发展目标。党中央在国家体委强调："当前国家已进入有计划的经济建设的历史时期，更需要人民有健康的身体。""群众体育运动是国家的一项公益事业，各级党政领导必须高度的重视。"从这些文件可看出，群众体育被纳入国家发展的战略高度，其发展有十分重要的地位。1951 年国家颁布了第一套广播体操，随后又实行了工间操制度。1954 年中央人民政府体育运动委员会公布《准备劳动与保卫祖国体育制度》(简称《劳卫制》)的暂行条例和项目标准。1955 年，《劳卫制》正式在全国推行。在党中央的亲切关怀下，由学校到工厂、机关，由城市到乡村等多种形式群众体育活动蓬勃开展。但是，1958 年后，由于受到"大跃进"运动的影响，虚报浮夸成风，形式主义泛滥，群众体育运动发展也不例外。

(二) 满足人们日益增长的体育需求

1978 年十一届三中全会的召开，标志着我国社会进入改革开放时期。这一时期，市场经济体制逐步确立和完善，大大解放了生产力，极大丰富了社会物质；政治上，政府转变职能，实行简政放权，部分社会事务实行管办分离，由政府宏观调控，具体操作交给社会加个人。政治、经济体制的转型带动了群众体育领域的发展。在现实中可以看到，"花钱买健康"、"请人吃饭，不如请人流汗"的观念开始深入人心，体育消费已成为一种时尚。在这种社会大背景下，我国群众体育得到了快速发展，并借鉴新中国

成立后群众体育管理的实践经验，将发展目标重新定位，强调满足群众日益增长的体育需求，逐渐淡化为国家建设服务功能。在管理方式上，打破由政府包办一切的模式，广泛吸纳社会资众，引入市场机制，大力推动群众体育产业的发展。自此，群众体育逐渐具有社会公益性和营利性的双重性质。为保证不同性质的群众体育的发展，1982 年制订的《中华人民共和同宪法》突出了群众体育的重要地位，在第二十一条中特别规定："国家发展体育事业，开展群众性的体育活动，增强人民体质。"这就为群众体育的发展提供了法律保障。2002 年，中共中央 8 号文件提出，要"大力推进全民健身计划，构建多元化体育服务体系"，其主旨是建设一个面向全体国民、重点突出、能够适应不同区域、不同人群的不同需求的多元化的体育服务体系。在一系列政策的引导下，群众体育发展迅速。政府通过发型体育彩票筹措资金，将其中 60％的公益金投向体育基础设施的建设和维护。在营利型群众体育领域，政附宏观调控，市场发挥基础性调节作用，推动体育建身俱乐部、高尔夫球场、保龄球馆等的发展。单纯依靠国家和主要依靠行政手段进行体育运动的高度集中的群众体育体系逐渐被打破。一个以国家为依托、服务群众、依托社会、充满活力和发展活力的新型大众体育管理体系和良性循环运行机制逐步建立。

群众体育的发展目标主要是推动复合型群众体育的发展，满足人们日益增长的体育需求。

二、改革开放以来群众体育的发展目标

改革开放以来，在国家正确指导下，我国群众体育发展目标依托良性运行的管理体制和运行机制，群众体育得到了迅速发展。但存在东西部发展、城乡发展不平衡的状态，不能满足不同地区人民群众日益增长的体育文化需求。小康社会是全面惠及十三亿人口的社会，人人享有均等的体育权利和机会。在这种情况下，我们必须从社会、生物、心理等多方面重新构建群众体育新的发展目标体系，推动群众体育向产业化、社会化、科学化、法制化方向发展。面向小康社会的新型群众体育发展目标体系设置为：在 2020 年前基本建成惠及十几亿人口的多元的体育服务体系；建立全面有效的群众体育资源管理体系和运作机制，形成国家、社会和个人合作的国家健身事业模式；体育人口增加、全民健身意识增强，群众体育社会以乡镇文化为重点发展，以小城镇为重点开展的农村体育发展已经得到充分发展。科学评价指标体系和评价机制建立。国家体质的主要指标是经济发达地区达到中等发达国家平均水平，经济欠发达地区达到发展中国家平均水平；缩

小城乡之间、地区之间群众体育发展差距，切实保障低收入人群享有最基本的体育服务；坚持多元化的筹资机制，确保政府对具有社会公益性的群众体育在资金和政策上的支持，大力发展符合大众需求的体育健身、娱乐产业，建成规范的体育健身、娱乐市场，通过政府的宏观调控和市场的基础调解，形成合理的价格机制和有序的竞争态势；建立完善的群众体育法律法规体系，推动群众体育的法制化进展。

群众体育的最终发展目标是促进人的自由全面发展。由于受经济和社会条件的限制，中国群众体育发展目标尚不能达到最终目标的要求，只是奔向最终目标道路上的阶段目标，当社会发展到一定程度时。群众体育发展目标的政治功能将完全消失在不断强化的个体需要功能中、促进人的自由全面发展的最终目标也必将实现。

三、群众体育管理目标

我国推行群众健身计划的目的是提高全体国民的健康水平，减少疾病发生率，增加经济效益，促进社会经济的发展。国家政府关心群众服务的具体体现。因此，构建群众健身管理就必须要克服单纯任务观点，坚决反对注重形式，忽视内容；注重场面，忽视实际效果；注重眼前，忽视持久和长远；注重数量，忽视质量等形式主义的管理。

"目标是一个组织通过决策和行动争取达到的理想目的，以及验证其决策行动同其理想目的相符程度的衡量指标"[1]。群众健身的工作是以人为主导，群众健身的所要需求是否满足人民群众摆在第一位，群众的愿望作为我们工作的目标，把群众满意程度作为衡量完成工作目标好坏的标准。建设有效支持本地区人民群众积极参与科学的体育锻炼与活动，与和谐社会相配套、结构完整、功能齐全、有序管理活动，以区域文化为基因，以人文地理环境为依托，将群众健身活动完全融入当地的社会发展中，通过按照需求主体的不同健身需求由多元化供给主体提供相应的体育产品，最终达到各地区市、县、乡、村全民健身运动的协调发展，最大限度地实现全民健身体系的最大化。组织既定目标是其存续目的性的一个阶段性的表现，而任何体育组织的管理目标就是要实现组织既定的目标，组织既定目标可以被分解成各类管理活动的具体目标，这些具体管理目标的逐步实现将最终帮助实现组织的既定目标（图4-1）。

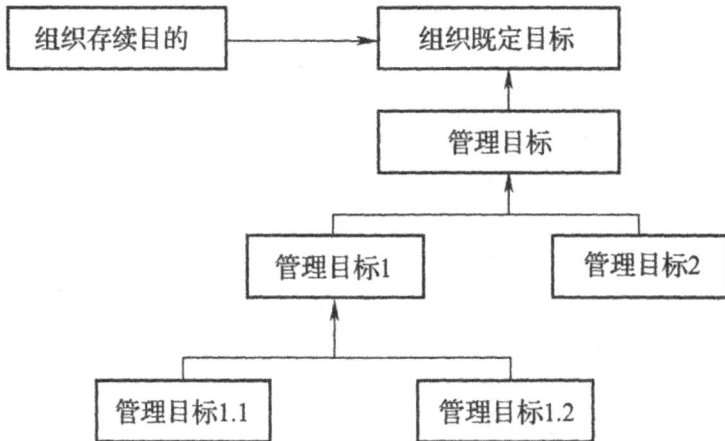

图4-1　组织目标与管理目标的关系图

四、群众体育发展战略

(一)群众体育可持续发展战略

我国群众体育可持续发展的总体目标：坚持以人为本。以人与自然和谐为主线，以促进人的全面发展为核心，初步建成惠及十几亿人口的多元化群众体育服务体系，使每一个社会成员都享有平等的健康权利，增强群众体育的可持续发展能力，实现群众体育权利的平等。

(二)群众体育可持续发展的对策

1. 强化群众体育可持续发展意识

群众体育可持续发展能力能否提高，可持续发展战略能否实现，关键在于是否具有群众体育可持续发展意识。群众体育可持续发展的最大特点是，发展群众体育不仅要考虑当前群众体育系统所拥有的各种资源及使用情况，更考虑支持群众体育发展的整个社会系统的发展变化情况，它是从可持续发展的向度来分析群众体育。

群众体育可持续发展是一种新的发展模式，它要求人们的体育价值观与之相适应，即具有较强的可持续发展的意识。群众体育可持续发展战略能否实现，关键在于人们是否具有群众体育可持续发展意识。尽管可持续发展的理论研究和实践在中国已经进行了十几年，但人们的可持续发展意识并不强，群众体育可持续发展意识更为淡薄。造成这种现状的一个原因是，人们的健身意识不强。体育人口少且呈马鞍型分布说明，体育属于部分青少年和老年人，大部分中年人缺乏必要的健身意识。另一个原因是人

们尚不能准确把握可持续发展的内涵，更不能将群众体育的发展与可持续联系起来。

群众体育可持续发展意识不会自发地产生，各级体育部门及各种体育团体必须采取多种形式，广泛宣传群众体育可持续发展的有关问题，使人们从概念上和认识上不断深入，并能系统地理解群众体育可持续发展的科学内涵。同时应通过多种形式鼓励和引导公众普遍地、积极地参与群众体育可持续发展的各项活动。没有社会各界的广泛参与，群众体育可持续发展战略是难以实现的。实践可以使人们的群众体育可持续发展意识进一步得到强化和提高，进而保证群众体育可持续发展战略的顺利实施。

2. 优化资源配置

在群众体育的发展过程中，资源使用效率的不断提高对群众体育可持续发展战略的实现起到重要作用。因为群众体育的发展资源在一定时期、一定地域内总量是有限的，就目前我国的现实情况来看也可以说是短缺的。因此，群众体育的资源配置就是研究如何把短缺的资源合理地分配到群众体育中去，达到充分利用、合理使用和恰当应用的目的。群众体育资源配置主要包括资金配置、人才配置、设施配置和信息配置。群众体育资金配置不能仅仅看作是一个经济领域小的问题，必须考虑到不同地区的人文环境因素的影响。不同地区是否具备投资环境，是决定资金使用效率的关键因素。东部城市地区人民群众的生活水平相对较高，能够担负一部分健身费用，可适当减少政府投资力度。群众体育的人力资源主要包括群众体育指导员、体育爱好者、当地高校体育师生等。加大群众体育指导员的培养力度，加强行业规范，吸引更多的人加人到该行业中来，使更多的人得到规范指导。应发挥体育爱好者的积极性和辅助作用，培养其骨干带头作用。当地体育院校的师生是指导群众体育发展的中坚力量，应使他们步出校门，将掌握的科学知识传授给广大群众。在上述力量均不满足条件的地区，不妨采取希望工程的做法吸引部分志愿者进行短时间的大规模体育活动，通过发展体育和培养当地人才，引进人才结合，发展体育人才资源。大众体育设施一方面需要地方政府的政策支持，另一方面需要企业与大学的联动，也需要改变具体领域实际情况的结合过程，分析市场潜力和当地居民的具体情况和实际需求。

高效率地配置设施，物尽共用。群众体育信息配置要充分利用现有储备，拓宽其路径，建立公共基础数据，实现基于高速网络基础上的、面向社会各界的、具有数据分析与处理能力的信息共享和信息服务体系；建立适应面向政府咨询、社会大众、科学研究的信息共享体系。

第二节　影响我国群众体育发展的因素分析

国务院 1995 年 6 月 20 日颁布实施了《群众健身计划纲要》，这是实现国家发展群众健身事业责任的一项重大举措。《群众健身计划纲要》(以下简称《纲要》)的要旨在于通过政府领导、社会支持，为群众参与体育健身活动创造更多更好的体育环境和条件，实现国民体质的普遍增强。其基本精神是以人为本，一切从人民的利益出发。随着我国 20 世纪开始实施五日工作制和年法定节假日的增多，人民群众的闲暇时间也日益增多。但总体上看，我国国民的健身意识没有跟上经济快速发展和闲暇时间日益增多带来变化的步伐。西方国家出现的"现代文明病"开始困扰我国国民，尤其是近两次国民体质调查，青少年的身体素质连续 20 年下降，已经引起了我国最高领导层的极大关注。

一、群众体育发展中的区域差异

调查表明，不同区域间，人们参与群众体育健身活动的程度存在差别。体育活动占闲暇时间的比例，东部地区最高，中部次之，西部最低，在余暇时生活中选择的主要活动为体育活动的人数比例，东部地区要高于中西部地区。

对体育锻炼与健康的认识和日常生活中的体育消费情况能体现人们的体育价值观念。群众健身活动的现状表明，在东西部地区人们的体育价值观念有差距。各区域间体育消费水平存在显著性差异。东部地区在健身消费、健身意识、参与程度等方面明显好于西部地区。东部地区的人们基本上将锻炼身体作为生活中不可缺少的一部分。相比之下，西部地区人们的健身意识不强烈，没有充分意识到群众健身的重要性。从家庭年体育消费支出比例的差距还可看出东部、西部在体育价值观念和态度上，也存在明显差异。

我国幅员辽阔，已有的区域划分种类较多，由于东西部经济和社会发展的差异，东西部地区采用了双重体育管理体制，这有一定的合理性和现实性，因为在经济不发达地区，社会组织没有发展成熟，不足以承担支持和管理体育的责任，不得不采取政府管理型体制。而在经济发达、体育市场相对完善的地区，社会管理型的体育体制就具有充分的合理性，能发挥重大作用。

二、群众体育发展的城乡差异因素

我国城乡居民从人口数量和体育设施器材配套来看，城镇要优于农村。这是城镇居民参加体育健身活动与农村居民参加体育健身活动的主要原因，此外，城镇群众通过体育管理员及指导员的普及对体育健身知识了解更全面。且随着城镇人口年龄的增长人民群众对身体健康的要求越来越高，体育健身的比例也就逐渐增加。由此可以看出，在体育人口的数量、比例及配套设施器材，人们参与健身活动的范围、活动频率等方面，城镇的情况都明显好于农村。

一项调查表明，城市居民与乡村农民在体育活动与健康的关系的认识有明显差异，城市居民认为增进健康应注意体育活动，而持相同观点的农民仅为很少数，城市居民将体育活动作为最喜爱的业余活动，而持相同观点的农村农民也很少，体育消费支出城镇居民同样高于农民。

三、群众体育资源配置不均衡因素

群众体育健身设施的配套、设备的完善程度以及设备分配等是群众健身活动能够顺利开展的基本要求，健身设施规划建设水平的高低直接影响社会体育的发展水平，进而影响着群众健身计划的实施。我国公共体育设施不仅数量少，而且规模也比较小，为大众提供体育健身活动的场地器材太少，远远不能满足人民群众体育健身文化活动的需要，大大地阻碍了群众健身的发展。此外，地域分布也不均衡，在设施数量、规模、质量、资金投入等方面，东部经济发达地区高于中部和西部地区，城市高于乡镇农村，这明显制约着经济落后地区和农村群众健身运动的开展。

由于缺乏群众健身的政策法规保障，已经安排配套体育设施的小区比例仅仅只是一小部分，有些也只是象征性，起点缀、促销作用，活动空间并不宽敞，体育设施建设局限在一些小型健身器材上，无法满足人们日益增长的体育健身需求，严重阻碍了社区体育的开展。城市社区健身场地设施用地总量不足，健身设施建设标准过低，指标明显滞后。

四、体育资源的共享力度不够

引用《高校体育场馆多元化全民健身服务体系研究》中"《中共中央国

务院关于进一步加强和改进新时期体育工作的意见》要求：大力推进群众健身计划，构建多元化体育服务体系，公共体育场所在可能的情况下要无条件地向公众开放，其他场地拥有者也应尽可能地为群众健身提供便利条件"[1]。但实际上，我国的体育场馆设施还普遍存在着开放程度和利用率不高的问题，即便对公众开放，由于收取的费用较高，群众也普遍难以接受。资料表明，我国各类体育场馆有67%在学校，各级各类学校都建有体育场地设施，而敞开校门面向全社会的自由开放的场馆只占室内场馆的6%、室外场地的7%，以营利为主要目的的开放场馆只占1%，[2] 学校体育设施对外开放率低，即使是开放的体育设施，利用率也明显不高。高校的体育场地闲置现象普遍存在，没有相关的制度保障高校场地对外开放，这样无法满足资源共享，不能满足市民健身的需求。调查表明，我国城乡居民体育活动的主要场所依然是公园广场、街头巷尾、田间地头、江河湖畔等场所，占总数的71.2%，场地设施依然是困扰我国群众体育发展的关键问题。

五、国家体育政策向竞技体育倾斜

新中国成立50年以来，我国群众体育事业取得了长足进步，创造了辉煌业绩，所谓相对滞后，是相对于我国竞技体育发展而言。我们承认，这种相对滞后有其合理的成分，即为了国家利益和地方利益，在力量有限的条件下，采取保全竞技体育政策的结果。但我们同时也要承认，这种牺牲群众体育，保全竞技体育的结果，实际是牺牲群众利益，维护国家利益。因此这种政策不是长久之计。在新的历史条件下，将群众利益与国家利益统一起来，维护广大人民群众的体育利益，逐步缩小我国群众体育与竞技体育的发展差距，是我国体育事业发展的必然趋势。

长期以来，我们的人力、物力、财力中的大部分投向了竞技体育。政府"财政拨款"的50%以上用于包括优秀运动队、体育运动学校、竞技体育学校、重点业余体校、体育中学、普通业余体校在内的训练机构。尤其是优秀运动队和体育学校的一级和二级竞技体育队伍，占去了"财政拨款"的大部分。而群众体育获得的"财政拨款"，只占相当少的一部分。公共体育设施的本来含义是政府为公众建设的，满足大众体育活动公共需求的体育设施，但是这些公共体育设施主要集中在各级竞技体育训练基地，成为

---

[1] 姚丽华. 高校体育场馆多元化全民健身服务体系研究 [J]. 安阳工学院学报，2009(4).

[2] 黄国琴. 全民健身场地设施探析 [J]. 林区教学，2007(6).

为优秀运动选手服务的设施。正是这种投入结构的结果，使我国竞技体育建设起了一个基础雄厚、结构合理、功能完善的体系，从而保证了我国在奥运会上取得了令人瞩目的成绩。竞技体育无论是在人力、物力、财力投入上，还是在一线、二线、三线队伍建设上，无论是业余体校、体育运动学校、体育工作大队的基地建设上，还是在教练员队伍、裁判员队伍、中等和高等专业教育、竞技体育科研机构建设上，都具有相当长的历史，形成了可以与发达国家抗衡的竞技体育发展规模和水平。

而我国的群众体育与竞技体育相比较，其建设的系统性和基础性，其建设的规模和水平，还有相当的差距。除去人力、物力和财力的授入存在很大反差之外，社会体育指导员队伍、高等和中等社会体育专业教育都只是近些年才开始，专门的群众体育科研机构几乎没有。最为突出的是公共体育设施的差距。按照1986年城乡建设部和国家体委共同颁布的《城市公共体育设施用地定额指标暂行规定》规定的范围、指标和标准，按照1995年全国体育场地普查结果，我们将全国体委系统所有场地都认定为公共体育设施，而我国城镇公共体育设施用地面积，只相当于国家规定高限的10%左右，相当于国家规定的低限25%左右，存在着巨大的欠缺。

第三节　我国群众体育的发展走向

一、群众体育发展的社会现象

改革开放以来市场经济快速发展，我国基本国情稳步推进，使我国体育事业的发展面临着良好的经济、社会发展环境和难得的历史机遇。人民群众体育健身参与意识逐步加强，由于城镇化水平的提高，城乡居民收入增加，群众生活水平显著提高。人民对体育健身的观念从感情、动机、价值观都有了新的认识，这是人们对客观体育需要的反映及体育活动过程本质规律的反映，也是对参与体育运动的整体看法和态度。影响人们体育参与意识是多方面的，包括个人的兴趣爱好、性格特征、受教育水平、生活的自然环境和社会环境，历史文化因素等等。

伴随着全体国民的生存状态日益改善和生活水平不断提高，必将使得国民的工作状态和休闲状态逐步分离。五天工作制、日益增多的节假日、带薪休假制等法律法规的出台和日益规范，不断改变着国民的工作观和休闲观。缩短的工作时间要求有高效的工作业绩和工作质量，国民的体质状况、健康状态和身体素质成为适应大强度的工作压力的基本要求和重要保障。"健身就是工作、健身就是健康、健身就是高的生活质量"的理念将越来越深入人心。在这种理念指导下，21世纪的群众健身将比20世纪更大范围地走进我国国民的生活视野，走进更多的家庭、走进更多人群、走进更多人的主流生活。群众健身、休闲体育将会成为我国阻挡"现代文明病""办公室疾病""肌肉饥饿与运动不足病"的重要良方和强大武器。群众健身将成为一种追求时尚的标志，成为一种体育文化的重要内容，成为一种普遍的、惠及全民的社会现象。

二、群众体育事业的社会化发展趋势

伴随着我国政治体制的变革、经济体制的转轨，体育作为一种文化现象，社会化程度日益加大。政府包办一切的时代将日益弱化。目前我国群众体育管理体制也正在向政府与社会结合型体制过渡。尽管政府行政部门在群众健身管理中仍发挥着重要的作用，但政府转变职能，走政府宏观调控，依靠事业单位、群众体育组织、中介机构等社会力量发展群众健身事业的道路变得越来越清晰。从国外发达国家的经验看，硬件建设靠政府，投入多元化、组织管理靠社团和健身活动依托各类俱乐部等，在我国也将是大势所趋。

从长远来看，我国群众体育新型运行机制必将快速建立，群众体育的快速发展和积极推动，必然促使政府机构的改革和职能转化，采取以政府为主，依靠各部门、基层、体育协会、企业和个人资助的方式，特别是各级各类体育协会去承担。比较活跃的晨晚练点、辅导站，将同各种体育俱乐部一起纳入体协的组织系统，成为体协的基层组织单元。

三、群众体育发展科学性

根据社会主义民主政治建设和建立服务型政府的要求，进行深入研究，认真思考，对政府转变工作作风和履行提供公共体育服务的智能进行探索也将是一个重要的趋势。

为了实现上述目标，国家体育总局提出未来的群众体育工作要深入研究和认真思考我国群众体育发展的现实基础，摸清发展现状，总结成功经验，把握工作规律，破解发展难题，为长远发展提供依据。因此，开展全国、各地的群众健身现状调查，获得科学真实有效的基础数据，为未来群众健身的进一步发展提供科学的基础性数据；开展群众健身状况、活动方

式、喜爱项目、场地实施的研究，为他们提供科学的指导，解决突出问题；开展群众健身效果的研究、群众健身组织的研究等都将是未来群众健身发展的重要走向。群众健身事业的科技水平不断提高，将使人民群众体育锻炼日益科学化。

四、丰富群众体育资源的设施

建设和开放是未来我国公共体育设施建设水平全面提升的发展重点：我国公共体育设施建设在相当长的一个时段是以群众健身项目为主导，事实求实的推进群众健身工程建设。更好更快地推进农民体育健身工程建设、丰富路径工程器材种类，探索路径工程创新发展之策，继续推进"雪炭工程""群众健身活动中心""群众健身户外活动基地"建设，加强对体彩公益金使用和群众健身工程器材质量的监督管理，使我国公共体育设施建设水平稳步发展。

随着我过体育事业的不断发展，人民群众对体育健身的需要也越来越高，目前，以街道为主的群众健身组织暴露出许多不足，社区居民参加有组织活动形式较少，活动开展定期或不定期的体育活动难以保证群众健身的经常化。因此，在新形势下，我们必须通过转变观念，消除体制性障碍，构建有利于合理配置和有效利用现有场地资源的管理体制和运行机制。广泛地依靠市场力量，形式多样的大众化体育健身场地设施，增加绝对数量；充分挖掘现有场地设施资源的潜力，充分利用闲置空房及建筑空地、公园广场开展群众健身活动，增加相对数量，拓展体育场地设施资源。

另外，学校体育设施是一笔潜在的巨大体育资源，分布面广、规格差异大，从简易的篮、排球场到不同标准的健身房，以及颇具规模的比赛场馆，可以满足不同健身者的需要。高等学校的体育场地设施不但更加完备，而且器械种类更齐全，在社会体育中扮演着更为重要的角色。要研究落实开放学校体育场地、设施的具体措施，尽快制订出"学校体育设施对外开放管理办法"，加强对现有学校体育设施的开发利用。群众健身工程建设可将体育设施对外开放的学校纳入布局范围，以便于体育设施的维护、管理和更新，同时可做到体育资源共享。充分利用学校体育设施，作为群众体育设施的有效补充，缓解社会体育设施紧张状况具有重要意义，可大大缓解由资金、场地匮乏而造成的体育资源缺乏的局面。

五、群众体育的重点发展目标

青少年是群众体育事业发展的重心，而农村是其发展的难点。对中共中央、国务院《关于加强青少年体育增强青少年体质的意见》进行认真贯彻落实，做好青少年体育工作。由于我国青少年的体质和身体玩的"天性"正在蜕化，失去了在玩中自发学习和自我教育的机会，这对于成长中的孩子来说是莫大的损失，也在一定程度上有损孩子的身心健康。为此，加强青少年体育组织建设，创建青少年体育俱乐部和青少年户外体育活动营地，继续加强国家级和省、地市体育传统项目学校是群众健身事业重点。通过多种渠道为青少年提供更多更方便的体育活动场地，提倡在社区试点建设满足青少年参加体育活动的公共体育设施，组织丰富多彩的青少年体育竞赛活动，组织专家编写有知识、有吸引力、有趣味的健身知识读物，举办"群众健身大讲堂——校园行"活动，与教育部、团中央共同组织举办"全国亿万青少年阳光体育运动会"等全国性青少年体育活动，都将是未来群众健身工作的当前和长期措施。

党的十六届五中全会通过的《中共中央关于制定国民经济和社会发展第十一个五年规划的建议》中指出："建设社会主义新农村是我国现代化进程中的重大历史任务"。新中国建立以来，在各级政府的关心和重视下，农村体育事业有了较大发展。但由于受条件制约，农村体育仍然是我国体育事业的薄弱环节，体育场地设施匮乏、体育组织建设滞后，使农村体育活动开展时断时续，时冷时热、城乡差距越来越大。因此，相对而言，我国农村人口多、底子薄、难度大，采用特殊的方式，按照国家统筹城乡发展的计划，实行"工业反哺农业、城市支持农村"的方针，国家体育总局从2006年开始实施农民体育健身工程建设。这一建设工程也将是一项长期而艰巨的任务。

六、群众体育的可持续发展

随着社会经济的稳步发展，发达国家将进入休闲时代，专门提供休闲的产业在美国将占有国民经济的50%的份额。休闲时代也正大步向我们走来。我国体育健身和体育休闲产业将以前所未有的跃进姿态成为我国经济增长的新的生长点。体育健身、运动康复、休闲娱乐、体育旅游、新型户外运动、体育竞赛和体育表演以及相关的体育健身产业和附属健身服务业等都将极大激活体育消费市场。群众健身在带给人们健康、快乐的同时，必将对我国社会主义精神文明和物质文明的建设推波助澜，发挥重要作用。

七、群众体育的法制化建设

目前全国已经有 20 多个省市区的人大常委会通过了省、直辖市、自治基等地方性《群众健身条例》。国家《群众健身条例》也已经进入实质性的论证立法阶段。与此同时，我国的《体育法》也开始进入调研、讨论和论证阶段；这些法律法规的出台，必将使我国的群众健身事业进入一个新的更高屡次的发展阶段。

第四节　我国群众体育与大众健康

一、健康的内涵和社会性

(一) 健康的内涵

1948 年，世界卫生组织（WHO）界定了健康："健康不是自我感觉良好，健康是个人在精神上和身体上，社会适应上完全处于健康状态，而不仅仅是疾病和病症"。后来，组织在健康定义中加上"道德"评估，使健康的定义更全面，更加社会化。

(二) 健康的社会性

在现代社会，人们的健康问题不仅是个体的，也往往表现出巨大的社会性，各种疾病的发生或健康问题的出现都带有社会性，不仅某一个大范围内会有同样的一种疾病，而且某一处特殊的人群中也很可能患同样的疾病。这是由于以下原因造成的："文明病的"的集中发生，由于一个地区人们所生活的环境是相同的，所以当疾病发生时就会造成大面积的流行。生活方式的趋同而造成的职业病的存在；办公室人群形成的"通病"。疾病发生的共同性受制于医药科学的发展水平；拥挤的城市生活以及人口的流动性加强也是造成疾病蔓延的一个因素。

二、亚健康的阐述

(一) 亚健康的内涵

亚健康，是一种感觉不适，但检查无病，是疾病与健康之间所表现身体和精神状态，也称为第三健康状况，亚临床、临床前、灰色健康、前病期等。亚健康群体在现代社会有逐年增加发趋势，亚健康是一个动态的状态，或者变成一种自发的或转变成健康状态的疾病状态，这需要成本和努力。这个巨大的人群不能都进入医疗机构，没有必要接受心理医生和大夫的诊断和治疗。他们应该去体育运动，健身娱乐正是治疗亚健康状态最活跃，最有效和最便宜的手段。

(二) 引起亚健康的原因

1. 高度紧张

日益紧张的生活环境和竞争环境，迫使人们付出大量的健康成本来满足生存的需要。工业社会快节奏的工作，复杂的社会关系，多重社会角色和激烈的社会竞争使人们经常处于紧急状态。不良生活习惯导致行为障碍，神经衰弱，使精神病继续增加。

2. 营养过剩

由于生产发展程度高，人们的饮食结构发生了巨大变化。任何家庭，一个城市，一个富有的国家，必然会增加动物蛋白质和动物脂肪的消耗。美国"医学杂志"于1999年10月发布的肥胖症已成为美国的一种流行病，平均每年约有3 000万人因肥胖相关疾病死亡。

3. 环境破坏

许多人类活动都向大气、水、土壤等自然和人工环境排放有害物质，造成环境污染，一些变化也会影响环境质量，严重威胁人类健康。严重污染事件不仅带来健康问题，而且造成社会问题。

4. 运动不足

长时间的静态工作已经成为主流。坐姿所致的"缺乏运动"的"肌肉饥饿"严重影响人体健康，已成为一个共同的社会问题。有很多人失去敏感度、力量、协调、平衡等身体素质，包括适应外界的能力，如水患、火灾、事故自救能力。

由于生活方式的变化，特别是饮食结构的变化和身体活动的减少，中国城市居民疾病死亡原因发生了变化，如何根据死因重新认识大众运动的重要性在城乡地区根据中国城乡居民身体变化制定新的卫生规划和培训方案，是大众运动理论研究者和实际工作者必须研究的问题。

三、群众体育对健康的影响和作用

（1）为了保持人体机能，身体健康处于良好状况是消除身体和精神疲劳，保障最有活力的健康的有效手段。

（2）各种健身娱乐运动可以缓解现代生活中的紧张局面，调和人际关

系，克服现代社会中由竞争所致的孤独、冷漠。能够培养情感，体验生活的真实意义。经常从事体育活动的人们对生活节奏的变化具有很强的适应能力，可以表现出强烈的自我控制、幸福、超强、坚强、敏锐、自信、团结、悠闲的心理调适能力。

（3）群众运动丰富了生活时间。各种休闲体育活动可以分散余下的能量，避免各种社会风险。

（4）戒除恶习、改善社会生活的不良行为的有效措施。越来越多的证据表明，身体活动可以改善健康状况，预防慢性和非传染性疾病的发生。

（5）运动能够满足人们多元文化需要，精神需求和情感需求，改变人们的审美观念。

（6）体育娱乐丰富人们的社会生活。体育娱乐可以融入精神状态，作为交流手段，可以缩短人与人之间的社会距离，增强家庭情感交流，促进家庭和睦。参与体育活动可以增进相互了解，促进人们的相互交流与合作，提高社会责任感和道德价值观。

第五节　我国群众体育与社会文化

一、群众体育与大众文化建设

(一) 群众体育丰富人的情感生活

群众体育为人们提供情感体验是复杂多样的，符合人们对情绪的各种要求。在大众运动中，人们可以获得集体，社区，依赖感的信任；在家庭运动中，成员可以在和睦的气氛中享受家庭的归属感和稳定感；在冒险中，因为征服自然，增强自豪感和征服感；在健身活动的中，人们提高自己的审美情趣，享受身体的美丽，运动美和服装美所带来的乐趣。

(二) 充实社会休闲娱乐文化

在现代社会，更多的人选择使用娱乐休闲的身体运动方式。当休闲的概念让很多人接受的时候，社区将继续引进，开发和创造新的方式来满足人们的娱乐休闲需求。由于参与者在这种活动中的刺激性，流行和新奇性，休闲娱乐文化的发展得到了很大的推动。

二、群众体育与社区文化建设

(一)居民实现社会参与的重要形式

社区建设成功与否，居民的参与至关重要。只有大多数居民作为社区的主人，积极参与社区建设和社区管理才能真正意义上形成社区意识和社区归属感，社区才能成为个人社会化实现信道的价值。体育作为人们的业余文化生活的内容之一，主体参与了广泛的活动，活动的灵活性，有趣的内容，活动等特点的同步。这些特点吸引了广大居民积极参与的特殊作用，居民积极参与体育社团，早晨晚练活动是参与社会的良好形式。

(二)有利于社会整合，增强社区凝聚力

随着原有的社会监管制度——单位制的解体，人们大部分时间在社区中闲置。社区逐步成为新的社会控制体系，发挥社会整合功能。社区体育运动满足居民的体育需求，丰富富裕的业余文化生活，提高居民身心健康发挥了重要作用，使居民对社区的归属感更强烈。从而增强社区凝聚力。

(三)丰富社区文化生活抵御不良文化

倡导科学文明的社区文化健康生活不仅有助于提高居民的生活质量，维护社区秩序的稳定，也是社区高层精神文化生活发展的重要组成部分。体育活动作为一个非常有吸引力和有益的休闲活动，吸引了大量居民参与，丰富了居民的文化生活休闲时间，在一定程度上抵御了不健康的生活内容的侵蚀，提高文化生活的素质的居民发挥积极作用。

第五章

我国群众体育的活动方法

第一节　群众体育锻炼的方法

一、群众体育锻炼的内容

(一)健身类体育锻炼

健身类体育活动是指正常人为了达到一定的健身、健心、健美目的所采用的具体活动内容及方式。任何健身活动必须通过一定的内容与方式而展开。健身方法来自人们长期的体育锻炼实践活动，是亿万群众的经验总结与智慧结晶。

由于世界各国的地理环境不同、各国民族的文化背景、风俗习惯与生活习惯各有差异，尤其是各国在生产方式和生活方式上存在差别，所以健身方法具有明显的民族性、传统性特征。世界各国人民在追求健身娱乐的共同目标中，对健身方法相互借鉴、吸收，共同创造了一个内容十分丰富的健身活动体系，使健身活动又具有世界性和时代性，也促进了各国的大众体育蓬勃发展。

1. 中国传统健身方法的基本内容与特点

中华民族在五千年的发展过程中，创造了具有东方特色的养生健身文化，成为中国优秀传统文化宝库中的一块瑰宝。到了近现代，西方体育传入中国后，中华民族在继承弘扬传统体育文化的同时还积极吸收学习和推广现代体育项目，大大丰富了健身方法体系。

民族传统健身方法的基本内容经搜集整理，现行的方法共有24种传统拳、功、操、经、法，它们分别是：易筋经、八段锦、五禽戏、武术基础练习、武术操、少年长拳、洗髓经、练功十八法、三一二经络锻炼法、气功养生八法、导引养生功、太极健身功、全身保健功、健身按摩十八法、古代养生卧功、经脉导引养生功、古代头颈保健法、五禽戏健身操、太极长寿棒功、陈式太极拳二十式、定位太极拳、红砂掌、自我按摩保健法等；另外，属于这类传统健身方法的还有：太极拳(包括简化二十四式太极拳、四十八式太极拳、八十八式术极拳)、古代导引、三十二式太极剑、十二段锦、太极六段拳、保健功十六法、静坐(坐弹)法、赤松子十八法、婆罗门十二势、老子四十二式等。

2.民族传统健身方法的基本特点

内外俱练：无论是中国传统武术的演练，还是其他各种健身功、法、经的养生活动，都一致强调养生练形要内外俱练，内外兼修，内功外功相结合，所谓"内练一口气，外练筋骨皮"。重视在神经系统的调节下，外部动作与对内脏器官的锻炼相结合，使养生健身效果显著，身心愉悦。符合有机体的系统观与整体统一思想，充分发挥各器官系统的相互促进作用，尤其是中枢神经系统的特殊调节作用和内脏器官对外部运动器官系统的促进与支持作用、这在现代健身活动中都是值得提倡的。

神形兼顾：在中国几千年的养生健身实践活动中，许多养生家科学地总结和提示了人的生命过程中身体与精神发展的重要作用，认识到要想祛病强身、延年益寿，不但要依靠身体外形的健壮，而日要具有健康良好的精神思维活动，后者与人的形体健壮有相互储存的关系，乃至对整个生命活动具有更重要的主宰主导作用。因而古人把养生活动中大多把养形与养神有机结合，神形兼顾，两不偏废，甚至有时把养神看得更重要。这是与现代西方体育只注重外形训练明显不同的。

动静结合：中国古代的五禽戏、导引术、太极拳等健身方法，其基本理念是"动以养生"，认为各种形式有目的的身体运动，能够健身祛病、延年益寿。古代部分养生健身方法中也蕴含动中有静、动静结合的思想。一方面，在健身活动、行气练拳中注意节奏，部分连续不停的肢体动作与部分静止屏气、造型呼吸动作相结合，所谓动静急缓有序、阴阳虚实相济；另一方面，在部分静功中并非绝对地机体静止不动，而是在人的思维意念的引导下结合呼吸，采用简单的静止动作(如卧、站)，通过神经系统有意识地调节人体各个器官的活动过程与变化，追求静中有动、外静内动。

锻炼与养护结台：中国传统养生健身方法，由于受历代宗教哲学和医学思想影响，因而大多数健身方法都渗透了其各种价值观念与主张。主要表现在：一是主张个体独立的养小健身，侧重对精神身体的养护，有时更重视"清静养神""内养内壮"，全心追求外形与内壮的结合过程与个人体验，主张参加群体的激烈比赛与竞争；二是养生健身主要追求的是个体适应能力的提高，而不是突出身体机能与身体活动能力的提高，尽管二者本身具有内在的一致性，但传统健身方法更直接地与长寿目标联系起来。

模仿与锻炼结合：善于模仿动物，向自然学习，创造独特有效的健身方法。中华民族在几千年的农业劳动中，观察了那些健壮、长寿、善于奔跑与飞翔动物的动作，从中受到启发，总结了许多行之有效的传统健身方法手段，这在世界上也是最早以"仿生"方法进行健身的创造。

健身与卫生结合：传统健身养生方法从人体整个系统出发，综合考虑多种相关因素，追求生命整体功能的完善。同时，受"天人合一"思想的影响，还强调人的正常生命活动要与外部的自然环境、社会环境相统一、相适应。强调"顺生""节欲""主动"，即顺应自然和人的生理变化规律，生活要有节制，改变对健康长寿有害的饮食、情绪和不利片段环境，运动养生。

（二）徒手体操类

根据"中华健身方法"中的相关内容，以徒手为主的轻缓性健身方法主要包括：以青年为健身对象的操、舞，如健身操、第七套广播体操、青春健美操、踏步等；以中老年为健身对象的徒手操、舞蹈、木兰拳、健身操、中老年迪斯科、简易动静结合健身法、手膝爬行健身操；以锻炼某一专门部位或特殊功能为主的徒手操，如手足爬行健身操、腰功、手部保健功、降压保健操等。不同年龄人群普遍适用的徒手操、舞，如六段运动、"一二一"健身踏步操、人众健身操、双人伸展练习法、群众体育操等。这些徒手体操根据健身者的不同年龄、特点而编，针对性、实用性强，而且有较强的全面性、科学性、趣味性。部分操舞配合音乐，加强了美感与韵律感，有助于陶冶身心。

（三）其他健身方法

（1）持械健身方法：扭秧歌、跳绳、踢毽、抖空竹等；另外较流行的还有舞龙、拔河、爬杆、跳竹竿、踩高跷、舞狮子、顶杠、打手毽、抛绣球等。

（2）徒手健身方法：散步、跑步、倒退走、俯卧撑、台阶联系等。

（3）表演与竞技性较强的健身方法：赛龙舟、摔跤、搏击、秋千、木球、毽球、竹球、竹铃球、打陀螺、抢花炮、珍珠球、板鞋竞技等。

（四）国外常见体育锻炼种类与特点

1. 国外健身内容的种类

①室内活动：健美操、健美运动、保龄球、弹子球、旱冰、舞蹈、沙壶球、骑健身车、瑜伽、金思冥想等。

②户外活动：长走、慢跑、滑旱冰、滑草、滑沙、滑雪、滑冰、划船、帆船、骑自行车、钓鱼、野营、定向越野、骑马、赛马、棒球、垒球、秋千、高尔夫球、木滚球、地掷球、日光浴、海水浴、登山、森林浴、水中跑步、赤足踏石等。

2. 国外体育锻炼方法的主要特点

①具有浓郁的民族文化与地域特色：世界各地人民在以休闲娱乐、健身为目的的体育生活中、必然要受到各国民族传统文化的影响。在创造发展的各种健身方法中，体现出不同物质的文化所具有的民族个性、哲学理

念、价值取向和人生追求。

②喜爱户外活动：随着现代社会城市化、科技化和文明病的大量产生，人们越来越渴望亲近自然，回归自然，注重在拥有新鲜空气、阳光、树木和水的自然条件下，开展各种形式的健身活动。

③追求挑战、惊险、刺激的健身与娱乐项目日益增多：在现代体育日益成为人们日常生活内容的今天，人们不再完全满足于传统的健身方法，而敢于向人自身、向大自然不断进行挑战，创造新的独特的健身与娱乐项目手段，并且往往具有惊险性、刺激性等待点。

④创造新的健身娱乐手段：国外不少民族的健身方法，在继承传统的基础上，还能注意与现代科技文化相结合，创造出富有人性和情趣的健身项目，有的甚至经过规范和推广已纳入国际比赛中。

（五）未来体育锻炼的种类

1.康复类体育活动

康复体育是根据伤病的特点，采取体育手段或机体功能练习的方法以达到治疗和康复的一门应用学科。

（1）康复体育的特点

①系统全面性

康复体育可通过反射和神经体液的调节机制改善全身机能体制、提高抵抗的目的，而不是头痛医头，脚痛医脚。

②积极主动性

进行康复体育要求患者积极主动参加治疗过程，通过锻炼自我治疗。这样就有利于调动治病的积极性，促进健康恢复。

③自然无害性

康复体育利用人类固有的自然功能（运动）作为治疗手段。因此，一般来说，即使受时间、地点、设备等条件的限制，只要正确进行活动，也不会产生副作用。

（2）康复体育的适应症及禁忌症

康复体育具有预防、治疗疾病及康复的作用，只要安排得当，许多疾病患者都可以进行康复锻炼。

①康复体育的适应症

a.内脏器官系统疾病：、动脉硬化、高血压、矽肺、溃疡病、冠心病、慢性运气管炎、习惯性便秘、肺气肿、子宫位置不正、哮喘、心肌梗塞（恢复期）、肺结核、内脏（肾、胃）下垂、盆腔炎等。

b.代谢阵碍疾病：糠尿病、肥胖病等。

c.运动器官损伤病：骨与关节损伤及其后遗功能障碍、肩周炎、腰腿痛、颈椎病、断肢再植、脊柱畸形及扁平足、人工关节等。

d.需长期卧床及手术后病人。

e.神经系统疾病：各种原因（创伤性、炎症性、脑血管意外等）所致瘫痪、神经衰弱、脑震荡后遗症。

②康复体育的禁忌症

a.绝对禁忌症器：①亚急性疾病；②体温升高；③全向症状严重、脏器功能丧失代偿期；④锻炼中可能发生严重合并症；⑤癌症有明显转移倾向等。

b.相对禁忌症：①女子经期血量过多；②骨折未愈合部位等。

(3)康复体育的手段及方法

康复体育手段方法很多，基本上可以归纳为四大类：医疗体操、医疗性运动、我国传统体疗手段和适应性体育活动。

①医疗体操

医疗体操指根据伤病情况，为达到预防、治疗和康复的目的而专门编排的体育运动。医疗体操主要用于运动器官系统功能障碍的体疗康复，也可用于心脏体疗康复。

医疗体操的分类方法有好几种、按不同的原则，可分为不同种类。

a.技照活动时用力方式来分：可分为被动运动、助力运动、主力运动、抗阻运动及促进远动。

b.按照锻炼的目的来分：可分为大关节活动幅度的练习、增强肌肉力量练习、力量耐力练习、放松练习、矫正练习、呼吸练习、协调性练习、平衡练习、有氧练习等。

c.技照肌肉收缩类型来分：可分为向心缩、离心收缩两种。

d.按照运动形式来分：可分为等长练习、等张练习和等速练习3种。

e.按照是否使用器械来分：可分力徒手医疗体操利器械操练习两大类。

②医疗性运动

医疗运动是指预防，治疗和康复疾病的一般运动手段。中度身体疾病和健康老年患者的医疗运动，是冠心病，高血压，糖尿病，肥胖，主要的康复手段。

a.球类运动。

b.走、慢跑、骑自行车、上下楼梯等周期性运动。

c.游泳、划船等水上运动。

③我国传统体疗手段

康复体育中常用的传统体疗手段包括气功及各种拳法，如放松功、内

养功、强壮功、五禽戏、八段锦、太极拳等。

④适应性体育活动

适应性体育活动被修改为适应残疾的各种身体活动：包括特殊体育（盲人，聋哑，弱智等），残疾人体育活动，残疾人运动竞赛和康复残疾人士。目的是促进残疾人的身心康复。

适应性体育活动的主要内容有游泳、基本体操、某些田径项目、球类游戏（坐地排球、铃球等）、骑马、划船、野营以及滑冰、滑雪等。

2. 休闲体育活动

休闲体育是在业余时间的人们，为了丰富生活，改善健康，调整精神，开展各种放松身心的体育活动。休闲运动为娱乐，休闲，健身为目的的内容选择，以个人爱好为前提，如游戏，球活动，野餐，钓鱼，登山等。参与休闲体育可以使心理和精神得到放松。运动强度不大、舒适愉悦、身心舒适、消除疲劳的影响。休闲运动强调放松的心情，身体的舒适感，情绪释放，从而获得身心的满足感。

（1）休闲体育的特点

①简化内容，简便易行

休闲体育的目的不是赢得胜利，而是为了娱乐和健身，通常通过简化规则，使活动变得轻松和容易。大多数休闲运动着重于活动的乐趣，达到休闲运动的目的，不依赖于技术能力的好坏。无论运动的基础怎么样，都可以开心参与活动。

②自主安排，自我调节

休闲体育活动完全按照个人需要选择活动的内容，具有较强的自主权。由个人决定时间和活动的活动：如果人们可以享受自由玩，没有消除和歧视，根据自己的感觉随时调整活动的强度，以获得最佳的活动效果。这是其他体育项目所没有的乐趣。

③团结协作，老少皆宜

休闲体育项目竞争的因素不强，大部分重点是相互合作，合作共同参与。所以无论年龄如何，都可以进行同样的野外活动。只有在合作，相互合作和帮助条件下，才能让休闲体育活动乐趣

（2）休闲体育的作用

①增强体质，增进健康

在现代生活中，预防疾病和健康促进是生活的重要组成部分。休闲运动为健身用途，意味着多样灵活，可以提高身体的生理功能，减缓衰老，提高人们对疾病的抵抗力和对自然变化的反应能力具有重要作用。

②丰富生活内容，培养终身体育意识

休闲体育使人们摆脱以工作为中心的单调生活，丰富和充实生活的内容使人们感受到生活的意义与价值，享受生活的情趣。一旦休闲体育活动成为人们生活中不可分割的一部分。终身体育的意识就将逐步形成。

③使人体在紧张劳动之余获得积极性休息

随着现代生活方式的转变和社会竞争的日益激烈，生活和工作步伐加快，紧张和疲劳工作也在增加，需要在空闲时间放松，恢复能量。休闲运动以轻松愉快的形式，活泼的内容和有效的手段，改善人们的情绪，从身心解放。

④增强身心对环境和适应能力

休闲体育活动以户外活动为主体活动强度小，人们在自然环境中感受到外界的刺激，身心得到运动，通过改善身体的心肺功能，维持强烈的新陈代谢和机体环境稳定，以提高和改善自然环境的适应能力；同时通过改善神经系统功能和心理素质，使人清醒头脑，思维敏捷，行动灵活，意志坚强，开明思想。从而提高适应社会环境变化的能力。

(3) 休闲体育的分裂

①按活动形式分

a. 练习类活动：主要指亲自参与的轻松愉快的休闲运动，如散步、踏青、登山、垂钓、球类活动、滑冰、滑雪等。

b. 观赏类活动：主要指观赏各种体育比赛，由此获得心理满足，给人的心理带来一定好处。例如，观看足球比赛可以给人们带来高昂的情绪，满足心理的要求。

②按活动场所分

a. 户外休闲体育健身活动。

b. 室内休闲体育健身活动。

③按活动作用分

a. 身心综合需要的活动；这类活动对身心调节起到综合作用，如踏青、垂钓等。

b. 主要满足心理需要的活动：如各种棋牌活动、电子竞技活动。

c. 主要满足身体享受需要的活动：如体育舞蹈、体育游戏等。

(4) 休闲体育开展的原则

①非功利性原则

开展休闲体育必须保持一个良好的、闲适的心态，休闲体育不以追求运动成就和直接的健身效果为目的，否则就偏离了休闲体育的本质。

②业余性原则

休闲体育必须在余暇中开展，休闲体育是非生产的个人行为，它的开展时间应在学习、工作之余，或利用节假日进行。

③愉悦性原则

人们对体育项目的选择，对运动时间、负荷、伙伴的选择，应该以自己的心理满足为主，要在活动中获得最大的欢愉。休闲体育是工作之余的身心调节，是消除疲劳和修身养性的手段，不应将工作和生活中的烦恼带进活动中来，影响活动的情绪和效果。要充分地体验生活，享受运动所带来的乐趣，从而暂时忘却这些困扰，在活动中重新认识自己，增强面对困难和解决困难的信心。在活动中有了快乐的体验，产生了活动的兴趣，才能自觉、主动、积极地参加活动。

二、常见群众体育锻炼方法

身体练习方法是指人们为了增强体质、娱乐身心而专门进行某项健身活动所采用的具体练习形式与手段，不同的锻炼任务和活动内容，可选择不同的身体练习方法；同一种练习方法也可为不同的活动内容服务，在人众健身活动中，不但根据不同年龄和人群的特点选择活动练习的内容项目，而且要根据不同内容与锻炼目的来选择练习方法。只有身体练习方法得当，才能确保健身的实效性与科学性。

（一）重复练习法

1.重复练习法及其特点

重复练习方法，是指具体的练习根据任务的需要，在相对固定的同一内容方法中反复练习。如同样位置跳绳100次，反复练习简化太极5次。俗话说，"曲不离口、拳不离手"，强调要重复实践掌握技能，健身强体之目的。

①反复练习同一锻炼内容（动作成项目）：如在多次进行的跳绳或投监练习中，保持规定的跳绳动作和投篮技术动作。

②相对固定的练习条件：如在操场指定的区域内，双足同时起跳（或双足交替）的跳绳练习；在罚球线上做单手投篮罚球练习动作，不管多少次（组），这些练习条件不能改变。

③间歇性的练习时间并不是严格规定运动或连续练习后的休息时间短而灵活。主要根据练习者的身体状况，实践的目的和掌握行动（项目）的熟练程度和不同。一般来说，经过休息后，然后再重复下一次练习，这样的间歇时间较短；而连续多次练习后休息时间相对较长，也有利于尽快恢复体力以进行下一次（组）的练习活动。

2. 重复练习法的作用

①在许多练习中培养练习者的运动兴趣和习惯是有必要的。体育运动的兴趣，习惯并不是先天就有的，而是需要通过一些长期练习锻炼和训练而来的。初学游泳的人，一两次下水不能轻易的学会游泳，体会到"旱鸭子"变成"弄湖儿"成功感，才能喜欢游泳和长期坚持。有利于练习者反复练习，逐步把握和巩固行动技巧，同时实现运动，增强体能的目的。体育运动技能的学习，无论是简单还是复杂，都经过反复练习，以掌握和达到技术规范，然后获得健身实力的有效性。

②适合于不同年龄、性别和体育基础的人，在体育锻炼中灵活安排和调控运动负荷；也有助于在练习中及时发现动作错误，改进技术，尽快掌握动作技能。重复练习法的练习条件、次数和间歇时间，可以根据不同人的情况而确定，也适合于不同项目练习，这就为锻炼者创造了一个自主灵活锻炼健身的条件，从而能提高锻炼效果。

3. 重复练习法的分类

重复练习法可分为连续多次重复练习和单次练习与间歇交替重复两类方法。

①单次练习与间歇交替的重复练习法

单次练习与间歇交替重复法是指练习者对某一动作技术每练习一次后就进行休息，然后再如此反复练习的方法。例如，举一次 80kg 重量的杠铃，休息一分钟后再重复举同样重量；足球射门练习一次，休息一分钟后再重复一次，再休息，如此反复练习等。这种方法的主要特点：练习的持续时间较短，练习数量少；练习密度小，间歇时间可固定或不固定，可推迟疲劳产生；适合于在动作初学阶段运用，有利于教师及时指导和观察总结；包有助于锻炼者集中注意力学习和体会动作。

②连续重复练习法

连续重复练习法是指练习者对某一练习动作（或项目）连续重复练习两次以上，之后进行休息，再连续反复练习的方法。如连续俯卧撑 5 个后休息片刻，再继续同样内容的练习。连续重复练习的主要特点是：练习的持续时间较长或连续重复练习数较多。练习密度和运动负荷较大；间歇可固定或不固定；对掌控运动技能，全面提高心肺功能和身体素质有显著作用。这种方法有利于周期性运动项目（如跑步、游泳、滑冰、划船等项目）的练习小安排均匀，如连续跑、游一定距离后休息，再练习。也可以将非周期性项目进行人为设定与限制，进行连续重复练习。

(二) 变换练习法

变换练习方法是指在不同环境条件下进行身体锻炼的方法。如变换运动电位自然环境，现场设施，变换练习的动作元素，运动负荷，动作组合的形式，练习的限制条件等。在大众健身的各种健身活动中，变换练习方法是一种更受欢迎的锻炼方法。如在公园慢跑是利用周边自然环境的变化来实现人类刺激的新奇异，减轻疲劳，提高体育兴趣的效果；在路上，操场慢跑可以快速或慢速组合在游泳中行走，可以继续改变各种姿态的法律，这是在变换运动负荷的练习强度，有利于提高身体适应能力和健身效果。

变换练习法的特点是：由于不断变化的练习者的环境和条件，可以有效地激发运动的兴趣和积极性，减少一些项目的实践单调乏味（如跑步，走路等）；可以提高从业者中枢神经系统的灵活性和系统各个机构的协调，增强体育锻炼的协调适应性；帮助学习和掌握提高身体素质的技能。因此，这种方法有助于延缓或减轻运动疲劳，活跃的运动气氛。

(三) 持续练习法

持续练习法是指在较长时间内，练习者用较小的练习强度持续不间断地进行身体锻炼的方法。如在大众健身活动中，一次持续散步或慢跑 30 分钟。用蛙泳姿势和仰泳姿势连续慢游 20 分钟，连续爬山等。此种锻炼方法较适合于中老年人以健身、休闲、娱乐为目的的群众件体育活动。

该方法的主要特点是：连续不间断运动时间较长，一般至少 20 ~ 30 分钟；运动锻炼强度不大，一般控制最大强度为 50% ~ 60%（心率控制在 100 ~ 170 次 / 分）。因此，中年人更适合的是有氧运动方式；运动过程一般不间断，运动密度大，身体的作用持续运动时间更长，运动效率更高；这种练习方法主要用于提高练习者的实力，发展一般耐力，改善有氧代谢。在运动过程中，根据从业者的身体和运动反应，您可以将运动和运动的强度及时改变到运动形式和运动的强度，适合持续锻炼、健身和娱乐的需要。如持续慢跑时也可走跑交替进行，连续游泳可蛙泳、仰泳、自由泳各种姿势结合练习。

(四) 间歇练习法

间歇练习法的特点是：严格规定两次（组）练习之间的间歇时间，如 2 分钟或心率恢复到 100 次 / 分钟，以控制下一次（组）练习开始时机体恢复的程度。它与重复练习法的不同在于：重复练习在两次（组）之间的间歇时间是较自由确定的，一般在练习者基本恢复、自己不觉得累（到练习前）的情况下才开始第二次（组）练习；而间歇练习是在练习者的身体机能未完全恢复。就继续进行下一次（组）练习。一般在确定间歇时间时，以练习者心

率恢复的状况作为评定指标，来确保间歇时间的准确性与科学性。以健身为重要目的间歇期心率恢复水平，大体上控制在高于安静时心率30%，低于120次／分（如安静时70次／分，间歇期恢复到90—100次／分），即进行下一次练习。以提高运动成绩为目标的竞技训练中间歇恢复心率，大致恢复到120—140次／分时就进行第二次（组）的训练，以较大强度提高运动员呼吸及心血管机能。间歇练习法能有效地提高人体的机能能力和练习效果，特别是人的心肺功能和一般耐力。

第二节　群众体育活动的指导方法

体育锻炼的指导过程中，各种指导方法是互相联系的，且各种方法都有一定的使用范围。要在选择指导方法时遵循无定法、贵在得法的基本原则。指导者在选用方法时要看到各种方法的作用，只有灵活地运用各种方法，才能不断地提高指导质量。

一、讲解法

讲解法是指导者用语言向锻炼者说明锻炼任务、动作名称及其作用，分析动作的要领、方法和要求以及指导锻炼者学习掌握动作技能。运用讲解法时须注意以下几点。

(一) 精讲

体育锻炼的特点是以身体实际操练为主，实际操练应占锻炼的大部分时间，可以说练习密度的大小，决定了锻炼效果的好坏。体育指导中，为了保证锻炼者有足够的锻炼时间，指导者应尽量做到精讲，指导者必须深入了解动作技术，加深对动作的理解，掌握运动的重点和难点，这样才有可能在讲解时重点突出，语言准确、生动、形象。

(二) 正确运用体育术语

体育术语是从体育运动技术中提炼出来的专门性技术用语。它是人们长期从事体育运动实践的产物，是人们在体育工作时用以统一认识。便于交流传息的特殊用语。体育术语使用概括的词语来说明某个动作的名称、技术特点、动作结构、动作规范等。

(三) 语言的科学性

指导过程中使用的语言必须是科学语言。科学的语言具有其具体含义。

首先，语言必须反映客观事物的现象和性质；其次，语言应该能够解释客观事物的规律性；最后，不同学科的特殊条件在参考中，不能随意改变其原意。教师要认真认识教材的基础，多次思考指导教师所讲的内容，不得敷衍了事。要对每个技术要领认真思考，设计好每一句话，使指导语言有充分依据，经得起推敲。

(四) 使用口诀

在指导过程中经常会遇到一些技术较复杂的内容，为了描述这些动作要领，往往需要较多的讲述，这对锻炼者的理解不利且不能确保练习时间。有经验的指导者往往将这种动作过程的核心要领提炼、概括成几个字或几句话，这就是我们所指导的"口诀"式讲解。口诀的特点是语言简练、条理清楚、有一定的节奏韵律，有些类似顺口溜或歌谣。

(五) 语言的艺术性

指导语言的艺术主要体现在语言形象上，生动有趣。要做到这一点，导师必须提高思想培养水平，文化水平和专业知识水平。简单地追求语言的艺术性质，脱离指导语言的科学性质是错误的。指导语言的艺术性必须以科学性为基础。

二、示范性

动作示范是体育指导的重要方法，它是贯彻直观性原则的重要途径。示范与讲解构成了体育指导中最根本的指导方法。示范是把要教授的内容生成直观的形象，教练可以做出正确的示范行动，训练者能够模仿来进行锻炼。因此，示范的讲解应该是形象直观的，讲解是示范的深化和抽象，两者互补，构成最常见的运动指导，最有效的指导。

正确地运用示范法，要做到下列几点：

(一) 示范的位置正确

一个指导班通常都有四五十人，要使每个锻炼者都能看到，就应讲究示范位置和示范面。示范位置的选择与动作方向、器材、队形郁有直接联系。示范面是根据生物力学中人体运动器官3个基本运动轴和平面的观点而确定的。

(二) 示范要正确合理

示范的正确，是要求指导者示范的动作要准确、优美，能够使锻炼者初步建立起正确的动作概念。示范的合理，是要求指导者的示范符合锻炼者的实际水平，不能把指导中的动作示范变成技术表演。如果指导者的示范超出了锻炼者可能接受的水平，就会使锻炼者产生高不可攀、望尘莫及的想法。这种脱离锻炼者实际的示范、会导致锻炼者丧失练习信心，甚至产生惧怕心理。

（三）示范要有明确的目的

示范要使锻炼者明确重点，有时是观察动作的整体，为的是建立一个动作形象，更多的时候是观察某个部位，如于臂或躯干动作的连接等。要想办法让锻炼者把观察视角对准重要的地方，如某一部位放一物品来集中注意力。切忌盲目地反复示范动作，这样达不到预想的效果。

（四）示范的次数、时机要合适

对于练习者从未体验过的动作内容，教练在讲解动作名称的描述中应该是在完成动作演示后立即进行的。对于某些练习者学过的动作行为，为了审查或改进，导师可以在演示后解释。对于更复杂和困难的人，教练可以多次演示。讲解与示范在指导过程中紧密相连，在体育指导方法中具有同等重要地位。一些教练为了让运动者学习某个运动动作，不仅解释了练习方法和方法的动作，而且还示范该动作，只解释不演示，只运用抽象概念；只示范和缺乏必要的解释，运动才会看到形象的动作。所以解释与示范是互补的，是双方进程的统一。但是在任何情况下都需要说明一边的演示一遍讲解或又讲解又演示。根据不同的指导内容和不同的指导要求，有时讲解是主要方法，示范是解释补充；有时演示是主要的方法，解释就是演示的必要补充。

二者的结合形式有：先讲解后示范，先示范后讲解，边讲解边示范等几种。

三、纠正错误法

练习者在掌握运动技能的过程中，不可避免会出现各种错误，这些错误的行为不仅会使练习者产生行为不合理的动作规则，而且对身体也可能产生不良的影响以伤害锻炼者的身体因此，预防和纠正错误是引导体育运动的重要途径。

预防和纠正都是对错误动作施行校正的有效手段。指导者首先要着眼于预防，也就是防患于未然。如果预防工作进行得好，就可大大减少纠正的负担。能否掌握锻炼者产生错误的原因，是能否做好预防工作的关键，也是运用指导方法的前提。

(一) 产生错误动作的原因

(1) 练习项目的安排和指导法的选择与锻炼者的接受能力差距过大，也会造成较大范围的错误动作。指导者在选择指导方法时，一定要照顾锻炼者实际情况，这样才能预防错误动作的发生。

(2) 锻炼者在学习一个正确的动作前，会出现原有错误技能的迁移。指导者在指导前应深入了解锻炼者有关情况，在指导过程中注意动作技能的迁移规律，采取防止错误技能迁移的特别措施。

(3) 由于指导者对教材钻研不透、理解不深，在讲解与示范中传授了错误的知识概念，或是指导中抓不住重点难点，造成锻炼者理解上的错误。这种错误往往表现在人多数锻炼者中，指导者应认真备课，不断提高自己的学习指导能力，特别是讲解和示范的能力，在指导中给锻炼者以正确的动作概念。

(4) 由于练习者对内容缺乏明确的目的，实践热情不高，态度不认真；或者由于学习动作难度大，运动量多而心生畏惧。这些心理不利因素的影响也可能导致发生虚假行为。在这方面，教练应该在指导加强学习教育目的的过程中，运用各种方法启发和动员练习者的运动积极性。在教学中必须采取灵活多样的方法。使运动增强信心，产生兴趣，克服所有不良心理因素，从而达到预防错误的目的。

(二) 纠正错误动作应注意几点

(1) 纠正错误动作时，一定要根据错误动作的锻炼者人数来确定纠正形式。若是多数人的错误，可以采取集体纠正的方式。若是个别锻炼者的错误，则可以采取个别辅导的方式。无论采用哪种形式，指导者都要耐心启发纠正，使锻炼者感到指导者的殷切期望，从而增加克服错误动作的信心，产生改进动作的愿望和勇气。

(2) 纠正错误要抓主要矛盾。锻炼者在练习中的错误动作有时不止一个，如果急于求成，不分主次地纠正，经常会使运动者产生挫败感，甚至失去纠正错误的信心。此外，锻炼者的错误行为有时表现为某种联系，但错误的原因可能是由另一个环节造成的。如果教练不分主次，就不能抓住错误的症结所在，当然也就不能纠正错误。在错误动作较多时，先纠正主要错误，然后再有顺序地逐个纠正其他次要的错误。

(3) 发现锻炼者在练习中有错误动作时。首光要分析其产生的原因，这就要求指导者具有一定的观察和分析能力，由较高的业务水平才能对症下药，及时纠正错误。

第六章

群众体育活动方案设计与组织

本章介绍了健身体育、康复体育、休闲体育、都市体育、农村体育、职工体育活动的内容，阐述了开展体育活动的注意事项及制订健身活动计划的步骤，论述了各体育的设计与组织原则及相关注意事项。

第一节　健身体育活动方案的设计与组织

一、选择适宜的健身运动项目内容

健身体育主要是指正常人为达到一定的健身、健心、健美目的所采用的身体锻炼的具体活动内容与方式。通过体育锻炼增强体质，使参与者的身体产生形态、机能、生理、生化等多方面的良好变化，是一个日积月累的渐进过程。参加体育锻炼的人们个体之间存在着较大的差异，所处的地理环境不同，文化背景、生活方式、生活习惯也各有差异，锻炼的客观条件也是千差万别，他们要想实现各自不同的锻炼目的，就必须在众多的体育项目和内容中进行恰当的选择。随着社会的发展，科技的进步，人们的物质生活水平有了极大的提高，食物数量和膳食结构发生了巨大的改变，高脂肪、高糖、高蛋白等高热量食物的摄入量激增，以及家用电器的普遍使用，现代化交通工具的普及与运用，人们的家务劳动时间大大的缩短；电气化、办公机械化、网络信息技术的快速发展，以及自动化程度的迅速提高，人们从事各种体力劳动的机会和时间大大减少。

与此同时，受加快的生活节奏、激烈的社会竞争、复杂的人际关系以及环境污染等多种因素的影响，人们营养过剩、运动不足、精神高度紧张，也正是这些变化使得恶性肿瘤、心脏病、高血压、糖尿病、肥胖症、神经衰弱等成为常见病和高发病。这些被称为现代社会的"文明病"，它给人们造成的危害之大，范围之广，后果之严重令世人触目惊心。面对现代社会"文明病"的挑战，关注健康、投资健康、拥有健康、提高生活质量成为人们体育锻炼追求的目标。生命在于运动，而运动要讲究科学。中华民族在其五千多年的发展过程中，人们在体育锻炼实践活动中不断探索和创新了众多的科学健身项目内容和方法手段，如导引术、五禽戏、八段锦、太极拳等，至今仍广为流传，形成了具有东方特色的养生健身文化。随着改革开放的不断深入，中西方体育文化的不断交流、推广，许多西方体育健身项目涌入中国，如健美操、瑜伽、体育舞蹈、保龄球、高尔夫、健美运动、攀岩、网球等，成为人们健身活动中的新亮点和热点。在体育锻炼过程中，尽管有这么众多的国内外体育健身项目、内容、方法与手段可供大家选择，但并非每个锻炼者都适合进行某个项目的练习。由于每个锻炼者的性别、年龄、身体状况、兴趣爱好、锻炼目的、职业特点以及体育基础等方面的不同，加之受锻炼的场地器材、地域、季节气候等客观条件的影响。因此，在进行体育锻炼时要综合考虑每个锻炼者的各种主、客观因素，对要从事的健身项目、健身内容进行科学而合理有效的筛选，进行一对一的制订方法，做到"一把钥匙开一把锁"，选择每个锻炼者适宜从事的健身项目、内容、方法和手段以及合理的运动负荷、恰当的锻炼时间和地点。

二、选择健身项目的主要事项

在全面建设和谐小康社会的进程中，全民健身活动也在全国各地如火如荼地开展，且已经形成了一个全社会关心体育、重视体育、男女老少踊跃参与体育活动的可喜局面。面对亿万人民群众参与体育健身的热潮，要满足广大人民群众日益增长的体育需求，给他们提供优质的体育服务，愉悦其身心，增强其体质，提高他们的生活质量就必须注重健身项目的选择。如今，国内外体育健身项目发展如此丰富多彩，根据这些众多健身项目的特点和作用，科学合理地选择适宜不同参与者的健身项目，有益于提高参与者的锻炼效果，增强他们的体质，满足他们的体育健身需求，丰富其文化生活内容，提高锻炼者的身心健康水平。因此，在体育锻炼过程中针对不同体育锻炼参与者的特点和实际情况，为了获得理想的锻炼健身效果，对于健身项目的选择应该注意以下几个方面。

(一) 要体现以人为本，健康第一的思想

体育锻炼过程中体育锻炼身体素质、兴趣爱好、年龄、性别、身体状况、体育运动基础、职业特征、季节气候、地理区域等都是不同的。为了使每个人在体育锻炼中达到令人满意的健身效果，要达到理想的健身要求，应该针对每个具体的身体状况和运动特点，根据不同运动对体育运动的不同健身效果提供广泛的体育服务，科学理性选择更适合自己的运动健身计划，让人们从身体锻炼过程中，体会到身体和精神的乐趣，并乐意参与自己喜爱的运动健身活动，享受运动带来幸福，增强身体素质，以获得乘数健身效果。

(二) 要科学辩证地对待运动项目的运动负荷

不同的运动给身体的运动负荷和作用是不同的。每项运动的运动负荷是否科学合理，直接影响健身运动的效果。运动负荷太小，给身体的刺激有限，不能造成身体的反应，运动不能达到身体的作用；另一方面，运动负荷太大，给身体的刺激超出身体的承受度，不但不能增强体力，而且会对身体的健康造成不利影响，只会产生适得其反的后果。因此，只有科学合理的运动负荷安排，才能使运动锻炼负荷产生不同的运动能力，才能获得理想的运动效果。而且客观认可运动量的大小是相对的，对于每次运动，运动负荷的安排和实施必须是不同的，不同的治疗，科学和辩证的治疗相同的运动负荷，同样的运动负荷是不同的刺激和每个锻炼者的效果。

(三) 要强调身体锻炼的全面性

人的有机体是一个完整的体系，身体各部位，器官，体系功能，各种身体素质和基本活动及心理能力应全面健康发展。一个人的生物体的发育或退化可能会导致相关方面的一些其他变化。所以在锻炼过程中要强调综合运动，要考虑到，要注意选择那些能够使身体功能全面协调发展的体育锻炼项目、内容、方法和手段，避免单身培训项目，内容和方法手段对人体造成的不均匀或异常发展的发展，确保健身运动过程中获得满意的综合健康发展。

三、制订健身活动计划的步骤

一般来说，规划是指将来行动的想法和部署，以达到某种目的。有专家说："其实不管单位还是个人，不管什么事情，提前应该有计划和安排。"按计划，工作有明确的目标和具体步骤，可以协调每个人的行动，增强主动性，减少盲目性，使工作有序进行。"我们不能预见未来，但如果我们当时没有根据我们所得到的信息的未来计划，我们就不能理性地行动，"西方经济学家澄清了事实。对于体育锻炼健身的人们来说，科学合理地制订一个符合实际、切实可行的健身活动计划，有利于人们在锻炼过程中减少运动的盲目性，少走弯路，能科学、有序、高效率地进行健身锻炼，增加锻炼的实效性和经济性，提高他们的健身效果。制订健身活动计划的步骤如下。

(一) 确定健身活动的目的

参加体育锻炼的人们因其年龄、性别、职业、身体状态、兴趣爱好、体育基础以及所处地理环境和季节等方面的不同，他们的体育健身锻炼的目的和需要是不一样的。因此，要针对每个锻炼者的上述具体情况，尽可能地制订明确的健身锻炼目标。健身锻炼目标是健身锻炼的出发点和归宿，是制订健身活动计划的前提。健身锻炼目标的制订应尽可能地恰如其分，既不能太高也不能太低，要具有一定的挑战性和激励性，锻炼者通过自身的努力可以实现的。同时，随着锻炼者身心状况的不断发生变化，健身锻炼的目标也要随之进行有效的调整，以保证健身锻炼目标的科学合理，使锻炼者都能达到自己理想的健身效果。

(二) 选定适宜的健身项目

由于体育锻炼者的性别、年龄、职业、兴趣爱好、身体状态、体育基础以及所处地理环境和季节等方面的差异，体育需求和健身目的也各不相同，要根据这些不同的实际情况，科学合理地选择适合每个锻炼者自身适宜从事的运动项目，这既有利于充分发挥每个人的特长，提高其锻炼的效果，又有利于充分调动他们锻炼的积极性，能持之以恒地参与锻炼，避免半途而废，达到强身健体的目的。选择适合自己的运动项目主要考虑以下几个环节：①体育健身锻炼目的；②年龄、性别；③自己所能承受的运动负荷；④兴趣爱好；⑤锻炼场地、设备以及锻炼环境；⑥相关的体育服务。

(三) 科学掌握锻炼的运动负荷

由于体育锻炼者的个体身心特点和实际情况等方面存在着较大差异，即便是在同年龄的不同个体中，他们之间也都有着千差万别。因此，在体育锻炼过程中每个锻炼者对运动负荷的承受能力和适应能力就会出现不同程度的差异。体育锻炼过程中的运动负荷对于每个锻炼者来说，都不可能是完全相同或一成不变的，同一个运动负荷对于不同的锻炼者来说就会有大与小之分，要认识到运动负荷的大与小都是相对的。要科学的掌握和控制适宜的运动负荷，就必须依据每个锻炼者的不同身心特点和具体情况，有针对性地加以区别对待，做到量体裁衣，科学运动。只有适当的运动和锻炼，锻炼者才能身心愉悦的进行运动，才能达到理想的强身健体的效果；过量的运动和锻炼则容易诱发运动损伤和产生过度疲劳，影响生活和工作，甚至会造成事与愿违的结果；而运动量过小又达不到健身锻炼的效果。

(四) 科学选择身体全面发展的体育锻炼

尽管每个锻炼者的锻炼目的和要求不一样，但是，追求身心的全面发展则是每个人的锻炼梦想。人作为一个完整的有机体，机体的各部位、各组织器官系统是相互联系、相互制约的，只有机体的各部位、各组织器官系统得到均衡的锻炼，身体才能得到全面健康的发展。单一、片面或局部的锻炼会引起身体的发展失去平衡，阻碍和牵制机体的整体提高。因此，无论是在体育锻炼项目、内容的选择上，还是在锻炼方法与手段的选择上，

都应该保证它们的丰富与全面，要统筹兼顾，做到全面协调发展，使锻炼者的身体得到全面的锻炼，确保每个锻炼者的身心都能够得到全面、有效的健康发展。

(五) 确保体育锻炼的不间断

锻炼者在锻炼的初期，往往是心血来潮，兴趣很高，十分踊跃地投入锻炼，活动量很大，面对突如其来的大运动负荷，他们的机体无法一下子适应超量运动，身体反应过大，甚至造成一些伤病的发生，加之对体育锻炼缺乏科学认识，往往希望锻炼能够立竿见影，其结果就是锻炼者大失所望，造成退出或中断体育锻炼的现象随处可见。体育锻炼的知识，技能的学习、掌握都有其内在的联系和系统性，只有遵循其内在联系和系统，循序渐进地进行锻炼并逐步提高，才能取得良好的锻炼效果；同时，锻炼者身体机能的提高，身体素质的发展，运动技能的掌握是锻炼者有机体对锻炼的一种适应，这种对锻炼的适应只有坚持持续地、不间断地进行锻炼并逐步积累才能够达到。时断时续的锻炼，会使得锻炼者有机体所产生的适应性变化非但不能积累，而且会逐步消退。因此，在体育锻炼过程中要加强宣传教育和引导，让广大锻炼者知道，体育锻炼不能是三天打鱼而两天在晒网，体育锻炼必须保持经常、不间断地进行，锻炼的效果才会显现和持久，锻炼者才会收到理想的锻炼效果。要使锻炼者能不间断、持续的进行锻炼，就必须坚持无论是锻炼的项目、内容、运动负荷，还是锻炼的方法与手段、对技能的掌握以及锻炼目标的制订都应该体现出循序渐进和因人而异的特点和规律，以保证锻炼者能够从容面对锻炼，树立信心，增强自信，逐步养成锻炼的习惯，并能够持之以恒的锻炼下去。

(六) 重视体育锻炼的信息反馈和自我监控

健身活动计划是否科学合理，需要通过实践来检验。锻炼者的锻炼目的，从事的运动项目、内容、练习的方法与手段的不同以及其自身个体之间存在的差异，在进行科学锻炼时就必须针对不同锻炼者的具体实际情况"对症下药"，为他们提供科学合理而有效的体育锻炼。"对症下药"就是要充分地及时地了解锻炼者的锻炼信息的反馈，在掌握有关信息的基础上，了解所实施的锻炼项目、内容与运动负荷、方法与手段对强身健体是否有效或效果大小，从而确定是否按照原定锻炼计划继续实施锻炼或者是对锻炼的项目、内容、运动负荷、锻炼的方法与手段进行合理的调整，以确保身体锻炼的科学性和有效性，以取得理想的健身锻炼的效果。同时也要注意锻炼者自身的自我感觉。例如，锻炼后精力充沛、精神振奋，食欲和睡眠良好，身心愉快，虽有疲劳感，但经过休息后就恢复正常，这些表明锻炼活动比较合适，可以按照原锻炼计划继续进行锻炼；反之，如果锻炼后身心无明显反应或是深感疲劳，食欲不振和失眠，经过休息后仍感到周身乏力，厌倦锻炼，甚至对锻炼有抵触、惧怕心理，说明所实施的锻炼无效果或有害，应及时对锻炼情况进行有效的分析，对锻炼的相关内容等进行必要的调整。有条件的地方可以加强锻炼过程中的医务监督，以保证体育锻炼的科学与安全。如果没有适合的医务监督，锻炼者可以根据锻炼时自身的心率变化来判定锻炼是否适宜，脉搏可以用手在桡动脉、颈动脉处直接测定，该方法非常简单、易行、实用。

第二节 康复体育活动方案的设计与组织

康复是为了达到下列目标的一个过程，通过综合协调应用各种措施，消除或减轻伤、病、社会功能障碍，残者身心、达到和保持感官、生理、智力和精神（或）社会功能最佳水平的目标的一个过程，通过一些手段改变生活，增强自力更生，使这种病、伤、残疾人可以回到社会，提高生活质量。现代医学领域的康复主要是指身心功能、职业能力、社会生活能力恢复。世界卫生组织（WHO）康复专家委员会（1969）解释康复的定义如下："康复是指将医疗、社会、教育和职业措施综合协调地应用于患者的培训和再培训，能力实现最高水平1994年，世界卫生组织专家将被定义为：康复是指应用一切措施减少残疾的影响，使残疾人有更好的生活质量，实现其作为一个整体，体育康复也被称为医疗体育，正是随着康复医学的兴起，康复运动的逐渐兴起是20世纪中期有一个新的概念，它是基于患者的特点受伤运动手段或身体功能锻炼，达到预防，治疗和康复的目的克拉。

一、康复体育的特征

（一）康复体育是目的明确的主动体育

康复运动是锻炼者为实现自己恢复能力为目的的病人，主动参与积极性运动的治疗过程。由于康复训练对患者的目的非常明确，在运动疗法过程中往往可以主动配合指导，用自己的意志和行动克服许多不适的出现，并通过自己的不懈努力实现自我康复，这非常有利于动员积极预防患者的治疗，有助于促进患者的健康恢复。

(二) 康复体育是整体兼顾的全身体育

人体的组织和器官系统功能的各个部分的功能是相互关联的，相互制约和相互影响的。康复体育不是那痛就医那，而是通过身体有效的身体运动，通过合理的身体运动，改善身体各器官的调节机制，促进身体的功能得到充分的提高和改善，达到增强身体素质的目的，提高适应性和抵抗力的目的。

(三) 康复体育是自然体育

康复体育是利用人类固有的运动功能作为患者的治疗手段，其不受时间、场地、器材设备等条件的限制，可以在大自然中随心所欲地开展活动，只要进行正确的组织引导，就不会产生副作用。

(四) 康复体育是特许的监护体育

康复体育面对的是各种各样急需恢复健康的患者。因此，根据不同病人的具体病例，在有针对性的运动严格监督下，在有关人员和医护人员的指导下，加强对疾病的治疗，并在病人出现各种不适前做出正确诊断和监测，采取有针对性的预防措施和手段，确保康复锻炼的科学性、安全性，加快患者的康复速度。

二、开展康复体育的注意事项

康复体育是针对不同的疾病患者而进行的康复锻炼，不言而喻，参加康复体育的这些患者都有这样或那样的伤病问题，在组织开展康复体育时，就应该特别重视和加强对患者进行正确的指导和合理的安排，使他们通过不同的康复锻炼得到有效治疗和康复，加快伤病的恢复。在进行康复体育锻炼时，要避免因指导和安排不当而给患者增添额外的损伤或意外，引发新的伤害，造成不必要的事与愿违的结果。因此，在开展康复体育时应注意以下事项：

(一) 对症下药，强调科学性

在身体锻炼的康复中，要充分了解患者的各个方面，特别是受伤部位，了解患者的实际身体状况，根据每个病人的具体伤害情况和实际情况，进行有针对性的康复锻炼，科学合理确定内容锻炼，方法，康复手段，随时对患者的不同变化，以及根据患者的实际需要及时适当地调整康复锻炼。

(二) 强调安全第一，注重准备活动

开展任何体育锻炼都要注意安全，忽视安全，便违反了体育锻炼的相

关规律，就会出现不必要的伤害事故，更何况是从事康复锻炼的患者。因此，在开展康复体育时要特别强调安全第一。科学合理的安排，遵循相关运动规律是防止伤害事故发生的关键，而锻炼前做好充分的、有针对性的准备活动，确保各器官系统的机能进入良好活动状态，则是有效进行康复锻炼的必备条件。同时，要正确区分、判断康复体育的适应症和禁忌症，严格进行控制，对锻炼中出现的不同症状反应给予科学的区分和监控，以保证有的放矢的进行康复锻炼。另外，还应注意康复锻炼的场地器材的安全问题以及加强锻炼时的安全保护，做到防患于未然。

（三）强调锻炼的全面性

康复运动是一种康复训练，对于各种不同疾病的患者有明确的目的。虽然每个病人的伤害部位，病症呈现多种多样，但作为一个完整统一的有机体，组织各部位和器官系统的身体相互关联，相互制约，相互影响。因此，运动康复除了加强患者康复康复锻炼之外，还要注意综合康复患者的运动，以防止身体造成的身体不平衡的发生引起的康复或畸形的发展可能患者可以获得理想的康复。

（四）强调循序渐进和因人而异

恢复受伤需要一个过程，康复过程要有耐心和毅力，康复锻炼不能立即见效。恢复需要一段时间，任何快速的运动只会适得其反，会导致康复失败，甚至增加伤害程度，造成适得其反的后果。所以，康复锻炼要结合患者的实际情况，循序渐进的科学安排康复锻炼，使患者逐步地适应锻炼活动，稳步地恢复健康。同时，锻炼的内容、手段与方法、运动负荷等方面的安排要循序渐进，并根据每个患者的具体情况区别对待，因人而异的进行康复锻炼，使每个患者都能从事自己适宜的锻炼活动，能心情愉快地投入锻炼，通过这些有效的康复活动来达到良好的康复效果。

三、康复体育设计与组织原则

（一）以人为本，安全第一原则

对于身患各种不同伤病的患者来说，参加康复体育的目的就是通过科学有效的康复锻炼，促进身体机能的健康恢复，进一步提高身体的健康水平。在从事康复体育锻炼时，以人为本和安全第一是进行康复活动必须遵守的基本原则。因此，无论如何设计与组织康复锻炼，康复锻炼都必须紧紧围绕以人为本和安全第一这两个基本原则来开展，脱离了这两个基本原则，康复运动就会迷失方向，甚至会造成新的意外事故发生，康复体育就

不可能达到其应有的康复效果。以人为本和安全第一就是要根据患者的具体伤病状况和实际情况，在康复锻炼的内容、方法与手段、运动负荷、健康恢复进程等方面的安排都要体现出目的性、科学性、实效性，使康复锻炼能真正符合每个患者自身的实际需要，使他们能正确的选择到适合他们从事的康复活动，能有的放矢地进行康复锻炼，提高康复锻炼的质量和效果。

(二) 适宜运动负荷原则

在康复锻炼过程中，尤其要注重运动负荷的安排要恰当合理，使之既能满足患者的康复的需要，又符合患者伤病部位的实际承受能力。运动负荷的安排是否科学合理，直接影响到康复锻炼效果的好坏，关系到康复的速度、康复过程的快慢。运动负荷过小，虽有一定的康复作用，但效果有限，不能起到良好的康复作用；反之，运动负荷过大，超出了患者的承受范围，不仅不能起到康复的作用，反而会增加伤病的受损程度，进一步损害身体。所以，只有选择适宜的运动负荷才能起到有效的康复作用，达到恢复健康的目的。康复锻炼时，要根据患者的伤病状况和具体实际情况以及康复的目标，科学地安排好运动量与运动强度。只有进行适宜运动负荷的康复运动，锻炼后才能获得良好的恢复，身体机能才会逐步增强。不切实际地加大运动量和运动强度，操之过急往往只会产生事与愿违的后果。一般情况下，康复初期可以选择低强度、中等运动量的锻炼，随着锻炼的持续，伤病部位状况的好转，运动量与运动强度都可以视具体情况而有所增加，但应以增加运动量为主、适当加大运动强度为辅。

(三) 身体全面发展原则

体育锻炼过程中，锻炼者期望通过身体锻炼来获得身心的全面发展，这是所有参加康复体育锻炼者的目标追求。人体是一个完整统一的有机体，身体的各个部位、各器官系统都是相互联系、相互制约的。身体某个部位或某个器官系统出现某些状况也都会引起相应部位或器官系统的相应的反应。尽管患者有着这样或那样的不同康复目的和要求，但是，身体的全面发展能使身体的各部位、各器官系统相互促进，共同提高，有利于加快患者的康复速度和提高康复的效果。单一的康复锻炼的效果是极其有限的，也容易引起此起彼伏的现象发生，还有可能造成某一部位的单纯发展，形成身体发展的不均衡，甚至可能引起身体的畸形发展，不利于患者身体的康复。

(四) 循序渐进和区别对待原则

患者不同的伤病损伤程度确定了其康复过程需要不同的时间，任何康复活动都不可能立马见效，立竿见影。对于患者来说，所有的康复活动都必须是有计划的科学进行。不同的患者，其年龄、性别、身体状况等方面存在着较大的差异，要想让所有的患者通过康复锻炼来达到自身的康复目的，在康复活动的安排上就应该严格遵循循序渐进和区别对待的锻炼原则。循序渐进就是要有规律、有节奏地进行康复锻炼，它包括运动负荷、技能学习、活动内容以及方法与手段等都应由小到大、由易到难、由浅入深、由简到繁的逐渐递进地进行，从而保证参加康复的患者无论是在生理上还是在心理上都能够从容地适应康复锻炼，充满信心地投入到康复活动中去，能心情愉快地、积极主动地配合康复治疗，也有利于获得理想的康复效果。对于不同的患者，在进行康复锻炼时，要根据每个患者的不同实际情况和自身的特点做到区别对待，因人而异，使康复锻炼更加具有针对性。这就要求无论是在康复锻炼的内容、方法与手段的选择上，还是在运动负荷、技能学习的安排上都应该结合每个患者的具体实际情况和伤病程度，做到区别对待，对症下药，有的放矢地进行康复锻炼，科学有效地加快健康恢复的速度。

第三节　休闲体育活动方案的设计与组织

一、休闲体育项目内容

休闲体育是有自由心态的人，可以在余暇时间里自由支配时间，各种运动休闲活动放松，有愉快的情感体验，丰富文化生活，提高生活质量。随着社会的进步和科技的飞速发展，人们的休闲时间越来越多其生活质量得到普遍的提高，文化生活的需求进一步提升，人们需要休闲运动干预，消除生活，加快工作速度，造成高度紧张，缺乏运动和疲劳，得到积极的休息，从而实现身心放松，释放情感，满足人们身体的需要和心理健康发展。休闲体育活动丰富多彩，其活动并不坚持任何形式对技术和体能的要求不高，人们参加哪种锻炼方式，均可以由自己随心所欲地进行选择，在心情愉快的状态下从事自身喜爱和擅长的休闲体育活动，体现出对人们身心健康发展的人文关怀。

休闲体育的常见内容有：各种活动性游戏、旅游、狩猎、球类游戏、表演、以及观看各种体育比赛活动。其活动的形式可分为以下几种。

（1）观赏型休闲体育活动。它包括观看各种体育运动竞赛和体育表演的活动；

（2）陶冶性情型休闲体育活动。它包括各种棋牌、电子游戏、垂钓等活动内容；

（3）运动型休闲体育活动。它包括各种现代竞技运动项目（降低、软化竞技技术要求的成分，突出鲜明的游戏性、娱乐性等特征），登山、郊游、徒步旅游、踏青、漂流等活动内容。

但是，这些丰富多彩的休闲体育活动内容及各种各样的锻炼方式也并非完全都适合每个人的参与。由于人们在年龄、性别、兴趣、爱好、身心的实际状况以及所处地域、锻炼环境、季节气候等方面存在着较大的差异。所以，在选择休闲体育项目内容时，就必须要根据具体情况，选择合适体育运动项目，同时也要考虑具有浓郁民族特色的传统体育项目，根据不同参与者的身心特点和实际情况，从众多休闲体育活动中选择出他们适合进行的体育项目。例如，青少年可以选择竞技成分较高、运动负荷较大的球类运动、街舞等休闲体育；中老年人则可以选择修养身心的钓鱼、郊游、运动负荷适中、踏青、太极拳、交际舞、棋牌休闲体育；女子可以根据自身的具体情况和特点，选择适合个人身心特点的健美操、瑜伽、体育舞蹈、乒乓球、散步、羽毛球、慢跑、交际舞、太极拳等休闲体育。

二、休闲体育项目的注意事项

休闲体育是人们自身为提高生活质量，倡导文明、健康、科学的生活方式，为消除疲劳、愉悦身心、谋求自身的身心全面健康发展而选择的适宜的健身锻炼方法与手段。尽管人们对休闲体育项目的选择范围广、自由度大，但仍然需要从众多的可供挑选的休闲体育项目中，正确地选择出适宜自己从事的休闲体育项目，规避选择上的不合理以及盲目的从众行为。因此，人们在选择所要从事的休闲体育项目时应该注意以下事项：

（一）应适合自己身心发展的规律和特点

对于休闲体育项目的选择要根据自身的身心发展规律和特点以及个人的兴趣、爱好和锻炼基础来作出恰当正确的抉择。不同性别、年龄、参与者要针对自身的实际状况，科学合理的选择适宜本人从事的休闲体育项目，一定要量力而行切实可行，注意安全，适可而止，切忌逞强好胜、相互攀比，从事自己力不从心的休闲体育项目。随着社会的发展，科学技术的进步和人们生活水平的不断提高，休闲体育项目会不断变换花样、推陈出新、令人眼花缭乱、目不暇接，而这种过于频繁的变化不仅会增加消费的负担，也使得参与者很难从中体会到运动本身所带来的乐趣。休闲体育所带来的乐趣往往是在自身擅长且经常从事的活动中获得的，所以这种愉悦的获得是需要一定的技术水平和兴趣爱好作为支撑的。假如一个人既不爱好篮球、对篮球没兴趣，又缺乏篮球运动的基本技术（如基本的运球、传球、投篮等技术），这就很难让人想象他会在参加的篮球活动中获得运动带来的真正乐趣。所以，每个参与者最好是能根据自身的身心发展规律和特点，结合自己的兴趣爱好，在众多的休闲体育项目中科学有效地选择 2~3 个适合自己从事的活动项目，充分发挥自己的特长，使自己能从中真正体验到运动带给自身的乐趣和身心上的愉悦，促进身心的健康发展，从而能长期稳定的参与体育健身锻炼。

(二) 强调愉悦身心和非功利性特点

休闲运动是寻求身心放松，获得愉快的情感体验，提高生活质量，以达到各种健身活动的目的。休闲体育主要是通过各种休闲健身运动，有效调整和改善人们的身心状态，积极的进行休息，促进身心健康发展。一般是非功利性非报酬运动，体育本身的主要追求是享受体育乐趣。

因此，休闲体育项目的选择应该是以最大限度地满足人们身心放松的需求，并在进行活动时充分体验运动带来的乐趣，获得最大的身心愉悦，促使人们的身心得到健康的发展为首选。在选择休闲体育项目时，必须体现出愉悦性和非功利性的特点。人们从事休闲体育不是以刻意追求运动成绩以及由此带来的收益为目的，而是在活动中保持一个自由自在的舒畅心态，充分地体验休闲生活，追求和享受运动本身所带来的无穷乐趣，消除工作生活快节奏所带来的诸多不适和不良影响，对自身的身心进行积极的调整和改善，陶冶情操，以获得身心的全面愉悦，促进身心的健康发展。

(三) 适合自身的经济条件

毋庸置疑，许多休闲体育活动都是需要经济投入的，只不过是投入有多有少，参与者可以根据自身的经济收入来选择适合自己消费能力的休闲体育活动。休闲体育的消费是多元化，多层次的。属于高消费的有：高尔夫、保龄球、网球、台球、体育旅游、极限运动等；属于中等消费的有：羽毛球、游泳、郊游、健身健美运动、体育舞蹈等；而属于较低消费的：慢跑、太极拳、棋牌活动、乒乓球、各类健身操等。所以在选择休闲体育项目时，一定要结合自己的经济实力，相对应地选择符合自己消费能力的活动项目，有什么样的经济条件，就从事什么样的活动项目，要学会对口消费。如果在选择休闲体育项目时不顾及和考虑自身的经济条件，盲目地攀比他人或追随潮流，参加一些不适合自己消费能力的活动，就会给自己造成巨大的经济负担，严重影响自身的工作和生活，也会因不适当的过度消

费，最终迫于经济压力而终止休闲体育活动。

(四) 保持一个相对固定的活动方式

休闲体育活动可以是单独活动，也可以是集体活动，同样参与运动所带来的乐趣可以是一个人独自享受，也可以是集体共同享受。

三、制订休闲体育活动计划的步骤

(一) 科学选择适合自己从事的休闲体育项目

对于休闲体育项目的选择，必须认真考虑参与者的年龄、性别、兴趣、爱好、特长、身体状况、体育基础等各方面的具体情况，综合这些因素来因人而异地选择出更加适合自己从事的运动项目，就如同医院的医生给病人看病一样，不同的病人的医药处方是不一样的，不会一张医药处方就适合所有的病人。千篇一律是不行的，医生看病需要确诊病情后对症下药，针对不同病人的不同症状处方用药。所以，科学合理地确定适合自己的休闲体育项目是非常重要和关键的，它有利于人们从运动中得到真正的运动乐趣，愉悦身心，获得积极性的放松休息，改善和提高人们的身心健康水平。

(二) 根据人们的经济收入，合理地确定消费标准

有什么样的经济条件，就有什么样的消费水平。不同的个人经济条件，决定了人们休闲体育的消费层次。脱离参与者自身的经济收入，超出他们的消费能力，任何休闲体育活动计划的制订也仅仅是纸上谈兵，毫无意义。所以，休闲体育活动计划的制订必须要结合人们的经济条件，在他们经济能力允许且能够承受的范围内，合理地确定适合他们从事的运动项目。

(三) 防患于未然，及时调整计划

在休闲体育活动的开展中仍然存在着许多的安全隐患，如果不能有效地采取相应的安全预防措施，就可能会出现这样或那样的伤害事故，使得人们在参与活动的过程中不仅没有从中体验到运动的乐趣，反而增添了伤病的烦恼，更谈不上愉悦身心了。所以，参与活动时一些必要的预防措施是应该采用的，包括运动前的合理热身运动，运动中、运动后的卫生保健常识，以及运动负荷的自我监控等。当然，随着参与者在活动中出现的各种变化和情况，原来制订的活动计划也应该及时地进行相应的改变和调整，使得活动计划更加人性化、科学化，活动效果更加明显。

(四) 要充分考虑活动环境

当年的孟母三迁，其目的不外乎是给孟子创造一个良好的教育环境。一个良好的休闲体育活动环境，可以大大加强人们交往的范围，拓展交往的空间，增加人们之间的相互交往与了解，建立和谐的人际关系，融洽参与者之间的情感。在舒适、愉快的环境中尽情的活动，可以享受休闲运动所带来的无穷乐趣，并在活动中相互交流、相互配合、相互支持与鼓励，不断地提高自身的技术水平，全身心地投入到休闲体育的活动中去，达到愉悦身心、提高生活质量的目的。

第四节　不同人群群众体育活动方案的设计与组织

一、儿童少年体育活动

(一) 儿童少年的身心特点

儿童少年可以分为2个年龄阶段，即儿童期和少年期。儿童期一般指从六七岁至十一二岁这个年龄阶段，基本上是小学阶段。少年期一般是指12～17岁这一年龄阶段，基本上是初中和高中阶段。

1. 儿童期的身心特点

儿童期处于人的生长发育的两个快速增长的中间阶段，其形态机能发育处于稳定增长的阶段，骨骼弹性大而硬度小，不易完全骨折，但易弯曲变形。其关节在结构上与成年人基本相同，但关节面软骨较厚，关节囊较薄，关节内外的韧带较薄而且松弛，关节周围的肌肉较细长，关节的灵活性与柔韧性都易发展，但牢固性较差，易脱位。肌肉中含水量较高，蛋白质、脂肪以及无机盐类较少，肌肉细嫩。与成人相比，收缩能力较弱，耐力差，易疲劳，但恢复较成人快。身高的发育快于体重的发育，孩子多呈现细长型。神经系统已基本发育成熟，基本具备了从事各种复杂运动的身体能力，也具有较高的智力水平。

进入小学以后，儿童在家庭生活中的"自我为中心"发生了改变，儿童由形象思维逐步向以逻辑思维为主过渡。其思考的目的性、独立性和灵活性也随着学习知识的丰富而提高。文化学习和体育成绩对儿童的心理特征产生广泛而深刻的影响。

2.少年期的身心特点

(1) 少年期的生长发育特征

少年期又称为青春发育期，进入青春发育期，少年的身体形态、身体机能与运动能力均会发生一系列明显的变化。

进入少年期，身体形态的各种指标增长速度突然变快，如身高每年增长约 6 ~ 8cm，有的可达 10 ~ 11cm；体重每年增长 5 ~ 6kg，增长快的可达 8 ~ 10kg。由于男女少年进入和结束青春期的年龄不同，因此他们生长发育的第二个交叉一般发生在少年前期，男孩的各项身体形态指标再度超过女生。从整体来看，少年期的发育过程中是身体长度发育在前，横向发育在后。手脚与躯干、四肢的发育，是手脚和四肢的发育在前，躯干的发育在后。这被称为"向心律"。身体结构的这些变化，对学习动作技能有所影响。

随着逐渐发育和成熟，少年的各种身体素质发展的敏感期也大部分集中于这一年龄阶段。速度、力量、耐力等素质得到迅速发展，个体差异逐渐明显。男女之间在身体素质上的差异增大，男孩的优势更为明显。少年期身体素质与身体形态的迅速生长发育有着高度的一致性。

(2) 少年期的心理发育特征

少年身体形态和功能的快速变化也导致了一系列的心理变化。他们的人际关系比以往更复杂，抽象思维能力和独立学习能力比以往任何时候都更加复杂。但由于青春期从童年到成人过渡时期的重要时期，心理独立与矛盾的存在；心理发展跟不上生理发展；知识水平低下，控制能力薄弱，容易被暗示做错或犯错误。

由于身体变化引起的性成熟，也使少年气质发生重大变化。如少年学习动机，观念的问题，相互尊重，往往是由于突然的情绪波动和失去的稳定。他们的兴趣和嗜好有所不同，往往是兴趣转移。他们更难与成年人相处，往往是父母，老师，"权威"的挑战。在男孩们身上，很容易显出高度兴奋，虚荣心和爱情的心情。在少年时期，随着年龄的增长，上述心理矛盾逐渐得到"舒适"，社会关系范围再次上升，出现了一个更客观，现实的自我评价，情感控制的提高，侵略行为减少。

(二) 儿童少年体育活动的项目内容

1.选择与设计适合儿童体育活动的项目内容

在儿童期适当地加强体育活动，可以有效地促进儿童的生长发育，改善和提高他们的身心健康发展水平，有利于他们的健康成长。在我国，体育教育从小学到大学都是作为必修课程被列入教育计划的，它是教育计划的一个重要组成部分。我国小学体育的任务，是促进学生身体的全面健康发展，掌握一定的动作技术和技能，培养良好的道德和意志品质。但是，由于受应试教育的影响和限制，学校体育教学很难满足学生的兴趣爱好，更谈不上开发和拓展他们的特长、能力了。因此，在开展社会体育活动中，针对儿童们的身心特点，科学合理地选择与设计更加适合儿童身心全面发展的体育活动项目势在必行。开展儿童体育健身活动应注重运动过程中的趣味性、娱乐性和多变性。在课外时间、节假日期间可以结合儿童的兴趣爱好开展以全面身体锻炼为主的活动项目，如各种体育游戏、球类运动等；也可以增设兴趣班、特长班等体育培训活动。主要是通过组织开展各类体育锻炼活动，吸引他们加入到体育锻炼活动中来，以追求玩耍来逐步培养运动的兴趣，发展身体的运动能力，掌握一定的运动技能，促进身心的健康发展。

2. 选择与设计适合少年体育活动的项目内容

少年时期的身心生长发育可塑性非常大，科学的体育锻炼对少年的身心健康发展有着十分重要的作用。人到成年后的身体形态、各种身体机能水平、身体能力以及个性特征都与少年期关系极大。虽然体育课是由体育教学大纲所规定的，学生要接受相关的体育教育，完成相关的体育学业。但是客观地来讲，由于受应试教育的影响和限制，学生的少年期面临着中考和高考的巨大压力，体育课和课外体育活动的作用并没有得到很好的发挥，成为说起来重要，上起来次要，甚至可以不要的部分。体育课和课外体育活动在一些地方简直就是一种摆设，并没有起到它们应有的作用，制约和影响了学生的身心的健康发展。因此，在组织和开展少年体育活动时，应根据他们的身心发展特点和所处的现实状况，有针对性地选择和设计适合他们身心特点和发展需求的体育项目，以弥补学校体育教育过程中的缺失和不足，改善他们的生长发育水平，提高他们的身体机能、身体素质、心理素质，促进学生身心的全面健康发展。根据少年期学生的身心特点，可以以竞争激烈、对抗性强、规则明确、运动负荷较大的各种竞技体育项目如篮球、足球、田径等项目为主，也可以选择适合自身兴趣爱好和运动特长的其他项目，如乒乓球、羽毛球、排球、健身跑、健身跳等。要有目的、有意识地引导学生进行体育锻炼，在活动中体验和享受体育运动本身所带来的快乐，逐步培养体育健身意识，养成经常锻炼的习惯，为树立终身体育意识打下良好的基础。

（三）正确指导儿童少年的体育活动

1. 正确指导儿童的体育活动

（1）有目的、有意识地加强体育兴趣的培养

小学生参加体育活动的动机就是追求热闹、好玩，体育健身意识极为淡薄，甚至根本就没有这种健身意识。因此，在组织和开展小学生体育活动中，要有目的、有意识、有计划地加强体育活动目的性的引导和教育，要注意科学合理地安排好活动中的运动负荷，增加体育运动中的趣味性和娱乐性，让学生都能兴致勃勃地参加体育活动，使他们在体育活动的"玩耍"中受益，并通过这种"玩耍"的形式，逐步培养他们参与体育锻炼的兴趣，让他们明白只有进行科学的体育运动，才会有身体的全面发展，把参加体育锻炼与身心的全面健康发展有机地结合起来，促使学生积极主动地参加体育锻炼。

（2）重视开展家庭体育，使之与体育课、课外体育相结合

开展家庭体育，有利于小学生在家人共同参与的运动中得到感情上的交流，享受家庭的亲情，使孩子在运动中锻炼身体和陶冶情操，起到潜移默化的作用。将家庭体育与体育课、课外体育有机地结合起来，能够形成各自的优势互补，充分发挥出它们的功能，极大地丰富学生的体育活动内容，增强他们的体质，培养学生参加运动的兴趣，发挥和拓展身体运动的能力，储备更好的运动技能，提高他们身心健康发展的水平。

（3）科学合理地组织体育健身活动

对于小学生参加体育活动来说，科学合理的组织是取得成功的基础。科学有效地组织要依据他们的身心特征，有针对性地进行全面身体锻炼，改善和促进身体的正常生长发育，促进身体素质的全面发展，特别是处于身体素质发展敏感期的有关身体素质的发展。在安排运动负荷和技能学习时，要做到适宜。运动负荷不能过大，特别是要控制好运动强度不能过大。对于技术动作的学习，应以基本技术为主，动作不易过于复杂，且以储备基本运动技能为目的。同时，要注重有关的基本体育保健知识的教育，从小培养他们具有良好的体育锻炼习惯，养成科学体育健身的意识和行为。

2. 正确指导少年的体育活动

（1）增强体育健身意识，培养体育兴趣

少年期学生随着年龄的增长，身心的发展，对体育活动的态度、兴趣会发生一系列的变化，自觉进行身体锻炼的意识有了较大的提高，能有目的地进行体育锻炼，开始追求规则明确、有技术要求的竞技体育运动。因此，要加强对少年期学生体育活动的指导，对他们的体育需求进行认真分析，从中清楚地知道他们的各种体育需要。根据其不同的体育锻炼需要，

给以因势利导，开展适合他们身心发展特点的体育活动，如各种球类运动、田径运动、健美操等。这些体育活动的开展，可有目的、有意识、有计划地吸引学生进行体育运动，使他们能够逐步地乐于参加体育锻炼，从而启发和培养学生的体育健身意识，为今后的终身体育锻炼奠定良好的基础。由于受体育场地、体育器材的限制和受应试教育的深刻影响，少年期学生的体育活动受到限制；加之学生的学习负担过重，升学压力过大，造成他们可以从事体育活动的时间越来越少，很难从体育活动中体验到运动的快乐，体育活动的兴趣随之消退，从而就有可能远离体育活动，形成恶性循环。所以培养少年期学生的体育兴趣，养成良好的体育锻炼习惯，对于学生身体的全面健康发展是十分重要的。培养学生的体育兴趣就必须对体育场地、体育器材、体育项目、课外体育活动进行全面的开发和改革，尽可能地为学生提供体育活动的场地和器材，增加学生喜爱的具有趣味性、娱乐性的体育项目，开展内容丰富、形式多样的课外体育活动，通过各种方式来吸引学生参加体育锻炼，让他们从中能体验到运动所带来的乐趣，从而真正地提高他们的体育兴趣。

（2）重视学生对体育健康保健知识和运动技能的掌握

少年时期学生的身心生长发育可塑性很大，他们正处于长身体、长知识的重要时期。在这个重要年龄阶段，重视和加强学生对体育健康保健知识和运动技能的掌握，将会使学生今后的一生都能从中受益。在我国学校体育的教学中，往往较多地重视基本知识、基本技术和基本技能的传授，这对促进身体的正常生长发育非常有益。但是我们也应该清楚地认识到，虽然在学校从小学到大学都在学习技术和技能，可是有许多人并没有真正地掌握正确的技术和技能，也未能从中受益。这就造成他们一旦从学校毕业，体育锻炼也就毕业了，也就很难再进行体育锻炼了。另外，体育健康保健方面的知识的传授是学校体育教学中亟待加强的薄弱环节。所以，要重视和加强少年期学生的体育健康保健知识的教授和运动技术、技能的教学，使学生能理解和掌握科学的体育健身知识，掌握正确的运动技术、运动技能，知道如何科学合理地运用所学的体育健康保健知识去从事体育锻炼，同时也能运用正确的技术动作进行体育运动，以便于他们能从体育活动中享受运动的乐趣，在科学的体育锻炼中增强体质，收获身心的健康。

（3）注重培养学生良好的思想品德

少年时期学生的身心发展具有很大的可塑性，也是其思想道德素质，素质和个性形成的重要时期。因此，加强学生思想道德教育是体育健身指导的重要任务之一，对社会主义精神文明建设具有重要意义。在体育比赛中，学生进行思想道德教育有很多有利条件。随着学生的活跃，他们的情

感体验是强大的，真实的，暴露在运动和体育比赛中，为有针对性的教育提供了有利的条件。所以，指导者应该通过体育活动和体育竞赛来培养学生尊重他人、遵纪守法、胜不骄败不馁、公平竞争的品德，展现积极进取、奋发向上的精神风貌；培养他们勇于拼搏，坚忍不拔、刻苦耐劳的意志品质，以及心情开朗、愉快活泼的良好性格；培养他们团结友爱、互助合作的团队精神和集体主义精神；以此来培养学生拥有健康向上的思想品德，促进他们德、智、体、美、劳的全面健康发展。

二、青年体育活动

(一) 青年人的身心特点

青年人一般是指 18～35 岁年龄阶段的人们。这个阶段的青年人正处于一生中生命力最旺盛的"黄金"时期，各组织器官系统及其机能的正常生长发育均已完成，身体素质也处于一生中的最佳水平，适合参加各种体育活动，对锻炼项目的选择范围也更加广泛，可以根据自身的身体条件和兴趣爱好参加自己喜欢的各种体育锻炼活动以及各种竞技体育运动，也具备承受较大运动负荷的实际能力。其想象力丰富，情感丰富，热情洋溢，易冲动，控制力较差，抱有不同的人生理想，个性趋于稳定，兴趣爱好广泛，意志品质有较大的发展。但往往过高估计个人的身体健康状况，因受工作、生活等各种原因的影响，时常疏于参加体育锻炼，为日后的生活埋下诸多疾病隐患。

(二) 青年人体育活动的项目内容

青年人在学校体育教学中获得的各种体育知识、技术和技能，对他们从事体育健身锻炼是非常有用的。但非常遗憾的是，青年人在学校里接受的体育教育所授的项目内容并非是适合他们各自身心特点的活动，他们只是为了完成学习任务，应付差事而被动地进行学习。在学习中根本体验不到一点的快乐，也就毫无兴趣可言，往往是学校毕业后，其体育锻炼就此中断或毕业了，十多年的学校体育教育并没有为终身体育打下良好的基础。因此，对于青年人的体育锻炼在项目内容的选择与设计的安排上就必须充分地考虑到他们的身心发展规律和特点，考虑到他们的个体差异和运动技能储备的差异，有针对性地推出各种类型的体育活动，为每个锻炼者提供恰当的身体锻炼机会，让他们从中结合自身的兴趣、爱好和特长，选择更加适宜自己的锻炼项目、方法和手段，能心情愉悦地投身到锻炼中来。同时，青年人各组织器官系统的机能均处于其人生中的最高水平，并具有较强的身体素质。这就为他们从事竞争激烈、对抗性强的竞技运动创造了一个良好的有力条件。指导者可以针对青年人的这些特点，从他们的兴趣、爱好、特长和需求出发，组织和指导青年人进行较大运动负荷的锻炼和竞赛活动，如球类运动、田径运动等。通过较大运动量和运动强度的锻炼活动，给予他们生理上的巨大刺激，以此来有效地挖掘出他们潜在的机能能力，提高各组织、器官系统的机能能力，各种身体素质和对外界环境的适应能力，达到强身健体、增强体质的目的。指导者也应该十分清楚地知道，组织和指导青年人与专门从事体育事业的体育院系的学生的体育锻炼以及专业运动员的体育运动是有本质上的区别的。千万不要将专业运动与社会体育锻炼等同对待，一定要搞清楚指导的对象是谁。要因人而异，区别对待。当然，在体育锻炼过程中指导青年人进行所谓的大运动负荷或是较大运动负荷的锻炼活动，也仅仅是一个相对的概念。运动负荷没有绝对的大小之分，要因人而异，因人而论。同样一个运动负荷对于不同的青年人就会有大与小的区分，青年人进行锻炼的运动负荷应该是在他们可以承受的最大生理负荷范围之内，超出了这个限度就会造成不应有的身体伤害。

（三）正确指导青年人的体育活动

1.明确体育健身的重要性

毋庸置疑，青年人的各种身体机能和身体素质都处于其人生的最佳水平，这有利于他们进行竞争激烈、对抗强烈的各种各样的较大运动负荷的身体锻炼。也正是因为青年人所具有的这些身体机能上和身体素质上的特点，他们中的许多人往往过于自信，对其自身的身体状况过于乐观或者是估计过高。他们总是自认为体育锻炼是老、弱、病、残者的事，与他们毫无关联，完全是浪费时间，参加体育锻炼没有什么必要，没有清晰地认识到这个阶段进行体育健身锻炼的重要性和必要性，缺乏正确的体育意识和体育观念。因此，加强对青年人进行有目的、有意识的体育健身锻炼重要性和必要性的宣传教育刻不容缓，通过宣传教育使他们知道体育锻炼具有的功能，它对人们身心健康发展的促进作用，使他们认识到，无论是什么人，经常性地参加体育锻炼对于保持身心健康都是十分重要的，体育锻炼并非是某些群体的专利。面对竞争日趋激烈、节奏加快的工作生活，青年人更应该注重和加强有目的的体育锻炼，真正树立花钱买健康、投资健康的新理念，通过参加体育锻炼，储蓄健康、拥有健康，进而拥有创造美好事业的牢固物质基础。青年时期注意体育锻炼，有利于进行合理的健康储蓄，进一步提高身体的机能，增强锻炼的积极性、自觉性，避免和减少中老年时期诸多疾病隐患的发生，为终身健康打下良好的基础。

2. 提高体育健身知识与技能，选择适宜的锻炼内容与方法

青年人处于人生中的最佳时期，却往往容易忽视体育锻炼，总是自信地认为自己的身体很强壮，不用锻炼身体也是健康的。类似的错误认识和想法，导致他们不注重参加体育锻炼，造成步入中年后身体机能和体质急剧下降。以至于许多疾病频繁发生，严重干扰和影响了他们的正常生活和工作。所以，要加强对青年人体育健身知识的宣传和技能的传授，通过指导者的宣传和教授，使他们了解科学健身的基本知识，学习和掌握正确的动作技术，储备较多的运动技能，以期在锻炼过程中能科学地进行身体锻炼，身心愉悦地从事体育活动，享受运动带来的乐趣，提高体育锻炼的科学性、有效性，从而提高体育健身锻炼的效果。同时，在指导中要根据青年人的工作、生活的具体情况和实际需要，科学合理地选择和安排好更加适宜他们从事的锻炼内容与方法，逐步养成锻炼的习惯，形成一种生活规律。持之以恒地进行身体锻炼，可改善和提高身体的健康水平，也为今后的终身体育锻炼奠定坚实的基础。

3. 注重发挥社会体育的多种功能，建立科学健康的生活方式

青年人的身体机能和身体素质处于人生中的最佳阶段，可以参加各种各样的较大运动负荷的体育锻炼。但同时由于激烈的社会竞争，工作、生活节奏的不断加快，其工作负担、生活负担以及心理负担也处于一生中的顶点。随着社会竞争和压力的不断加剧和增大，这些负担也将越来越凸现。青年人参与社会体育锻炼不仅能有效地强身健体、增强体质，而且对提高他们的心理承受负荷能力和提高适应社会的能力也有极大的促进作用。青年人通过参加社会体育锻炼还可以扩大其社会交往，融洽人际关系，增进感情交流，在运动锻炼中培养顽强的意志品质和拼搏精神，增强自信心，提高文化素质，丰富业余文化生活，抵御不良社会风气的侵害，同时也有助于他们克服不良习惯和行为，建立科学、合理、健康的生活方式。因此，指导者在指导青年人进行体育锻炼时，应充分地运用和发挥社会体育本身的魅力和功能，开展内容丰富多彩、形式多样的各种体育活动和体育竞赛，尽可能地将更多的青年人吸引到体育锻炼的活动中来，让他们通过适当的体育锻炼来增强体质，提升心理负荷能力，提高社会适应力和社会竞争能力，改善和提高他们的身心健康水平，提高生活的质量，帮助青年人建立一种积极向上的科学健康的生活方式。

三、中年体育活动

(一) 中年人的身心特点

中年人一般是指35～60岁这个年龄阶段的人们。他们既经验丰富、事业有成，又备受重用和尊敬，是各企事业、机关单位的中流砥柱，同时也是工作负担重、家庭压力大、社会压力大以及身体机能开始衰退、疾病多发的困难时期。

中年人的体质已经开始由强向弱转变，身体的各种生理机能和能力也开始呈逐年下降的趋势，精力逐渐减退，体型开始发胖，体力明显不如青年人，体育锻炼后的恢复也明显放缓，易产生疲劳，且受伤的几率加大，伤后的恢复变得缓慢，健康水平开始下降。虽然中年人的心理发展日趋成熟，但随着他们的工作任务越来越多，工作越发地繁忙，家中上有老下有小的家庭生活负担越来越重，这两方面的压力以及当今社会日益激烈的竞争压力，使得中年人往往承受着巨大的心理压力和负荷，由此产生出许多的心理疾病，如神经过敏、神经衰弱、抑郁症等。随着年龄的增长，中年人更年期的到来，各种心理疾患和生理疾病的发病率也会有所增加。

(二) 中年人体育活动的项目内容

中年人既是社会和家庭的中坚力量，也是祖国的宝贵财富。随着人到中年，其身体机能和身体素质逐渐下降，而所承受的工作、生活、家庭负担以及运动不足、营养过剩、高度紧张等所造成的身心上的压力越来越大，二者之间形成明显的差异。一是随着年龄的增长，体育活动的减少，身体的各器官系统的功能开始衰退，形成各种疾病的多发；二是工作生活负担过重、社会竞争激烈、诸多矛盾集于一身，造成精神压力越来越大。同时，随着社会和经济的发展，生产科技水平和生活物质水平的迅速提高，体力劳动急剧下降，脑力劳动大幅攀升，造成运动不足，而营养过剩，伴随而来的是现代社会"文明病"的泛滥，导致中年人疾病的发病率显著上升，英年早逝的现象也是屡见不鲜，这也给家庭和国家造成了巨大的损失和浪费及遗憾。

很明显，中年人所具有的上述特征，使得中年人体育健身锻炼的内容、方法与手段跟青年人的锻炼内容、方法与手段有了很大的区别。在学校里所学习、掌握的许多内容如田径、体操、各种游戏活动和球类运动，已经不大适合这个年龄段的人来继续开展。这主要是他们的身体机能和身体素质已经显得有些力不从心了，中年人的活动目的也在发生变化。中年人需要根据自身的身体状况和条件进行有意识、有目的的锻炼和调整，休闲体

育、民族传统体育、健身类体育、康复体育等内容成为中年人注重选择的方向。指导者应针对中年人所具有的身心发展规律和特点，根据他们不同的目的和不同需求以及兴趣爱好来选择、设计更加适合他们从事的健身锻炼内容、方法与手段。所选择、设计的锻炼项目不在于多，而在于少而精，可操作性和实用性突出，并在锻炼者力所能及的范围之内，以满足他们的锻炼需求，能体会到运动的乐趣，培养锻炼的兴趣，逐渐形成经常参加锻炼的良好习惯，推迟或延缓身体各种机能和素质的衰退速度，保持较高的健康水平，身心健康愉快地工作、生活。

（三）科学指导中年人的体育活动

1. 提高健康第一的认识，进行健康储蓄

随着社会的发展、科学的进步，健康的概念发生了质的变化。以前纯生物学的健康概念已经过时，取而代之的是适应现代社会的新的健康观念，即一个多维度的健康概念：一种生理、心理、社会适应和情感诸方面的良好状态。这充分地表明人们已经深刻地意识到现代社会给人们的健康所带来的前所未有的威胁和危害。健康可以说是一切工作、生活的物质基础，没有了健康，也就没有了一切。投资健康、花钱买健康已经成为21世纪人们消费的新理念。在指导中年人进行体育锻炼时，应提高锻炼者的健康观念，通过宣传教育，让他们知道体育锻炼的功能和作用，明确体育运动能给自身带来的诸多益处，了解英年早逝的惨痛教训，从中提高对健康第一的认识，改变以往的错误想法和认识，把参加体育锻炼变成自觉的要求和行动，从而有目的的进行体育锻炼，提早就进行有必要的健康储蓄，为将来享受美好人生打好基础。

2. 结合实际和需要科学健身

由于中年人工作繁忙，家庭生活负担越来越重，其余暇时间较少，锻炼时间不会有整段整段的，需要因时制宜地见缝插针地进行安排，结合他们个人的工作、生活实际和需要进行锻炼就显得极为必要。如上下班的途中进行快步的行走，上下楼时保持适宜的速度走楼梯，工作间歇做一些伸展性的健身体操、踏步走以及各种轻跳等，还可以利用工作之余、会议中途休息的零散时间灵活地进行一定的运动锻炼，这些运动都是非常有益的。中年人参加体育锻炼时，要正确面对自身身体机能和素质逐渐下降的事实，切不可逞强好胜，不服老的去攀比，违背客观发展的规律来锻炼身体。中年人的体育锻炼应遵循循序渐进、因人而异、量力而行的锻炼原则，要保持锻炼的经常性、科学性，切忌三天打鱼，两天晒网或一曝十寒式的锻炼方式，锻炼的运动负荷和对动作技术难度的要求应该符合他们的实际接受能力，在其力所能及的可接受范围之内，保证锻炼时的安全和锻炼效果。锻炼时应以有氧运动为主，也可以结合个人的身体状况和条件，适当地增加运动负荷，提高锻炼的强度，以增强机体的适应能力，但要注意不可盲目地增加运动负荷，避免由此造成的过度疲劳或是身体伤害。

3. 对锻炼效果的评价及时调整锻炼计划

对于中年人来说，根据自身的身体状况、特点、实际情况以及各种身体变化情况来及时调整、制订科学合理的健身锻炼计划是非常关键的。指导者应帮助锻炼者学会掌握一些简单、易行、实用的自我监督的方法，如自我感觉、脉搏等，也可以从精神状况、睡眠状况、食欲、心率、呼吸等方面进行自我观察。锻炼后精力充沛、心情愉快、食欲睡眠良好，虽有疲劳感和肌肉酸痛，但休息后就可恢复正常；次日感觉精力、体力充沛，有运动锻炼的欲望，说明运动负荷较适宜。锻炼后感到非常疲劳，头昏眼花，胸闷气喘，睡眠不佳，食欲减退，经休息后仍感到周身乏力；次日感到周身无力，缺乏锻炼的欲望，甚至对锻炼产生厌恶、恐惧，说明运动负荷过大，应及时进行调整，调整至合适的运动负荷。通过这些自我感觉，自我观察来及时了解自己的实际身体状况，对现行的锻炼计划进行及时地修改调整，保证经过主动及时调整后的锻炼计划更加科学合理而有效，为锻炼者提供一个切实可行的锻炼内容、方法、手段和运动负荷，有效地提高他们的健身锻炼效果。

第五节　城乡基层体育活动方案的设计与组织

党的十八届三中全会通过的《中共中央关于全面深化改革若干重大问题的决定》提出作为实现"推进国家治理体系和治理能力现代化"总目标的重要举措，不仅对保障和改善民生、增进人民福祉十分重要，对作为社会文化重要组成部分的体育事业而言，有着十分重要的指导意义。体育组织是指在一定的社会环境中，为实现体育方面的共同目标，按照一定结构形式结合起来，根据特定规则开展体育活动的社会实体。《全民健身条例》进一步明确了基层文化体育组织是开展城乡社会基层全面健身活动的重要组织力量。各地要建立健全各种基层文化体育组织，加强和完善自身建设，切实发挥应有的作用，认真履行组织居民开展各种全民健身活动的工作职责。基层文化体育组织是在城乡基层政权及其文化、体育主管机构的领导下正式建制的组织机构，担负着协助政府具体组织各体育健身活动站点和群众开展全面健身活动的重要职责，而其又工作在社会基层，最贴近和了

解广大居民群众，在开展城乡基层全民健身工作中，具有十分重要的地位和作用。

一、基层文化体育组织的内涵

关于基层文化体育组织的概念，《全民健身条例释义》对基层文化体育的概念做了明确规定："它是指主要在城市街道、农村乡镇的基层区域，以组织开展文化体育活动、为城乡居民提供文化体育服务为功能的，经当地政府批准设立的，具有事业单位性质的工作机构。"

随着我国文化体育等社会事业的迅速发展和社会基层组织建设的不断加强，各地基层文化体育组织的发展也日益加快。2005年，中共中央办公厅、国务院办公厅下发了《关于进一步加强农村文化建设的意见》，提出乡镇可结合乡镇机构改革和站（所）整合，组建集图书阅读、广播影视、宣传教育、文艺演出、科技推广、科普培训、体育和青少年校外活动等于一体的综合性文化站，配备专职人员管理。建立承载文化、科技和体育等综合管理服务功能的乡镇综合文化站的目标和任务。2007年8月，中共中央办公厅、国务院办公厅下发的《关于加强公共文化服务体系建设的若干意见》，进一步强调组建集图书报刊阅览、宣传教育、文艺演出、科普教育、体育和青少年校外活动等于一身的乡镇综合文化站，配备一定数量的专职人员和相应的设施设备，建立长效工作机制，就近便捷开展公共文化服务。乡镇综合文化站要坚持公益性事业单位的性质，认真履行社会服务、指导基层、协助管理农村文化市场的职能，其业务由县（市、区）文化部门指导，日常工作由乡镇管理，充分发挥综合文化站的作用。各地根据实际情况，有的已将综合文化站建设扩大到城市社区，有的进一步突出了体育的职能，在名称上明确为文体活动中心（文体站）。

二、城市基层文化体育组织

（一）城市基层文化体育组织的概况

民政部统计公告显示，截至2013年底，全国共有省级行政区划单位34个（其中直辖市4个、省23个、自治区5个、特别行政区2个），地级行政区划单位333个（其中地级市286个、地区14个，自治州30个、盟3个），县级行政区划单位2 853个（其中市辖区872个、县级市368个、县1 442个、自治县117个、旗49个、自治旗3个、特区1个、林区1个），街道7 566个。在街道的机构设置上，具体负责文化体育工作的机构主要有文体中心或社区服务中心和综合文化站（文体站）。根据我国城市发展程度不同，其名称不尽相同，但大多表现为文体中心或社区服务中心。

（二）城市体育组织的服务功能

根据课题组实际调研发现，城市基层文化中心或社区服务中心的体育服务功能主要表现在以下几个方面。

第一，利用传统节假日或重大活动组织辖区内体育比赛，指导辖区内群众性日常体育活动的开展。

第二，加强社区体育工作和社会体育指导员队伍的建设与管理，推荐体育活动积极分子参加上级部门的社会体育指导员培训工作。

第三，协助区文体局进行辖区内体育社团的资格审查工作，对本辖区内各种体育活动站点进行登记或备案工作。

第四，配合上级主管部门对本辖区内体育健身场地建设进行规划，对辖区内的体育健身器材和设施进行维护。

第五，配合上级部门具体要求，对国家体育方针政策进行及时宣传，并对社区体育工作进行年度量化考核。

第六，积极开展体育类非物质文化遗产的收集与挖掘，并向上级部门申报。

三、农村基层文化体育组织

乡镇综合文化站是各地政府投资建设、提供公共文化服务、指导基层文化工作和协助管理农村文化市场的公益性事业单位，是集图书报刊阅读、宣传教育、文艺娱乐、科普培训、信息服务、体育健身等各类文化活动于一身，服务于当地农村群众的综合性公共文化机构。乡镇综合文化站是我国农村群众文化体育工作网络的重要组成部分，是党和政府开展农村文化体育工作的基本阵地，长期以来在活跃农村文化体育生活，促进农村经济社会协调发展等方面，发挥着重要的作用。

乡镇综合文化站的具体职能有：对广大群众进行时政宣传和政策法制教育；组织开展丰富多彩的文体娱乐活动，组织和指导电影、电视、录像放映活动；利用全国文化信息资源共享工程举办各类文化艺术培训班、科普讲座、农技知识讲座等，辅导和培养文艺骨干；开办图书报刊室，组织群众开展读书读报活动；搜集、整理民族民间文化艺术遗产，促进乡村特色文化的发展；指导和辅导村文化室、俱乐部和农民文化户开展各种业务活动；做好当地的文物宣传保护工作；受上级文化主管部门委托协助管理当地的文化市场。

乡镇综合文化站是集体育、文化服务等多种功能于一身，服务当地农民的综合性公共机构，其中承担着乡镇政府管理体育工作和提供公共体育服务的职能，是农村公共体育、文化服务体系的重要组成部分，是党和政府开展农村体育工作的基本阵地。

(一) 我国乡镇综合文化站发展历程

乡镇文化站在新中国成立初期就开始设立，其名称和职能也是随着我国社会的发展在不断地变化。根据我国社会发展不同阶段，将乡镇文化站发展历程划分为三个阶段。

1. 集体经济时代 (1949—1981)

乡镇文化站在新中国成立初期就开始设立，直到改革开放以前，乡镇文化站是"条块结合"管理体制下，驻派在乡村的"七站八所"之一，是政府部门对乡村社会事务实行专业化、计划化和集权化管理的产物，由于计划经济体制的弊端，乡镇文化站的工作全部听命于上级政府安排，没有工作的自主性。直到1978年改革开放后，我国的经济体制发生了转变，由计划经济向市场经济转变，乡镇文化站不再是行政单位的分支，而是按照新的政策标准成为事业单位，自此乡镇文化站的性质、职能、工作内容和经费来源等，都发生了重大的变化。在这一时期，国家实行的是全能型政治机制，农村文化站的工作由县级主管部门分派各项任务，其中以政治任务为主，其承担着管理农村社会和巩固国家政权的职能，宣传国家政治思想，处理人民内部矛盾。

2. 税费时代 (1982—2004 年)

1982年，随着计划经济向市场经济的过渡，人民公社也转变为乡镇政府。国家开始将乡镇文化站的建设问题正式列入国民经济建设和社会发展第六个五年计划。在这一时期，党和国家的重点任务从"以阶级斗争为中心"转向发展社会经济，县乡政府之间形成了以发展经济和完成上级布置的中心任务为目标的"压力型体制"，这种体制也对乡镇文化站的运作产生了重要影响。乡镇文化站主要围绕政府中心任务来开展行政性的工作，比如发展经济、收取税费、计划生育等工作。

3. 新农村时代 (2005 至现在)

在这一时期，延续几千年的农业税取消了，这对中国农民来说是想都没有想过的事情，对于广大农村地区来说，农业税的取消不仅是从经济角度减轻了农民的税赋，更是对我国农村基层社会具有长远影响的政治行为。它对整个农村管理体制的变革，以及乡镇政府的职能转型提供了新的契机，这些转变将直接影响农村公共文化体制改革和农村公共文化服务的开展。

处于农村前沿阵地的乡镇综合文化站也是在这一时期被提出的。

2005 年底，国家大力倡导推进社会主义新农村的全面建设，随后在我国经济迅速发展的环境下，建立一个多功能、综合性的乡镇综合文化站被提上日程。"综合文化站"与"文化站"之间的差异就在于"综合"一词，综合意味着新时期乡镇综合文化站的职能更为丰富，更能适应经济水平和文化需求快速增长的新农村形势。无论是乡镇文化站还是乡镇综合文化站，它主要承担的职能都涉及了农村公共文化管理和农村公共文化服务，但在特定的历史时期，文化站的职能和运作随着时代背景呈现了不同的表象，分阶段说明能够加深对逐步发展起来的乡镇综合文化站的认识。

(二) 我国乡镇综合文化站的发展现状

乡镇综合文化站是我国农村群众体育文化工作网络的重要组成部分，是党和政府开展农村体育文化工作的基础力量。长期以来在活跃农村体育文化生活，促进农村经济社会协调发展等方面发挥了重要作用。2005 年，《中共中央国务院关于进一步加强农村工作提高农业综合生产能力若干政策的意见》第八部分"提高农村劳动者素质，促进农民和农村社会的全面发展"中提出："加大农村重大文化建设项目实施力度，完善农村公共文化服务体系，鼓励社会力量参与农村文化建设。巩固农村宣传文化阵地，加强农村文化市场管理。切实提高农村广播电视'村村通'水平，做好送书下乡、电影放映、文化信息资源共享等工作。"之后，中共中央办公厅、国务院办公厅陆续颁布了《关于进一步加强农村文化建设的意见》《关于加强公共文化服务体系建设的若干意见》，这两个文件对加强农村文化建设的重要性及农村乡镇文化站建设指明了方向。随后，国家发改委和文化部联合下发了《"十一五"全国乡镇综合文化站建设规划》。至此，全国乡镇综合文化站建设进入了新的建设时期，2009 年 8 月文化部颁布了《乡镇综合文化站管理办法》，为乡镇综合文化站健康持续发展起了积极作用。2010 年国家体育总局联合农业部、文化部颁布了《关于发挥乡镇综合文化站的功能进一步加强农村体育工作的意见》。进一步强调了乡镇综合文化站的体育服务功能。

1. 全国乡镇综合文化站机构建设情况

民政部统计公告显示，截至 2013 年底，全国共有乡级行政区划单位 40 497 个，其中区公所 2 个、镇 20 117 个、乡 11 626 个、苏木 151 个、民族乡 1 034 个、民族苏木 1 个。文化部统计报告显示，2013 年，全国共有群众文化机构 44 260 个，其中乡镇综合文化站 34 343 个，比 2005 年少 250 个原因是部分乡镇合并。

2. 全国乡镇综合文化站服务场地设施得到进一步改善

2005 年，全国共有乡镇综合文化站 34 593 个，但实际上有 26 712 个乡镇综合文化站出现"空壳"现象，既没有活动场地也没有站舍。

国家发改委和文化部联合颁布的《"十一五"全国乡镇综合文化站建设规划》对乡镇综合文化站的功能布局提出了要求。一是多功能活动厅，主要用于开展小型演出、文艺排练、游艺等活动；二是书刊阅览室，主要用于图书、报刊的借阅；三是培训教室，主要用于举办各类文化艺术培训和农村实用科技知识培训；四是信息资源共享服务室，可以作为文化信息资源共享工程的微机室；五是管理用房，乡镇综合文化站工作人员用房；六是有条件的地方还可适当建设室外活动场地、宣传栏、黑板报等配套设施。同时还规定，本规划所确定的新建和改扩建文化站项目建设规模应不低于300 平方米，并以此作为确定中央补助投资的依据。在实际建设过程中，各地可根据当地的经济实力和发展需要，对具体项目规模做相应调整，超出300 平方米部分中央不再补助投资。原则上乡镇综合文化站不得建设在乡(镇) 政府办公场所内。

"十一五"期间，中央预算内投资 39.48 亿元，补助全国 2.67 万个乡镇文化站建设项目，进一步改善了全国乡镇综合文化站服务场地与设施，提高了农村公共文化服务能力。

2010 年，国家体育总局为了加强基层乡镇综合文化站的体育服务能力，要求地方各级体育、文化、农业行政部门要拓宽综合文化站体育场地设施建设和运行资金的投入渠道，采取以奖代补等激励机制，争取将其列入地方各级财政预算和基本建设投资计划；结合其他农村体育场地设施建设项目，使用体育彩票公益金给予扶持；鼓励、引导企业、事业单位、社会团体和个人进行捐赠和赞助。同时国家体育总局联合国家发改委开始对基层乡镇综合文化站的农民体育健身工程建设进行资助。

3. 进一步加强乡镇综合文化站的服务队伍建设

2005 年，中共中央办公厅、国务院办公厅联合颁布了《关于进一步加强农村文化建设的意见》，要求乡镇综合性文化站要配备专职人员管理。为完成乡镇文化工作任务，每个综合性文化站至少应有 1~2 个编制，比较大的乡镇可适当增加编制。

①中宣部、中组部、中央编办、国家发改委、财政部、人社部联合印发了《关于加强地方县级和城乡基层宣传文化队伍建设的通知》，进一步落实"每个乡镇综合文化站 (中心) 至少应有 1~2 个编制，比较大的乡镇可适当增加编制"的要求，积极落实乡镇综合文化站人员编制。截至 2011 年底，全国乡镇综合文化站共有从业人员 78 148 人，平均每站 2.3 人，比 2006 年

增加 0.4 人。

②加强乡镇文化站人才队伍培训。2009 年 4 月，文化部制订了全国文化站站长轮训工作计划，计划通过分级培训，用 5 年的时间将全国文化站站长轮训一遍。2010 年，文化部制订并印发了《文化部关于开展全国基层文化队伍培训工作的意见》，决定在"十二五"期间开展全国基层文化队伍培训工作。截至 2011 年底，全国群众文化机构共有从业人员 164 355 人，其中具有高级职称的人员 5 472 人，占 3.3%；具有中级职称的人员 16 348 人，占 9.9%。全国乡镇综合文化站共有从业人员 78 148 人，平均每站 2.3 人，专职人员平均每站 1.5 人；全国乡镇综合文化站具有高级职称人员 951 人，具有中级职称人员 7 587 人，分别占从业人员总数的 1.2% 和 9.7%。国家体育总局 2010 年发表了《关于发挥乡镇综合文化站的功能进一步加强农村体育工作的意见》，对基层乡镇综合文化站体育工作人员提出了要求，地方各级体育、文化、农业行政部门要根据综合文化站体育工作职责，争取当地乡镇政府落实人员编制，配备至少 1 名一级社会体育指导员作为专职或兼职体育工作人员；实行人员聘用、岗位管理和绩效考评制度，保持体育工作队伍的人员稳定和活力。

4. 乡镇综合文化站经费得到保障

根据《"十一五"期间全国乡镇综合文化站建设规划》，仅"十一五"期间，中央预算内投资 39.48 亿元，补助全国 2.67 万个乡镇文化站建设项目，进一步改善了全国乡镇综合文化站服务场地与设施，提高了农村公共文化服务能力。

为解决乡镇综合文化站设施"空壳"问题，财政部自 2008 年起，连续 5 年安排乡镇文化站设备购置专项资金 18.57 亿元，为已建成且达标的乡镇综合文化站配备购置电脑、服务器等共享工程设备和桌椅、书架、音响等基本业务设备，保障文化站业务活动正常开展。

为切实加强基层文化设施服务能力，推进我国公共文化服务体系建设，2011 年，文化部会同财政部联合印发了《关于全国美术馆、公共图书馆、文化馆（站）免费开放的工作意见》。根据规定，中央财政按照每个乡镇综合文化站每年 5 万元的标准，对中部地区和西部地区分别按 50% 和 80% 的比例给予补助。2011 年和 2012 年，中央财政共下拨专项资金 18.01 亿元，对乡镇综合文化站给予了补助。

5. 乡镇综合文化站服务内容得到进一步拓展

根据《"十一五"期间全国乡镇综合文化站建设规划》，乡镇综合文化站的具体职能，一是对广大群众进行时政宣传和政策法制教育；二是组织开展丰富多彩的文体娱乐活动，组织电影、电视、录像的放映活动；三是利用全国文化信息资源共享工程举办各类文化艺术培训班、科普讲座、农技知识讲座等，辅导和培养文艺骨干；四是开办图书室，组织群众开展读书活动；五是搜集、整理民族民间文化艺术遗产，促进乡村特色文化的发展；六是指导和辅导农村文化室、俱乐部和农民文化户开展各种业务活动；七是做好文物的宣传保护工作；八是受上级文化主管部门委托协助管理当地文化市场。

在全国文化信息资源共享工程和公共电子阅览室建设计划中，乡镇综合文化站的服务功能得到了充实，数字化、网络化水平得到提高。其中，全国文化信息资源共享工程为全国每个乡镇综合文化站配备了4台计算机，并通过信息资源专网配送了大量的数字资源，有效改善了乡镇综合文化站的服务质量；正在实施的公共电子阅览室建设计划拟将全国每个乡镇综合文化站配备的计算机扩充至10台，使其成为数字化、信息化、网络化环境下公共文化服务的新平台、新渠道，为广大基层群众提供更加健康、便捷的网络文化服务。

2010年，国家体育总局和文化部联合印发了《关于发挥乡镇综合文化站的功能进一步加强农村体育工作的意见》，要求充分发挥乡镇综合文化站的综合效能，更好地为基层群众服务。同时国家体育总局联合发改委依托乡镇综合文化站建设了乡镇农民体育健身工程。

国家体育总局对乡镇综合文化站的体育场地设施建设与配置也提出了指导性方案。"综合站的体育健身场地设施主要包括健身房、培训室和室外活动场地。健身房要配置深受农民喜爱、参与面广、强身健体效果显著的室内健身器材、乒乓球台、棋牌等体育器材，用于农民进行日常体育健身活动；培训室要配备体育健身光盘、书籍、报刊等，用于举办体育管理和技术人员以及农民体育健身知识培训；室外活动场地要以灯光球场为主，做到标准化；配备宣传栏、黑板报等配套设施，有条件的可建立健身活动中心、体育公园或体育广场。"

6. 乡镇综合文化站的建设进入法制化

为促进乡镇综合文化站的健康发展，2009年9月8日，文化部以文化部令的形式颁布了《乡镇综合文化站管理办法》，对乡镇综合文化站的性质、职能、任务做出了具体规定，并就规划、选址、建设、人员、经费、设施设备更新维护等方面提出了明确要求，使乡镇综合文化站的管理纳入了科学化、法制化轨道。2010年，中宣部、中组部、中央编办、国家发改委、财政部、人社部联合印发的《关于加强地方县级和城乡基层宣传文化队伍建设的通知》解决和落实乡镇综合文化站人员的编制问题；国家体育总局联合文化部印发了《关于发挥乡镇综合文化站的功能进一步加强农村体育工作的意见》，要求充分发挥乡镇综合文化站的综合效能，更好地为基层群众服务。2012年，经国家发改委和住建部批准，《乡镇综合文化站建设标准》正式颁布实施，强调"硬件"建设与"软件"建设并重，建设质量和管理水平并重，有效地提升了乡镇综合文化站的公共文化服务效能。2013年，文化部办公厅颁布《关于开展第一次全国乡镇综合文化站评估定级工作的通知》，其目的是促进乡镇综合文化站规范化建设和管理，提高乡镇综合文化站的服务效能。

四、我国城乡基层体育组织存在的问题

(一) 体育组织机构和人才保障的不足

1. 全国大多数乡镇没有独立建制的乡镇综合文化站

截至2011年底，全国34 139个乡镇综合文化站仅有1 067个乡镇综合文化站为独立核算单位，占3.1%。这种情况造成了乡镇综合文化站经费全部依托于乡级政府，资金难以有效监管，部分地区还存在挤占和挪用情况的发生。

2. 在乡镇综合文化站从业人员中拥有正式编制的人员较少

2011年，在全国乡镇综合文化站从业人员78 148人中，编人员38 337人，仅占49.1%。大部分乡镇综合文化站仅由一些临时聘用人员具体负责乡镇综合文化站的日常管理。这些人员一方面缺乏必要的文化知识，能力与素质难以适应新时期基层文化体育工作的需要；另一方面缺乏专业素质，由于聘用人员没有资质要求，进入基层文化体育组织的人员业务素质参差不齐，再加上日常业务培训不够，全国基层文化体育组织从业人员中专业人员缺乏的问题异常突出。截至2011年底，在全国乡镇综合文化站从业人员78 148人中，高级职称人员951人，中级职称人员7 587人，分别仅占到从业人员总数的1.2%和9.7%。

(二) 基层文化体育组织管理工作制度需进一步完善

自基层文化体育场地设施免费开放以来，取得了很好的效果。但鉴于此项工作是一项全新的工作，各地工作经验不足，也存在着一些问题。一是各地普遍缺乏对免费开放场地设施的管理办法，基层文化体育组织没有专门用于体育或全民健身的专项资金存在"一篮子"资金现象，许多资金使用的合法性、合规性受到质疑，极大地影响了资金的使用效率。基层文化体育组织使用的资金，量小点散，资金监管极为困难，难以发挥资金的应有效益。二是缺乏对免费开放工作的考核激励机制，容易造成部分单位

"开不开展活动一个样，多少一个样，好坏一个样"的"大锅饭"想法，长此以往，免费开放工作效用将会呈边际递减趋势，广大群众的基本文化体育权益很难得到有效保障。三是基层文化体育组织内部管理制度不够健全，设施设备存在闲置或利用率不高的情况。

（三）部分文化体育产品与基层群众需求不相适应

改革开放以来，我国农村的社会结构发生了重大变革，大量的青壮年劳动力进城务工，留守农村的只剩下妇女、儿童和老人，整体科学文化素质相对偏低。因此，怎样有效提供文化体育服务产品，充分调动他们参与群众文化活动中的积极性、主动性和创造性就成为基层文化部门，特别是乡镇综合文化站的首要任务。部分乡镇综合文化站花大力气组织的歌曲、舞蹈类节目，难以调动农村留守人员的热情和参与度，效果远不及秧歌、社火等基层群众喜闻乐见的活动；部分乡镇综合文化站的藏书多是些哲学、艺术等城市图书馆下架的图书，且书籍更新频率低，农民看不懂、用不上，与群众所求、所盼、所想有很大差距，实际效果非常有限。

（四）公共文化体育资源存在重复建设现象

由于体制原因，基层公共文化体育服务设施建设存在多头管理、条块分割的问题。造成资源分散，难以整合，设施和产品重复建设，效益低下。例如，乡镇综合文化站和农家书屋，由于隶属不同部门，在农村经常被分别建设，分开管理，无法形成合力。在数字文化资源建设中，也存在多部门建设、管理的问题，导致资源浪费，加大了基层公共文化体育的投入和运营成本，难以有效发挥其应有的效用。

（五）公共体育场地设施利用效率不高

按照国家体育总局对乡镇综合文化站的体育场地设施建设与配置的要求，一部分乡镇综合文化站虽然也建设和配置了健身房、培训室和室外活动场地，以及室内健身器材、乒乓球台、棋牌等体育器材、体育健身光盘、书籍、报纸和杂志等，但绝大多数场地设施日常闲置，只有农闲与节假日才发挥一定的作用，同时基层居民对部分器材不会使用、技术掌握不够也是闲置的主要原因。

五、我国基层体育组织发展对策

(一) 大力加强基层文化体育组织队伍建设

第一，要建立机构。积极沟通政府编办等部门，将基层文化体育组织机构设为独立建制，行政上归当地政府直接领导，业务上归上级主管部门协调指导，最大程度发挥基层文化体育组织功能作用。

第二，要充实人员。协调政府人事部门，切实贯彻中宣部、中编办等六部委《关于加强地方县级和城乡基层宣传文化队伍建设的若干意见》精神，明确核定乡镇综合文化站人员编制，确保每个乡镇综合文化站配备不少于两个以上的人员编制，其中有一个需要具有社会体育指导员资格证书，稳定基层文化体育组织人员队伍。

第三，要提高素质。建立基层文化体育组织从业人员职业资格标准，建立准入制度，明确准入门槛，并加大基层文化工作者的培训力度，特别是对业务技能的培训，提升基层文化工作者的业务素质和职业技能，加强对他们进行体育专业技能与社会体育指导员专门培训。

第四，对工作人员实行岗位管理。要做到"按需设岗、按岗聘用、竞争上岗、择优聘用、严格考核"。

(二) 充分发挥相关资金的功能作用

第一，争取将基层文化体育组织使用和管理作为当地党委、政府目标考核范围，作为政绩考核评分的依据。

第二，尽快制订《乡镇综合文化站服务标准》，建立健全考核激励机制。

第三，尽快制订基层文化体育组织资金管理和使用办法，设立专项资金，完善专项资金管理流程，合理、有效、规范地使用专项资金。

第四，加快建立基层文化体育组织工作的绩效评价考核和监督机制，明确奖惩措施，制订具体考核标准和量化指标，定期开展检查督导工作，促进基层文化体育组织提高服务水平。

第五，进一步完善体育场地设施等免费开放的公示制度，公示免费开放内容，加强群众对免费开放资金的监督管理。

(三) 积极整合各种文化体育资源

各级文化部门应积极与广电、新闻出版、科技、体育等部门沟通，构建完善的协调机制，将管理视野由"小文化"向"大文化"转变，整合当地文化资源，真正使基层文化体育组织成为集图书阅读、广播影视、科技推广、科普培训、体育健身、休闲娱乐等功能于一身，服务当地群众的综合性公共文化设施。

(四) 不断提升文化体育服务水平

第一，改进服务方式。充分尊重群众的需求和参与权、表达权，多开展群众乐于参与、便于参与的文化体育活动，提高服务的针对性、满意度。

第二，积极发挥基层文化体育组织机构的组织、辅导作用。既要将群众吸引到文化设施中开展活动，又要积极"走出去"送文化下乡、入村。培养一批爱好文艺、具备一定业务素质的农村文化队伍，提升其在基层文化活动中的主体地位，让居民自觉主动加入基层文化体育建设中去。

(五) 提高基层公共体育场地的设施利用率

第一，基层文化体育组织的体育工作者，要积极对居民进行体育和健康知识普及教育，让他们转变观念，投身到体育锻炼当中，真正达到体育的一级预防疾病的目的。

第二，基层文化体育组织充分利用各种资源，引导当地居民开展各类文化体育活动与比赛，让他们从文化体育活动与比赛中获得乐趣，达到健身的目的。

六、城乡社区群众体育活动

(一) 社区群众体育的内涵

社区体育活动指在社区内，由居民自主地进行的具有促进社区发展作用的群众性健身活动。改革开放以来，生活现代化使得社区成为人们日常生活的基本形式。社区体育成为人们日常健身的主要形式。社区体育具有的丰富生活、便利健身、社会公益等作用受到众多居民欢迎。社区体育组织的邻里性、设施的公共性、方法的服务性、指导的平等性等体现了现代社区体育的基本特征。近年来，社区居民的健身方式多为社区群众健身路径的使用。健身路径多设置在环境较好的公园、绿地、河边等处，每隔一段距离安装一种运动器械，各种器械之间有小路相连，是通往健康的道路，非常适合社区群众日常锻炼身体之用。为社区健身活动创造了良好条件。

(二) 社区群众体育的作用

1. 增强社区居民体质健康

社区体育能使健身者的身体机能和素质得到提高。适宜的健身可使身体消耗能量，产生适度的疲劳，适度的疲劳是对健康有利的。健身对于身体有一定的刺激作用，目的就是通过身体有序而和谐的活动，提高身体健康水平，发展身体机能和提高身体素质，最终实现防病祛病、延年益寿的目标。社区健身路径的建设，满足了广大社区居民日益增长的文化和体育需求，提高了国民体质和健康水平，提高了劳动者素质，培养全面发展的人才。适应建立社会主义市场经济体制，推动体育协调发展。科学的健身娱乐活动，能促进家庭和睦，加强人与人之间的联系，促进社区文明程度，维护社区稳定。

2. 促进社交沟通

社区体育是邻里型社交体育模式。参加活动者都是社区居民，本身具有一定的社区感情和共同意识。由于成员间除体育外还有共同的话题，比较容易沟通。社区体育不仅对改善邻里关系有帮助，对开展社区各项公益性活动也有重要的促进作用。

3. 缓解居民健身场所较少的问题

发展体育事业的根本是发展好群众体育，而提供充足的体育场地和设施则是发展群众体育的一个重要突破口。社区健身路径具有占地面积小、投资少、简单易建、建设时间短等特点，在一定程度上缓解了社区居民健身场所紧张的问题。为全面增强社区居民体质提供了便捷而有效的手段，为增强社区居民体质，构建和谐社区进而构建和谐社会起到了积极的推动作用。

第六节　职工体育活动方案的设计与组织

一、职工体育活动的内涵阐述

(一) 职工体育及其特征

职工体育一般是指厂矿、企业、事业单位和机关职工，以健身娱乐休闲为主要目的，根据业余、自愿、灵活、多样、因地制宜的原则所开展的体育活动。职工体育历来都是社会体育活动的重要组成部分。

新中国成立以来，我国的职工体育在党和政府的关心与支持下，取得了快速的发展和明显的进步。20世纪50年代的《劳卫制》使我国参与体育锻炼的人数空前增加，职工体育得到蓬勃发展。1955年，我国举行了第一届全国工人运动会，刘少奇副主席和周恩来总理分别题词"开展职工体育活动，增强健康，为社会主义建设服务"和"开展职工体育运动，推动社会主义建设事业"。中华全国总工会颁发了《关于开展职工体育运动暂行办法纲要》，全国总工会设立了体育部，直接负责单位职工体育工作。随后，各省市、自治区工会设立了体育部，一些行业系统也成立了体育协会，使得

职工体育在全国范围得以迅速的发展。特别是 1978 年以来，随着改革开放的不断深入发展，经济的迅速发展、人们生活水平的极大改善和社会文明程度的提高，体育作为增进健康的手段和文化生活的内容已经进入了职工的生活，职工体育活动的队伍在不断地壮大。1995 年，《中华人民共和国体育法》和《全民健身计划纲要》的相继颁布实施，进一步推动了职工体育活动的蓬勃发展。开展职工体育，是提高职工的整体素质和综合能力、提高生产力水平最直接、最积极有效的方法之一，也是丰富职工文化生活、融洽人际关系、促进企业社会主义物质文明建设和精神文明建设不可缺少的重要内容。随着改革开放的深入和市场经济体制的建立和完善，职工体育所处的宏观背景和现实情况与计划经济时代相比已经发生了极大的变化。职工体育面临着许多的实际困难，如组织指导、活动经费筹措、场地器材、时间闲暇等方面的问题，这使得不少地方的职工体育日趋衰落，引起了社会的广泛关注。在当前的新形势下，职工体育呈现出以下特点。

1. 职工体育促进企业文化建设的全面发展

职工体育作为企业群体生活不可或缺的一部分，既是提高职工整体素质，促进职工德、智、体全面发展的重要手段，也是改善职工物质文化生活和精神文化生活的重要途径，并以此来提高企业的经济效益。同时，广泛开展职工体育，构建和谐的人际关系，可提高企业内部的凝聚力，吸引外界和新闻媒介的关注，提高企业的知名度和企业形象，增强企业的社会竞争力，从而促进企业文化建设的全面健康发展。

2. 职工体育活动内容多样化，活动形式小型化和经常化

在计划经济条件下，职工体育的主要活动内容更多的是从增强职工体质的角度出发，以常规的广播体操、工间操、竞技项目比赛和运动会为主。随着市场经济体制的逐步完善，职工体育的活动内容也逐渐地增多和丰富。许多具有休闲、健身、健美、社交等娱乐性体育活动广泛的开展，组织春游、郊游；以车间、公司、家庭为单位的体育竞赛、球类比赛等；健身操、健美操、交际舞、各种持轻器械操和舞蹈、钓鱼、登山、门球、舞龙、舞狮、腰鼓、扭秧歌、太极拳、棋牌类等体育活动的开展也备受职工的喜爱，体育活动内容呈现多样化的趋势。由于职工体育活动内容的多样化以及职工拥有自主支配余暇时间的权利，以往计划经济体制下的那种集中、较大型的体育活动很难得以组织和实施，取而代之的是职工体育呈现出小型、多样、经常化的活动趋势，各种辅导站、早晚活动锻炼点等应运而生。这些活动形式更加符合职工不同的体育活动需要，满足他们自身的体育兴趣和爱好，有利于推动职工体育的健康发展。

3. 组织体系网络化，经费筹措趋于多元化

我国职工体育已经逐步突破由各企事业、行业独家开展和"条块"封闭的格局，开始横向发展，并陆续出现了与其他企业、事业单位联合，或与社区体育相交叉的新的网络化组织体系的发展趋势，出现了较为稳定的职工体育组织，如足球协会、钓鱼协会、武术协会、篮球协会、象棋协会、围棋协会、门球协会、健身协会等各种协会组织。各协会定期举行体育活动，同时各协会之间加强了联合与合作，为开展职工体育活动提供条件和服务，吸引职工参加体育活动。在市场经济体制下，原有职工体育单纯依靠行政拨款的经费来源已经远远无法满足新时期职工体育的发展需要。随着社会的进步和职工健康观念的改变与增强，开展职工体育活动的经费融资渠道会更加丰富、多元化，行政拨款、社会赞助、企业出资、个人投资等多种渠道的经费筹措将成为开展职工体育活动的一种必然趋势。

4. 职工体育开展的不平衡

在由计划经济向市场经济转型的过程中，职工体育活动的开展也带有鲜明的转型特征。由于职工体育活动的经费来源目前仍然主要是行政拨款，因此职工体育的开展明显地带有冷热并存的现象。凡是经济效益比较好、有健全的职工体育组织、党政领导比较重视的单位，职工体育开展得比较热；反之，职工体育的开展则冷。另一方面，休闲娱乐、趣味和社交型的体育项目深受欢迎和追捧，而不少较为枯燥的传统体育项目则日渐受到冷落。从参加体育锻炼职工年龄结构来看，中老年人开展的职工体育明显较热，而青年职工则较为冷清。这主要与他们的体育意识、健康观念、工作负荷、余暇时间，以及身体状况等实际情况有关。

(二) 职工体育的发展趋势

职工体育作为社会体育的重要组成部分，对于提高职工的整体素质，对于社会主义物质文明和精神文明建设都具有极其重要的意义。在计划经济体制时期，职工体育的组织与管理基本上由企业、事业单位部门全面负责，由企业、事业单位出钱来组织职工进行体育活动和体育竞赛。企业、事业单位几乎包揽了职工生活中的各方面需要，从柴米油盐到子女的教育以及职工的生老病死、休闲娱乐等。随着我国由计划经济向市场经济的转轨，计划经济下的职工体育已经明显地不能适应新时期职工体育的发展，原有的职工体育模式难以满足我国职工对体育文化活动日益快速增长的需求。伴随着改革开放的深入和市场经济体制的建立和完善，职工的物质生活水平明显提高，职工对精神文化生活的需求也随之明显高涨。在这种形势下，职工体育的发展将会发生根本性转变。原有的职工体育模式将会被

扬弃，一种能适应社会经济发展的职工体育发展模式随之确立，职工体育将会有一个长足的发展。

1. 以人为本，普及与提高相结合

党的十一届三中全会以后，明确了职工体育运动要为现代化建设服务。1985年，我国将职工体育的基本任务确定为"发展体育运动，增强职工体质，振奋职工革命精神，为社会主义物质文明和精神文明服务"。这项任务明确了职工体育工作应尽可能地发动和组织更多的职工参加体育锻炼，紧紧围绕增强职工体质，提高劳动效率，改善劳动者的身心状况，更好地为推进社会主义物质文明和精神文明建设服务。所以，职工体育的开展将会从实际出发，以人为本，针对企业、事业单位中职工的不同层次体育需要，坚持职工体育以小型、多样、业余、自愿为主的原则，广泛开展多种多样的体育活动，组织各种体育锻炼小组和业余运动队，开展具有娱乐性、趣味性的体育活动和竞赛活动，以满足职工不同层次的要求。同时充分吸引和调动职工参与的兴趣和积极性，积极推动普及，促进提高，使职工体育活动成为职工日常生活中不可或缺的重要内容，从而改善职工的生活方式，提高他们的生活质量。

2. 职工体育协会将会得以改进和完善，其组织管理职能得到充分地发挥

在新的形势下，立足于基层，开展丰富多彩、形式多样的体育活动是职工体育得以良好发展的基础。而职工体育协会则是搞好职工体育活动的基本保证。职工体育协会的健全和完善，为职工体育活动的发展提供了有力的组织保障，也为职工体育健身活动提供一个良好的组织服务平台。通过职工体育协会经常举办群众性的各种体育健身活动来吸引和调动职工参与体育活动的兴趣，将分散、松散的职工体育活动健康有序地组织起来，使职工的体育锻炼更加科学、合理和有秩序，提高职工体育健身的效果，培养他们的运动习惯，丰富职工的业余文化生活和社会交往，改善其生活方式，提高生活的质量，从而促进职工体育活动能健康地向前发展。

3. 职工体育与社区体育相结合，有利于体育资源共享和合理配置

在新时期职工体育与社区体育的结合，有利于改变计划经济体制下体育资源作为各自的福利部分、只对内不对外的局面。两者结合后，可以共同为企业、事业单位的职工和社区的居民提供更多的体育场地设施、体育服务。双方协作开展丰富多彩的体育健身活动，以满足企业、事业单位职工和社区居民多元化的体育需求，发挥双方的体育资源优势，共同推进职工体育和社区体育的健康发展。

（三）单位间体育活动组织管理的发展趋势

单位间体育活动的开展有利于企事业单位的凝聚力的增强，精神文明的建设以及综合实力的提高。同时自社会经济体制改革以来，企事业单位的主导意识转向以发展经济效益为主，原有单位制下其所承担的大量社会事务回归于社会，职工体育的职能逐渐被忽视并分离，单位制下的各企事业单位之间职工体育活动的组织与管理逐渐转归为单位及其所在社区共同组织和实施。

单位间体育活动是在一定区域聚集的若干单位或社会集团形成的具有相对独立功能的社会生活单位参加的体育活动，也是社区建设的有机组成部分，依附于社区并随其发展而发展，其组织与管理模式的最终发展趋势是应该建立科学的社区体育组织与管理运行机制。

但是，由于我国单位制改革正处于转型时期，单位体育活动的组织与管理模式的改革相对滞后，同时社区体育也处于起步阶段，因此，我国城市企事业单位间体育活动的组织与管理需要经济、政治和社会文化三种资源共同支持，在政府、社区和企事业单位成员共同建设下实施：政府的注意力主要集中于宏观管理和政策投入，由于信息技术革命的成果渗透到国民经济和社会生活的各个领域，因此现代数字化技术在群众体育的管理中的应用使政府的政策实行与工作效率得到极大的提高；单位间体育活动的事务性工作则主要由企事业单位、社会团体及私人机构等社会组织承担。在单位间体育活动的组织与管理模式的建立与发展过程中需要坚持科学发展观，以开放式管理代替封闭式管理，群众活动中以启发式教育代替强制性指令，工作方式上以合作组织代替单独作业，运行机制上以民主协调代替行政命令。与我国已有的单位体育组织与管理模式不同，新时期下的单位体育组织与管理模式在其运行机制上强调合作、实效以及多功能等方面。

单位间体育活动组织与管理的自身性质决定了其组织与管理必须遵循一定的原则和要求。

1. 立足于职工体育需要，一切从实际出发

单位之间体育活动的目的是满足不同企业和机构的行业或社区成员的体育需求，因此，以员工的体育需求为依托，与行业或社区适应经济，发展。由于领域环境、职业特点、经济条件、年龄结构、文化水平等方面不同行业和社区企业和事业单位群众的不同需求具有不同的特点，因此开展单位之间的活动必须因人制宜，由于当地情况，采取适当的内容和形式的活动。

2. 以社会效益为首

不同企事业单位间的体育活动作为社区体育服务的重要内容，具有公

益性与福利性，提倡义务服务与抵偿服务，因此，开展单位间体育活动必须以大多数职工参与体育活动为出发点，防止为了片面追求经济效益而牺牲社会效益。

3. 单位与社会协同组织

新时期，单位间体育活动是一种大规模的互助活动。要动员社区和居民的广泛参与。我们不仅要依靠政府的行为来管理，还要在各单位之间筹集体育活动的资金。政府补贴，只有真正动员社会各界的力量，企业和机构和社区居民参与单位开展运动活动越来越完善。

4. 组织管理的科学性和实效性

开展体育活动直接提高单位职工的健康水平，因此要坚持科学有效的原则，加强体育知识和健康教育的知识，积极组织和引导群众参与健康体育活动，提升体质，提高群众的健康影响力，重视体育管理人员的培养和体育设施的建立和维护，使硬件开发与软件开发同步发展。

随着我国体育管理体制改革的不断深化，传统的依靠行政命令开展单位间体育活动的模式将被打破，单位间体育活动的组织与管理将更加体现个性化和创造性，组织结构的格局也由原来的直线式管理模式转变为多元化、网络化和科学化的管理模式。主要包括以下四方面。

（1）建立单位间体育活动管理组织

我国群众体育组织结构将由政府集中管理的模式转变为政府支持，各企事业单位、准行政机构、体育社团及社区组织等广泛参与的多元化组织格局。开展单位间体育活动，需要建立一套完整的组织体系。在组织机构上，应建立市区人民政府有关部门，行业或社区内各企事业单位，社区组织等不同层次的单位间体育活动组织管理机构，由政府支持，以行业或社区为主体，各企事业单位为依托，形成单位间体育活动组织管理体系；同时，中华全国体育总会及地方体育总会是管理与协调我国群众体育发展的重要社团组织，各级单项体育协会、行业协会等体育社团应积极参与单位间体育的组织与管理，形成政府与社会团体密切协作，以中华全国体育总会为首，基层单位体育协会、体育俱乐部组织等为载体，各类体育社团广泛参与金字塔式组织结构体系，建立"点面结合"的网络式单位间体育活动组织与管理模式，为城市单位间体育活动的普遍化、生活化提供了充分的组织保证。

（2）制订单位间体育活动工作计划

组织和管理体系之间的单位体育活动根据行业决定，根据不同企业和机构的社区实际情况，开展体育活动开展工作计划。制订社区工作计划，进行广泛深入的调查，全面了解社区体育状况，需求，资源和社会体育发展对宏观经济因素影响的行业和单位，以及未来发展情况要预测和明确单位发展目标，实施措施。

(3) 开发体育资源

体育设施是各单位进行体育活动的重要条件。组织单位之间的体育活动应与城市体育部门，各行业单位和单位所在社区协商，充分利用该地区的体育场馆，确保职工进行身体素质运动和大型体育活动。同时，体育组织和管理部门应当计划建设各种社区体育设施单位间体育资源互补，共同建立体育活动中心，体育活动站及辅导站等设施；体育人力资源开发是单位间体育活动组织与管理机构开展特殊教育培训，具有一定的组织能力和商业技能，为广大社会体育教练热情。目前，中国城市企事业单位体育管理人员兼职，职工人数不足。由于大多数管理人员处于多个职位，工作内容困难，难以投资单位的活动投入大量精力，大多数还没有接受过专业培训，业务水平有限，这种情况难以适应单位体育发展和社区体育建设需要的工作。因此，加快高素质体育管理人才的培养是加强体育活动组织管理的重要内容；资金进行物质保障的体育活动，除政府支持外，单位之间组织体育活动也应采取各种形式，扩大资金筹集渠道，如区域单位筹集资金，赞助，缴纳会费或竞争费等，动员社区力量各方面解决体育活动的财务问题。

(4) 组织体育活动，实现单位间体育活动管理的规范化

单位间体育活动及其管理应当按照一定的规划、方式、程序来运作。社区体育活动主要包括锻炼活动和经常性的竞赛两个部分，其组织工作主要是通过加强基层体育组织的管理。在组织和管理体系单位体育活动中，上级按照规定发展下属，避免在行为过程中的随机运作，使体育管理机构之间的制度化健康发展。

因此，政府一方面要确保自身行为有章可循；另一方面应制订各种管理基层组织体育组织的规则，单位间体育活动管理组织则要制定活动规则和经营规则，各企事业单位的体育管理部门应制订对活动性组织进行管理的规则并监督执行。

二、职工体育活动的开展

(一) 体育宣传与正确引导相结合

一般来说，体育行为受体育意识和体育价值观的影响。职工的体育观念与其体育行为是相辅相成的。良好的体育观念可以促成体育行为；而体育行为中的受益，又会改变职工对体育的看法。在开展职工体育活动中要

使广大职工自觉积极地参加社区体育活动，就必须重视和加强对体育的宣传。可以运用板报、广播、电视、报纸、演讲、体育竞赛等方式大力宣传、报道体育的功能、作用，宣传体育健身的科学知识、常识、方法与手段，宣传开展职工体育的重要意义，宣传报道身边体育健身积极分子的事迹，来影响职工的体育意识，改变他们的体育观念，逐步树立"健康第一"的体育健身思想，明确体育锻炼对健康的作用。通过组织开展各种形式的体育活动和体育竞赛来正确引导职工积极参加体育健身锻炼，从而营造良好的职工体育活动氛围，动员更多的职工投身到体育健身的队伍中来。在开展职工体育活动中要注重发现和培养体育骨干。体育骨干是各单位组织开展职工体育活动的中坚力量和积极分子，要充分发挥体育骨干的主观能动性，使其在职工体育活动中发挥示范带头、组织、指导的作用，启发、吸引和带动更多的职工参与体育健身锻炼活动，增强体质，丰富职工的文化生活内容，改变他们的生活方式，改善生活的质量。

(二) 改善体育活动的设施

近年来，职工体育日趋衰落的景象引起了社会的广泛关注。职工体育的衰退，除了受改制后经费和时间的制约以外，体育活动场地设施的严重缺失和滞后成为严重影响职工体育开展的又一个重要原因。许多企业在改革过程中，由于经营不善等原因，往往更多地关心企业的经济利益，舍不得在职工健身上投入，既不建设体育场馆，也不组织体育竞赛和活动，对开展职工体育不热心，甚至持反对意见。因此，在开展职工体育时要提高企业领导的体育意识、体育观念，明确开展职工体育活动的重要意义，使他们充分认识和理解职工体育的功能、作用，认识到职工体育同样可以创造出更好的生产力，从而重视和支持职工体育的开展。对于开展职工体育的体育场地设施，除了依靠政府、企业及有关部门投资兴建、扩建体育场馆、增加体育健身器械以外，还应积极挖掘和开发现有体育场馆、健身器械的功能和利用率。同时要加大与社区相关单位组织的联系和协调，使社区体育场地设施也向职工开放，尽可能地为职工体育活动提供更多的体育健身场地和健身设施，改善职工体育活动的物质条件，解决和满足职工就地就近参加体育活动的需要，从而提高职工参与体育锻炼的程度，推进职工体育的健康发展。

(三) 单位、家庭之间的体育健身活动

职工体育坚持业余、自愿、小型、多样、经常的原则，以职工的健身娱乐为主要目的。随着我国市场经济体制改革的逐步深入发展，职工体育突破了由各企业、事业单位、行业独家开展和"条块"分割的格局，开始横

向联系、就地就近开展，呈现了体育活动经常化、日常化。职工体育在得到不断深入普及的同时，也需要改革创新。这既是新时期职工、企业和行业的必然要求，也是职工体育活动自身发展的必然规律。设计、组织和开展单位之间的体育健身活动和体育竞赛，有助于改善企业公共关系、融洽人际关系，有利于提高职工的整体素质。单位之间的体育活动和体育竞赛，可激发职工参加体育锻炼的兴趣和积极性，在体育活动和体育竞赛中提高职工的责任感、团队合作意识，培养职工良好的意志品质和道德品质，且有利于培养职工的集体主义精神和拼搏进取精神，增强集体和企业的凝聚力。同时也可以有效地增强职工的体质，有利于提高劳动生产力、保护劳动力和延长劳动者的寿命，改善职工的生活质量，更好地为推动企业物质文明建设和精神文明建设服务。

随着我国改革开放的持续与深入、社会与经济的良好发展、职工生活水平的迅速提高，体育将成为职工日常生活中的重要组成部分，体育健身活动被广大职工所接受和认同。在企业里设计、组织和开展家庭之间的体育活动和体育竞赛，有利于提高职工家庭成员的体育意识、体育观念，对培养终身体育观念有着极其重要的作用。同时开展家庭之间的体育活动和体育竞赛，有利于加强家庭成员之间的感情交流，在愉悦的体育环境中感受家的温馨和关怀，增强家庭的凝聚力，增强家庭成员的体质，丰富家庭日常生活的内容，优化家庭生活方式，也有利于良好生活习惯的形成，消除现代文明病带来的诸多负面影响，提高家庭生活的质量。同时也可以通过家庭之间的体育活动和体育竞赛，促进家庭成员的教育，提高成员的身心健康，促进社会化，促进家庭的和睦，从而积极推动职工家庭体育活动的更好开展，促进职工体育的快速发展，有利于企业稳定、健康地向前发展。

参考文献

[1] 王名，李勇，黄浩明．美国非营利组织 [M]．北京：社会科学文献出版社，2012．

[2] 王名等．日本非营利组织 [M]．北京：北京大学出版社，2007．

[3] 王名，李勇，黄浩明．英国非营利组织 [M]．北京：社会科学文献出版社，2009．

[4] 李培林，徐崇温，李林．当代西方社会的非营利组织——美国、加拿大非营利组织考察报告 [J]．河北学刊，2006（2）．

[5] 南尚杰．日本体育少年团发展经验及启示 [J]．上海体育学院学报，2012（4）．

[6] 黄晓勇．中国民间组织报告 [M]．北京：社会科学文献出版社，2008．

[7] 胡琳琳，郝福庆．英国公共服务类非营利组织发展的经验及其对我国的启示 [J]．四川行政学院学报，2011（5）．

[8] 王凯珍，赵立．社区体育 [M]．北京：高等教育出版社，2004．

[9] 卢元镇．社会体育导论 [M]．北京：高等教育出版社，2004．

[10] 谢军．社区体育工作理论与实务 [M]．北京：北京体育大学出版社，2008．

[11] 胡小明，虞重于．体育休闲娱乐理论与实践 [M]．北京：高等教育出版社，2004．

[12] 樊炳有．社区体育论 [M]．北京：北京体育大学出版社，2003．

[13] 卢元镇．中国体育社会学 [M]．北京：北京体育大学出版社，2000．

[14] 卢元镇．社会体育学 [M]．北京：高等教育出版社，2002．

[15] 秦椿林，王凯珍，肖林鹏．体育健身活动的组织与管理 [M]．北京：北京体育大学出版社，2003．

[16] 顾渊彦，李明．21 世纪中国社区体育 [M]．北京：北京体育大学出版社，2001．

[17] 董新光.全民健身大视野 [M]．北京：北京体育大学出版社，2003．

[18] 胡小明，陈华．体育人类学 [M]．北京：高等教育出版社，2005．

[19] 卢元镇，臧超美．全民健身与生活方式 [M]．北京：北京体育大学出

版社，2004.

[20] 全国体育院校教材委员会 . 运动训练学 [M]. 北京 : 人民体育出版社，2004.

[21] 曲宗湖，杨文轩 . 现代社会与学校体育 [M]. 北京 : 人民体育出版社，2002.

[22] 孟刚 . 和谐运动与健康 [M]. 贵阳 : 贵州人民出版社，2005.

[23] 熊茂湘 . 体育环境导论 [M]. 北京 : 北京体育大学出版社，2003.

[24] 任海，王庆伟，韩晓东 . 国外大众体育 [M]. 北京 : 北京体育大学出版社，2003.

[25] 季成叶 . 体质自我评价和健康运动处方 [M]. 北京 : 北京体育大学出版社，2001.

[26] 赵子江 . 我国公募体育基金会现状及发展对策 [J]. 体育文化导刊，2013（3）.

[27] 谢宝富 . 当代中国公益基金会的若干问题分析 [J]. 北京航空航天大学学报 : 社会科学版，2003（3）.

[28] 邓国胜 . 民间组织评估体系 : 理论、方法与指标体系 [M]. 北京：北京大学出版社，2007.

[29] 王名 . 中国民间组织 30 年 : 走向公民社会 [M]. 北京 : 社会科学文献出版社，2008.

[30] 王名 . 社会组织与社会治理 [M]. 北京 : 社会科学文献出版社，2014.